# LES INSTITUTIONS PROVINCIALES FACE AU DÉFI DU DÉVELOPPEMENT DE LA RDC

Emmanuel Ramazani Shadary Mu Landa

# LES INSTITUTIONS PROVINCIALES FACE AU DÉFI DU DÉVELOPPEMENT DE LA RDC

*Préface de Faustin Mulambu Mvuluya*

*Postface de Jean Kambayi Bwatshia*

L'Harmattan
RDC Congo

**5-7, rue de l'École-Polytechnique – 75005 Paris**

www.editions-harmattan.fr

ISBN : 978-2-343-15807-5
EAN : 9782343158075

# DÉDICACE

À ma très chère épouse, Wivine PAIPO NGWELI et à tous mes enfants : Nancy, Collette, Paul, Charly, Baudouin, Ernest, Modeste et Exaucé.

À tous mes compatriotes.

# REMERCIEMENTS

Cet ouvrage a été rédigé dans le cadre du mémoire pour l'obtention du diplôme d'Études Supérieures en Sciences Politiques et Administratives. Nous ne pouvons nous passer d'un agréable devoir, celui d'exprimer de tout cœur nos vifs remerciements à tous ceux dont le concours nous a été précieux pour la réalisation de ce travail scientifique.

Nous exprimons d'abord notre reconnaissance à l'Éternel, notre Dieu Suprême, qui ne cesse de nous gratifier de sa présence et qui nous a toujours assistés pendant les moments d'allégresse et d'infortune. C'est lui qui nous a donné la force spirituelle et physique nécessaire pour mener à terme cette étude.

Nous tenons à témoigner notre profonde gratitude au professeur Faustin MULAMBU MVULUYA qui a bien voulu accepter la direction de cette dissertation. Il nous a prodigué des conseils avec des avis éclairés et des remarques très pertinentes. Son expérience sur la question examinée nous a été d'un secours précieux et nous avons admiré ses compétences scientifiques étendues, ses qualités humaines, sa grande disponibilité, sa ténacité et sa rigueur dans la recherche scientifique.

Grande est aussi notre reconnaissance à l'égard des professeurs André BOLA NTOTELE et Célestin MUSAO KALOMBO (Chef de département des SPA) qui ont accepté de codiriger ce travail et qui, par leurs observations pertinentes et fort remarquables, ont eu le mérite de nous accompagner jusqu'à l'achèvement de ce travail. Leurs critiques et suggestions ont apporté à la présente étude, une immense amélioration et nous a permis de rectifier des aspects importants de la dissertation.

Nous éprouvons également une grande gratitude envers tous les professeurs et chefs de travaux du Département des Sciences Politiques et Administratives de l'Université de Kinshasa pour leur encadrement durant nos études de troisième cycle. Il s'agit plus particulièrement des Professeurs MUKOKA N'SENDA François, ABEMBA BULAIMU Jean, EPEE GAMBWA et NSAMAN O LUTU.

Nous adressons également nos sincères remerciements à tous les professeurs, amis et connaissances qui ne se sont jamais lassés de nous encourager à aller de l'avant. Nous citons plus singulièrement, l'Honorable Aubin MINAKU, Président de l'Assemblée Nationale, le Professeur Honorable MASHAKO MAMBA, Ministre honoraire de l'ESU, les Professeurs BONGELI Emile, KAUMBA Lufunda, les Professeurs Honorables Evariste BOSHAB, Adolphe LUMANU et Théophile MBEMBA, ainsi que le Professeur Toussaint TSHILOMBO, les Honorables Pius MWABILU, MUSEMENA BONGALA, Messieurs KIFAGIO MBUTU LUTETE et KABWENDE KOKO.

Que tous ceux qui nous ont aidés, de près ou de loin, trouvent ici l'expression de notre profonde gratitude.

Monsieur Papy FUNDI KIBANDIKO a assuré avec professionnalisme la saisie et l'impression de cette étude. Qu'il en soit remercié.

À tous les collègues de promotion en « DES/SPA » : Alidor TSHIBANDA MBOMBO, KABENGELE KABALA, KAMBALE KAVUNGA, KASONGO ILUNGA, KAZADI DIKASI et MUBENGA NGELEKA, nous adressons l'expression de nos sentiments de reconnaissance et de solidarité pour les difficultés partagées ensemble à l'Université de Kinshasa. Qu'ils trouvent dans ce travail un motif d'encouragement.

Nous terminons nos hommages en disant grand merci à tous les membres de famille, frères, sœurs, cousins, cousines, neveux et nièces pour leur encouragement tout au long de nos recherches. Nous citons : RAMAZANI KABEYA Idrissa, RAMAZANI MWAVITA Anny, RAMAZANI MIKANGA Tharil, RAMAZANI HEMEDI, Elie ASSUMANI, ASSANI MAMADOU, Dieudonné MWAMBA, ANGOMA Barthélemy, Bazin KAPALANGA, MASUNGU KABIONA, AMISA BAKALI, MAYOLA ASSANI, SALEH HEMEDI et Lambert SANGO SANGO.

**Emmanuel RAMAZANI SHADARY mu LANDA**

# SIGLES ET ACRONYMES

- ABAKO : Alliance des Bakongo/des bâtisseurs du Kongo ;
-ADEL/Radical : Alliance des Démocrates Libéraux/Radical ;
- ADG : Administrateur Délégué Général ;
- ADGA : Administrateur Directeur Général Adjoint ;
- ADH : Alliance des Démocrates Humanistes ;
- AFDL : Alliance des Forces Démocratiques pour la Libération du Congo ;
- AMP : Alliance pour la Majorité Présidentielle ;
- ANC : Armée Nationale Congolaise ;
- AP : Assemblée Provinciale ;
- ARC : Alliance pour le renouveau du Congo ;
- BCC : Banque Centrale du Congo ;
- BECECO : Bureau Central de Coordination ;
- C.R.I.S.P : Centre de Recherche et d'Information Sociopolitique
- CAA : Compagnie Africaine d'Aviation ;
- CAAC : Congrès des Alliés pour l'Action au Congo ;
- CCD : Convention Chrétienne pour la Démocratie ;
- CDC : Convention des Démocrates Chrétienne ;
- CEI : Commission Électorale Indépendante ;
- CENI : Commission Électorale Nationale Indépendante ;
- CEREA : Centre de Regroupement Africain ;
- CIAT : Comité International d'Accompagnement de la Transition ;
- CNL : Conseil National de Libération ;
- CNS : Conférence Nationale Souveraine ;
- CODECO : Convention des Démocrates Congolais ;
- COFEDEC : Convention des Fédéralistes et Démocrates du Congo ;
- CONACO : Convention Nationale du Congo ;
- CONAKAT : Confédération Nationale du Katanga ;
- CTB : Coopération Technique Belge ;
- DCF : Démocratie Chrétienne Fédéraliste ;
- DES : Diplôme d'Études Supérieures ;
- DGREQ : Direction Générale des Recettes de l'Équateur ;
- DGRPO : Direction Générale des Recettes de la Province Orientale ;
- DIREMA : Direction des Recettes du Maniema ;

- DSCRP : Document des Stratégies de Croissance et de Réduction de la Pauvreté ;
- ESU : Enseignement Supérieur et Universitaire ;
- ETD : Entité Territoriale Décentralisée ;
- FDC : Front Démocratique Congolaise ;
- FOLECO : Fédération des Organisations non Gouvernementales laïques à vocation économique du Congo ;
- GEMICO : Général des Mines au Congo ;
- GP : Groupe Parlementaire ;
- GTZ : Coopération Technique Allemande ;
- IDH : Indice du Développement Humaine ;
- IGF : Inspection Générale des Finances ;
- INDEP : Indépendant ;
- INDEP/ADH : Indépendant/Alliance des Démocrates Humanistes ;
- M17 : Mouvement du 17 Mai ;
- MLC : Mouvement de Libération du Congo ;
- MLC ADH : Mouvement de Libération du Congo/Alliance des Démocrates Humanistes ;
- MLC/ADT : Mouvement de Libération du Congo/Alliance des Travaillistes pour le Développement ;
- MNC : Mouvement National du Congo ;
- MNC/K : Mouvement National du Congo/Kalonji ;
- MNC/Lumumba : Mouvement National du Congo/Lumumba ;
- MONUC : Mission des Nations Unies pour le Congo ;
- MONUSCO : Mission des Nations Unies pour la Stabilisation du Congo ;
- MP : Majorité Présidentielle ;
- MPR : Mouvement Populaire de la Révolution ;
- MRC : Mouvement des Républicains Congolais ;
- MSR : Mouvement Social pour le Renouveau ;
- NEPAD : Nouveau Partenariat pour le Développement ;
- OFIDA : Office National de Douane et Accises ;
- OMD : Organisation Mondiale de Développement ;
- OMS : Organisation Mondiale de Santé ;
- ONG : Organisation Non Gouvernemental ;
- ONU : Organisation des Nations Unies ;
- OUA : Organisation de l'Unité Africaine devenue Union Africaine ;
- OXFAM : Oxford Committee For Relief Famine (Fondée en Grande-Bretagne en 1942, la Confédération Internationale Oxfam regroupe en son sein 17 Organisations avec pour objectif, unir leurs efforts sur la scène internationale afin de maximiser l'impact de leurs actions visant à réduire la pauvreté et l'injustice) ;

- PALU : Parti Lumumbiste Unifié ;
- PANU : Parti National de l'Unité ;
- PCB : Parti Congolais pour le Bien-être du Peuple ;
- PDC : Parti pour la Démocratie au Congo ;
- PGR : Procureur Général de la République ;
- PIB : Produit Intérieur Brut ;
- PNP : Parti National du Progrès ;
- PNUD : Programme de Nations Unies pour le Développement ;
- PPRD : Parti du Peuple pour la Reconstruction et la Démocratie ;
- PSA : Parti de l'Unité Nationale ;
- PUNA : Parti de l'Unité Nationale ;
- RCA : République Centre Africaine ;
- RCD : Rassemblement Congolais pour la Démocratie ;
- RCD/KML : Rassemblement Congolais pour la Démocratie/Kisangani Mouvement de Libération ;
- RDC : République Démocratique du Congo ;
- REGESO : Régie de Distribution d'Eau de la RDC ;
- SAKIMA : Société Minière Kivu-Maniema ;
- SNCC : Société Nationale des Chemins de Fers ;
- SNEL : Société National d'Électricité ;
- SOCIMA : Société Civile du Maniema ;
- SOFICOM : Établissements Financiers, Crédit, Transfert d'argent, change devises au Congo ;
- SOMIKO : Société Minière du Congo ;
- SOMINKI : Société Minière du Kivu ;
- TPI : Tribunal Pénal International ;
- UCL : Union Congolaise pour la Liberté ;
- UCOBES : Union des Combattants pour le Bien-être Social ;
- UCP : Union Congolaise pour le Progrès ;
- UDEMO : Union des Démocrates Mobutistes ;
- ULDC : Union des Libéraux Démocrates du Congo ;
- UMR : Union pour la Majorité Républicaine ;
- UN : Union pour la Nation ;
- UNADEF : Union Nationale des Fédéralistes ;
- UNICEF : Fonds des Nations Unies pour l'Enfant ;
- UNIMO : Union des Mongo ;
- UREC : Union pour la Reconstruction du Congo ;
- USA : États-Unis d'Amérique.

# LISTE DES TABLEAUX

# PRÉFACE

C'est avec plaisir que j'accepte de préfacer cet ouvrage écrit dans le cadre du mémoire de l'auteur, sous ma direction, en vue de l'obtention du Diplôme d'études approfondies en Sciences politiques et administratives (SPA) à l'Université de Kinshasa. Je suis d'autant plus fier que je connais Ramazani Shadary comme étudiant brillant et appliqué en SPA depuis son entrée à l'Université de Lubumbashi jusqu'à la défense de son DES à l'Université de Kinshasa. Sa passion pour la science n'a nullement été altérée par les hautes fonctions politiques qu'il exerce, comme démontré dans la façon dont il a rendu les résultats de ses investigations.

L'étude porte sur les institutions provinciales issues de la Constitution du 16 février 2006. Plusieurs travaux antérieurs portant sur ce sujet se sont limités à en décrire les aspects juridiques, sans jamais rendre compte de l'effectivité de leur fonctionnement ni des résultats engrangés par leur mise en œuvre. Or, on le sait bien, les performances institutionnelles sont à la base des progrès ou des échecs enregistrés dans les sociétés humaines actives. Ces performances sont fonction non seulement de leur ordonnancement juridique, mais aussi et surtout de leur mode de fonctionnement réel, de leur caractère *inclusif* ou *extractif*[1]. Sur ce point, les comportements tant individuels que collectifs des animateurs de ces institutions conditionnent également l'efficacité institutionnelle.

C'est cette innovation dans l'analyse des institutions provinciales qu'apporte le politologue Ramazani. Il part de l'histoire des institutions provinciales, jusque-là décrites dans leurs seuls aspects juridiques, depuis l'indépendance à travers les diverses constitutions qu'a connues le pays pour aboutir à celles qui font l'objet de ses investigations. Il explique les conditions sociohistoriques qui ont influencé la production de ses constitutions et leurs répercussions sur la marche des entités provinciales. Bien plus, il s'intéresse aux jeux des acteurs commis aux charges d'animer ces institutions provinciales.

---

1. D. Acemoglu et J. Robinson opposent les institutions inclusives qui favorisent la prospérité de la collectivité aux institutions extractives qui, elles, ne bénéficient qu'à la frange dominante de la communauté au détriment de l'intérêt général. In La faillite des Nations. Les origines de la puissance, de la prospérité et de la pauvreté, Nouveaux Horizons, Paris, 2015.

Sans ignorer quelques avancées enregistrées dans la gestion des entités provinciales, Ramazani relève des dysfonctionnements qui ont plombé le développement des entités territoriales décentralisées. La situation des 3 provinces investiguées, en l'occurrence l'Équateur, le Kasaï Occidental et le Maniema, reste confrontée aux mêmes types de défis, institutionnels et humains.

Le recours à la méthode de l'histoire immédiate et à l'analyse stratégique a permis au chercheur d'échapper au carcan disciplinaire pour s'ouvrir à la transdisciplinarité en vue de cerner son objet d'étude dans ses multiples facettes. Les techniques de récolte des données les plus appropriées ont été utilisées, avec en prime, l'observation participante. L'auteur a, en effet, profité de ses fonctions politiques pour voyager plusieurs fois dans les entités concernées qu'il a observées de plus près. Son ouverture d'esprit lui a permis d'échanger avec les acteurs les plus divers sous forme d'interviews orientées ou mêmes libres. Ayant lui-même participé à l'élaboration des législations relatives à son objet d'étude (il a activement œuvré au sein de la grande Commission Politique, Administrative et Juridique de l'Assemblée Nationale) et à diverses concertations entre politiques congolais, il était donc bien placé pour établir les écarts entre, d'une part, textes juridiques, discours politiciens et, d'autre part, pratiques concrètes des acteurs politiques nationaux et locaux qui ont négativement impacté le processus visant à réduire la pauvreté des masses dans nos provinces.

Dans le rendu des résultats de ses recherches, l'auteur fait des évaluations sans complaisance. Il a fait preuve d'une *vigilance épistémologique* remarquable dans la mesure où on ne le sent pas quitter le terrain rigoureux et têtu de la science (même quand elle énerve) pour sombrer dans les présupposés idéologiques qui l'auraient poussé à se ranger dans le camp des défenseurs inconditionnels du régime en place, dont il est pourtant un des acteurs principaux. En effet, en sa quadruple qualité d'enseignant, de chercheur, de citoyen normal et d'acteur politique élu et actif participant à la gestion de son pays au plus haut niveau, Ramazani s'est senti fortement concerné par cette exigence *épistémologique* qui se pose au politologue savant doublé d'homme politique actif et engagé. Ce qui implique qu'à chaque instant, il se situe dans les contextes complexes qu'il décrypte pour parer à la menace constante de noyer sa science dans ses propres intérêts idéologico-matériels réels. Comme l'écrit Philippe Braud à ce propos, *« l'éthique du savant dans l'analyse politique requiert la suspension des préférences morales et idéologiques, à la fois parce qu'elles peuvent introduire des biais supplémentaires dans l'analyse rigoureuse des faits, et parce qu'elles ne doivent pas indûment mobiliser à leur profit l'autorité de la science. Réciproquement, il est indispensable que la question de l'éthique en politique soit soulevée en permanence et largement débattue ; mais dans la clarté, c'est-à-dire sur le terrain des convictions authentiques et des croyances affichées comme telles ».*[1]

Ramazani relève dès lors les différents obstacles juridiques et comportementaux qui font obstacle à l'aspiration légitime de promouvoir le développement par la base contre la folle prétention de tout programmer à partir des bureaux climatisés de la lointaine Ville de Kinshasa. Après avoir établi que les faibles performances réalisées relèvent tant des insuffisances des textes juridiques instituant les organes de gestion des provinces et des ETD que de la mauvaise gouvernance généralisée, l'auteur propose une batterie de suggestions sous forme des mesures correctionnelles portant essentiellement sur les textes, l'organisation et les hommes. Des mesures parfois fortes, trop fortes même, lorsque, par exemple : elles préconisent des sanctions allant de la prison ferme à la confiscation de tous les biens des personnes jugées coupables des crimes de corruption, de concussion ou de détournements des deniers publics ; elles proposent d'impérieuses révisions constitutionnelles pour recentrer le rôle que doivent jouer les entités locales ainsi que leurs animateurs dotés des moyens conséquents dans la vision du développement à la base ; elles suggèrent une forme de démocratie nouvelle, *consociative*, mieux adaptée à des contextes sociopolitiques multiethniques ; elles invitent les autorités à tous les échelons (central, provincial et local) *« à accélérer la mise en œuvre des programmes d'accès de la population aux services sociaux de base, notamment l'eau, l'électricité, la santé, les routes, l'éducation, les nouvelles technologies de l'information et de la communication etc. en vue d'amorcer ou d'atteindre le développement local durable et l'éradication de la pauvreté »* au lieu de se limiter à des discours pompeux et peu significatifs, sans incidence concrète sur la vie sociale caractérisée par des misères et des pauvretés des masses grandissantes ; etc.

L'auteur conclut : *« Si l'on veut répondre objectivement aux problèmes de développement de notre pays à travers cet aspect institutionnel, par les provinces, il faut dans l'ensemble trouver des solutions aux écueils que nous avons évoqués : déficit des ressources humaines et financières, les difficultés de l'éventail relationnel entre :*

- *État central et Gouvernement provincial ;*
- *Exécutif provincial et législatif provincial ;*
- *Exécutif provincial et administration provinciale ;*
- *Autorités provinciales et société civile ;*

1. Philippe BRAUD, Sociologie politique, L.G.D.J., Lextenso Editions, Paris, 2008, p. 13.

- *Autorités élues et chefs coutumiers et même des autorités provinciales et des administrations locales »*.

Je ne peux terminer mon propos sur cet ouvrage de qualité tant théorique que pratique sans formuler quelques observations, l'auteur étant dans le processus de poursuivre sa recherche au niveau doctoral sur le même sujet, mais étendu sur toute la République.

La première observation porte sur le problème d'adaptation des institutions étatiques africaines aux spécificités des sociétés africaines que Ramazani effleure en évoquant Gonidec[1] dans la toute dernière phrase de l'ouvrage. En effet, le concept de *régionalisme politique* doit faire l'objet d'une réflexion critique quant à son application au contexte congolais. Forgé pour qualifier le système de gestion territoriale en Allemagne et en Espagne notamment, le régionalisme politique concerne là-bas des entités hébergeant des communautés renfermant toutes les caractéristiques des nations entières : une population homogène, ayant en commun une longue histoire, des traditions, langues, culture artistique commune... toutes bien ancrées dans son for intérieur. Importer cette notion dans le cas de la RDC nécessite de la circonspection car les communautés concernées ici sont multiethniques, avec des variétés tribales, dialectales et culturelles notables. Si en Allemagne ou en Espagne, on peut parler d'une véritable régionalisation des entités politiquement définies, en RDC, il s'agit plus d'un simple découpage administratif impliquant une gestion politique stratégique visant à réconcilier, pour une vie sociale partagée, des individus issus de différentes tribus virtuellement ou ouvertement rivales.

La seconde observation porte sur la répartition des compétences entre institutions et entre animateurs. Il règne à ce sujet un flou qui constitue une source de conflits interinstitutionnels et interindividuels permanents. Il en est ainsi par exemple des pouvoirs colossaux et sans partage dévolus aux Gouverneurs de Province, ne laissant aux Vices-gouverneurs que le pouvoir vide, sans contenu, de *« remplacer le Gouverneur en cas d'absence »*. Cela constitue une des sources de conflits dans la mesure où le Gouverneur, bradé de toutes les compétences quasi absolues que lui confère la Constitution, se comporte en sorte de monarque omnipotent. En l'absence d'une Assemblée forte, le Gouverneur exerce un pouvoir quasi absolu, s'autorisant parfois même des abus excessifs pouvant aller jusqu'aux actes de violence gratuite.

Enfin, je recommande la lecture de cet ouvrage de référence non seulement aux scientifiques qu'intéresse le sujet, mais aussi aux praticiens de

1. GONIDEC P.F, Les systèmes politiques Africains, 3e édition, les nouvelles démocraties, L.G.D.J, Paris, 1977, p.11.

la politique à tous les niveaux, à tous ceux qui, comme moi, nourrissent l'intime conviction que le développement de ce pays ne viendra pas de la seule Kinshasa, mais bien et surtout de la base que constituent les différentes entités territoriales qui font la RDC.

**Faustin MULAMBU Mvuluya**
**Professeur Émérite à l'Université de Kinshasa**

# INTRODUCTION GÉNÉRALE

Ce travail porte sur l'impact du développement des provinces à travers le fonctionnement des institutions provinciales telles qu'établies par la Constitution du 18 février 2006. Elle est basée sur l'expérience vécue dans trois provinces, en l'occurrence le KASAI OCCIDENTAL, l'ÉQUATEUR et le MANIEMA.

Une étude portant sur les institutions politiques provinciales et leurs rapports avec le développement des provinces présente un intérêt certain dans les filières de l'enseignement supérieur en général, singulièrement en sciences politiques et administratives, et cela à plusieurs niveaux :

D'abord, sur le plan scientifique, le sujet lui-même cadre avec la formation des politologues, car les institutions politiques, les questions de développement et celles relatives à la forme de l'État et au régime politique figurent parmi les matières enseignées au Département des Sciences Politiques et Administratives. Cette étude est une contribution à la littérature existante dans le domaine du fonctionnement des institutions politiques provinciales en RDC de la première République à l'application de la Constitution du 18 Février 2006 qui consacre l'avènement juridique de la troisième République.

Ensuite, d'un point de vue pratique, l'intérêt majeur de cette étude consiste à faire le bilan sur l'organisation et le fonctionnement des institutions politiques provinciales depuis la promulgation et l'application de la Constitution du 18 février 2006. Cette étude peut être judicieusement exploitée, car elle tire la sonnette d'alarme pour les décideurs politiques sur la question du régionalisme politique par rapport aux réalités sociopolitiques de la RDC. Ceci se justifie du fait que le problème posé n'y est pas abordé sous un angle purement juridique, mais l'analyse s'appuie sur un certain nombre de données pratiques sur les institutions politiques des provinces de l'Équateur, du Kasaï Occidental et du Maniema dans leur plus profond entendement sociopolitique.

Enfin, l'intérêt personnel rencontre nos fonctions actuelles et notre modeste expérience politique. Nous en sommes interpellés au plus haut point. En effet, en nos qualités d'ancien territorial (Vice-gouverneur puis Gouverneur de province), Député national réélu, Secrétaire national du parti présidentiel et président du groupe parlementaire PPRD, Coordonnateur de la majorité parlementaire à l'Assemblée nationale, l'intérêt que nous portons sur cette étude n'est plus à démontrer.

Les questions portant sur les institutions politiques nationales et provinciales, la forme de l'État ou encore les régimes politiques et le développement des entités décentralisées sont des thèmes qui ont déjà été remarquablement traités sous divers aspects par plusieurs spécialistes en sciences politiques et des juristes publicistes. Mais, l'analyse des quelques ouvrages et articles consultés relatifs au fonctionnement des institutions politiques provinciales en RDC, nous laisse quelque peu dans une certaine soif, d'autant plus que toutes les préoccupations pertinentes en la matière ne sont pas entièrement abordées. Chacun de ces auteurs lus, aborde le thème à sa manière et pour des objectifs divergents. Nous nous limiterons ici à commenter les plus récents, notamment:

François MUKOKA N'SENDA, dans son ouvrage *État et Gouvernementalité au Congo*[1], partage ses intuitions et ses impressions notamment sur les attentes et les challenges de la troisième République, les réformes institutionnelles et leurs enjeux. L'auteur estime qu'il faut cesser de considérer la *repolitisation* du développement comme quelque chose de technique. Mais, il ne soulève pas les questions du fonctionnement des institutions provinciales actuelles.

VUNDUAWE te PEMAKO a écrit des ouvrages et articles[2] en rapport avec cette étude. Mais dans l'ensemble, il se limite à décrire la Constitution, à compiler les textes constitutionnels et à présenter la nouvelle forme de la décentralisation en RDC sans parler des aspects pratiques de fonctionnement.

MAZIAMBO MAKENGO quant à lui, dans son *Régionalisme et décentralisation en RDC*[3], répond aux questions relatives à la forme de l'État, au statut des provinces, au cadre de concertation entre les provinces et le pouvoir central et enfin au statut des entités territoriales décentralisées. Il a, en effet, mis à la disposition du public, de véritables synthèses des textes constitutionnels et légaux sur les questions soulevées ci-haut, sans pour autant ressortir des observations sur les obstacles rencontrés en provinces.

---

1. MUKOKA N'SENDA, F., Etat et gouvernementalité au Congo (RD), Edition ICREDES, Kinshasa, 2012.
2. VUNDUAWE te PEMAKO, Droit constitutionnel au Congo, Tome 1 et 2, L'Harmattan, France, 2012 ; Traité de droit administratif, Larcier, Bruxelles, 2007 ; Réflexion sur le régionalisme politique (journée de réflexion organisée par le PNUD) ; La nouvelle organisation territoriale, politique et administrative du Zaïre, in Zaïre-Afrique, 1982.
3. MAZIAMBO MAKENGO, A., Régionalisme et décentralisation en RDC, Séminaire sur la gouvernance politique organisé par le PNUD, Kinshasa, 2012.

Félicien ASSANI MPOYO KALEMA[1] dans sa réflexion sur les rapports juridiques entre le pouvoir central et les provinces dans la Constitution du 18 Février 2006 en RDC, affirme que celle-ci forme une collectivité souveraine, une et non multiple. Ce qui signifie que tous les pouvoirs remontent à une source unique qui est le peuple dont la volonté souveraine trouve son expression dans la Constitution. Le phénomène du régionalisme, d'après lui, ne conduit pas à un morcellement de sa souveraineté entre la collectivité étatique et les collectivités particulières. Après lecture de cet article, notre curiosité scientifique est restée la même sur la question à l'étude étant donné que l'auteur n'insiste pas sur les particularités et les institutions réelles des provinces.

MABIALA MANTUBA et RICHARD DION, dans *Pouvoir central et pouvoirs provinciaux et locaux*[2], confirment que la décentralisation a besoin des citoyens qui refusent de croire en la toute-puissance de l'État central. Pour acquérir la culture de la décentralisation et les performances nécessaires à sa gestion, poursuivent-ils, on a besoin d'une éducation permanente des cadres administratifs et des citoyens en général. Ces auteurs ont plus insisté sur la forte centralisation du pouvoir au niveau national sans aborder la question du comportement des acteurs provinciaux.

Ambroise KAMUKUNY MUKINAY, dans son livre intitulé *Droit constitutionnel congolais*[3], présente l'abondante production constitutionnelle congolaise et les institutions politiques qu'elle draine. L'auteur y analyse tous les aspects qui poussent le droit constitutionnel congolais, au-devant de la vision classique, vers les dimensions actuelles de cet enseignement. De manière très didactique, l'auteur a présenté les institutions sans parler de leur fonctionnement pratique.

BOUVIER PAULE dans son ouvrage sur la décentralisation en RDC, retrace les méandres qu'a connus le processus de décentralisation comme composante institutionnelle de l'État congolais au fil de l'évolution depuis l'indépendance, ses temps forts comme ses périodes d'ostracisme. Car à l'instar d'autres événements de ce passé, certains moments clés de la décentralisation ont fait l'objet d'une sorte d'oubli officiel[4]. Pour elle, la décen-

---

1. ASSANI MPOYO KALEMA, F., Réflexion sur les rapports juridiques entre le pouvoir central et les provinces dans la Constitution du 18 Février 2006 en RDC, *Séminaire sur les rôles et mandats des élus*, organisé par le PNUD, Kinshasa, 2007.

2. MABIALA MANTUBA et al, Pouvoir central et pouvoirs provinciaux et locaux, *Séminaire sur les mandats et rôles des élus*, organisé par le PNUD, Kinshasa, 2007.

3. KAMUKUNY MUKINAY, A., *Droit constitutionnel Congolais*, éd. EUA, Kinshasa, 2011.

4. BOUVIER, P., *La décentralisation en RDC. De la 1ère à la 3e République*, éd. Le Cri Africain, Bruxelles, 2012.

tralisation est plus remarquable dans les discours politiques que dans la pratique.

Des études de VERHAEGEN BENOIT[1] et YOUNG CRAWFORD[2], nous ont permis d'analyser conséquemment le fonctionnement des institutions politiques provinciales de 1960 jusqu'en 1980, mais l'étude que nous présentons va au-delà. Elle apporte plus de lumière sur les institutions provinciales de la troisième République.

Comme on peut le constater, tous ces écrits antérieurs n'abordent pas la question de la même manière que la présente étude. Tous ces spécialistes ci-haut évoqués analysent le problème d'un point de vue théorique alors qu'ici, notre approche est fonctionnelle et pratique. Fondamentalement cette étude évalue ou mieux fait le bilan des institutions politiques provinciales dans leur organisation et fonctionnement depuis plus de sept ans et vérifie son impact sur le développement des provinces de la RDC, présenté de manière pratique et pragmatique (santé, routes, infrastructures etc.).

Trois provinces ont été choisies en fonction de leur position (Ouest, Centre, Est). Ainsi, la Province de l'Équateur, le Kasaï occidental et le Maniema sont celles qui ont fait l'objet de nos investigations. Nous les avons visitées à plusieurs reprises et elles nous ont finalement donné toute l'inspiration nécessaire.

La Déclaration du Millénaire adoptée par les Nations Unies au cours de son Assemblée Générale de septembre 2000 a recommandé aux États membres de travailler ardemment pour libérer le monde de l'extrême pauvreté. Un panel de haut niveau présidé par le Secrétaire Général des Nations Unies en décembre 2000 a spécialement recommandé que chaque État en voie de développement puisse mettre en ordre ses aspects fondamentaux en recherchant une croissance équitable par l'instauration d'institutions locales effectives et en adoptant des politiques, spécialement sous forme de gouvernance qui soit solide et qui puissent répondre favorablement aux attentes des gouvernés[3].

Le nouveau partenariat pour le développement de l'Afrique (NEPAD) contient une initiative sur la démocratie et la gouvernance politique qui affirme que le développement est impossible en l'absence d'une vraie démocratie, du respect des droits de l'homme, de la paix et de la bonne gouvernance. Le NEPAD recommande aux États africains en particulier, de respecter les standards globaux de la démocratie qui comprennent un ensemble d'éléments comme le pluralisme politique et syndical et l'orga-

1. VERHAEGEN, B., *Congo 1960*, Tome 1 et 2, CRISP, Bruxelles, 1961, p. 537.
2. YOUNG, C., *Introduction à la politique Congolaise*, éd. P.U.Z, Kinshasa, 1968.
3. MABIALA MANTUBA, N., *Le processus actuel de décentralisation en RDC : enjeux et défis*, Publication de la Fondation KONRAD Adenauer, Kinshasa, 2009, p. 25.

nisation régulière des élections crédibles et transparentes, permettant ainsi à la population de choisir librement ses dirigeants. Les États sont donc encouragés à renforcer leurs fondements politiques et administratifs en vue de promouvoir les principes de la démocratie, de la transparence, de l'intégrité et de la promotion de l'État de droit.

La RDC, vaste pays (2.345.409 $Km^2$), avec une population estimée à 80 millions d'habitants, possédant d'énormes potentialités naturelles mais figurant parmi les pays les plus pauvres du monde, s'est proposé de se montrer à la hauteur de l'application des recommandations des Nations-Unies et du NEPAD sus-évoquées.

Déjà en 2005, pour essayer de lutter contre la pauvreté, le Gouvernement de la République a élaboré le document des stratégies de croissance et de réduction de la pauvreté (DSCRP) qui considère non seulement la lutte contre la pauvreté comme une priorité mais aussi et surtout que l'exclusion sociale et politique, le manque de dignité et de reconnaissance affectent tout aussi bien la vie des citoyens congolais que le problème de santé et d'éducation[1]. Ce document a eu le mérite d'être adopté car, la centralisation du pouvoir, freinant le développement, est devenue inadaptée. On parle de plus en plus de la bonne gouvernance, de la gouvernance au service du développement. La bonne foi d'un gouvernement à instaurer un État de droit démocratique se mesure désormais non seulement par sa capacité à faire participer les citoyens aux décisions politiques, mais aussi par son habilité à rapprocher le plus possible l'administration des administrés et ainsi donner une impulsion au développement.

Face à cet impératif d'assurer une gouvernance susceptible d'imprimer une dynamique du développement au pays, il est impérieux de doter ce dernier d'une forme de l'État et des institutions politiques tant au niveau national que local à même de relever ce défi majeur. En effet, il importe de rappeler que l'histoire du Congo(RDC), depuis la période Léopoldienne jusqu'à ce jour, n'a été en fait que l'histoire d'un pouvoir politique et administratif de domination du centre sur la périphérie, avec comme instrument privilégié, un État jacobin[2].

C'est dans la perspective de faire participer les citoyens congolais aux décisions politiques à tous les niveaux, qu'une Constitution fut adoptée par référendum du 18 au 19 Décembre 2005 et promulguée le 18 février 2006. Cette Constitution telle que modifiée à ce jour est d'application depuis les élections nationales de 2006 et provinciales de 2007. Comme institutions provinciales, la Constitution actuelle prévoit à son article 195,

1. MABIALA, *Op. Cit.*, p. 26.
2. MUKOKA N'Senda, f., *Op. Cit.*, p. 15.

deux institutions à savoir : l'Assemblée provinciale et le Gouvernement provincial. Le souci majeur du constituant congolais en adoptant cette loi fondamentale était d'une part, *« de consolider l'unité nationale mise à mal par des guerres successives et, d'autre part, de créer des centres d'impulsion et de développement à la base »*[1]. Le constituant a structuré administrativement l'État congolais en 25 provinces plus la Ville de Kinshasa, dotée de la personnalité juridique et, exerçant des compétences de proximité énumérées dans la Constitution.

Les provinces ainsi que la ville de Kinshasa sont administrées par un Gouvernement provincial et une Assemblée provinciale. Les provinces comprennent, chacune, des entités territoriales décentralisées qui sont la Ville, la Commune, le Secteur et la Chefferie. Pour assurer l'harmonie entre les provinces elles-mêmes d'une part, et le pouvoir central d'autre part, il est institué une conférence des gouverneurs présidée par le Chef de l'État et dont le rôle est de servir de conseil aux deux échelons de l'État[2].

Aussi, le devoir de solidarité entre les différentes composantes de la nation exigea-t-il l'institution de la caisse de péréquation placée sous la tutelle du Gouvernement.

De la même façon dans le préambule, le constituant a affirmé la détermination du peuple congolais à sauvegarder l'indépendance et l'unité nationale dans le respect de ses diversités et des particularités positives.

Même si le constituant s'abstient de le préciser, la qualification de la forme de l'État apparaît ici comme la résultante de la combinaison des valeurs cardinales suivantes : l'unité et l'indépendance nationale, l'existence des centres d'impulsions et de développement à la base ainsi que des diversités congolaises.

En clair, il faut constater que le peuple congolais en votant massivement (référendum) pour la Constitution de 2006, attendait de celle-ci, être le véritable moteur d'impulsion et de développement de toutes les provinces de la RDC. La volonté du constituant est que les institutions politiques provinciales provoquent le changement en provinces, mieux au niveau local ; que ces institutions deviennent des centres d'impulsion et du développement à la base.

La question fondamentale qui mérite d'être posée dans ce travail est celle-ci : au regard de la volonté du constituant et du peuple congolais, quel bilan peut-on présenter au public sur l'organisation et le fonctionnement des institutions politiques provinciales, sept ans après leur installation ?

---

1. *La Constitution de la RD Congo*, exposé des motifs alinéa 6.
2. *Idem*, alinéa 27.

Et, s'il appert que ces institutions n'ont pas fonctionné à la satisfaction attendue des Congolais, d'autres questions non moins importantes s'avèrent opportunes à savoir : quels sont alors les facteurs déterminants qui expliquent le dysfonctionnement ? Quelles sont les causes ayant engendré de très faibles résultats du développement du pays à la base ? Il s'agit, en effet, de présenter une analyse concrète des réalisations de ces provinces d'une part et les difficultés qu'elles ont rencontrées pour ne pas atteindre les objectifs de développement à la base, d'autre part.

L'hypothèse est une supposition explicative dont la vérification permet de passer de la simple supposition à la vérité solidement établie ou définie comme une idée directrice formulée au début de la recherche permettant la réélection, l'interprétation et la signification des faits[1].

Claude Bernard définit l'hypothèse comme une interprétation anticipée et rationnelle des phénomènes[2]. Pour une compréhension plus générale, les hypothèses sont les propositions de réponse aux questions que l'on se pose à propos de l'objet de la recherche. L'hypothèse informe le chercheur de la nature des données qu'il convient de collecter et des techniques appropriées à cette collecte. Bref, l'hypothèse par rapport à la problématique constitue la réponse directe à l'interrogation principale et c'est l'idée que le chercheur s'efforce à défendre tout au long du travail[3].

De toutes les façons, nous estimons que le bilan sur l'organisation et le fonctionnement des institutions politiques provinciales n'a pas rencontré la volonté du peuple en général et du constituant en particulier. Ces institutions ont mal fonctionné.

Les très faibles résultats des provinces sur le développement du pays seraient dus, notamment :

- Au cadre institutionnel inapproprié ;
- Au niveau d'étude insuffisant et à l'inexpérience des animateurs ;
- Aux antivaleurs observées à travers les différentes provinces.
- Avant d'examiner la méthode et les techniques qui ont présidé à ce travail, il est important d'esquisser de manière lapidaire mais claire la définition, mieux la compréhension des concepts *méthode* et *technique* étant donné que *« ces notions sont d'une ambiguïté souvent dénoncée ».*[4]

---

1. TSHUNGU, B., *Méthodologie de recherche quantitative et qualitative*, Cours dispensé au 3ème cycle SPA, Université de Kinshasa, 2012-2013, p. 22.
2. BERNARD, C., *Introduction à l'étude de la médecine expérimentale*, nouvelle éd., Paris, 1966, p.67.
3. BINDUNGWA IBANDA, M, *Comment élaborer un travail de fin de cycle ? Contenu et étapes*, Kinshasa, Médias Paul, 2008, p. 41.
4. GRAWITZ, M., *Méthodes des Sciences Sociales*, éd. Dalloz, Paris, 2001, p. 15.

Au sens le plus élevé et le plus général du concept, la méthode est constituée de *« l'ensemble des opérations intellectuelles par lesquelles une discipline cherche à atteindre les vérités qu›elle poursuit, les démontre et les vérifie ».*[1] Et, de manière plus simple, le concept méthode désigne une démarche rationnelle de l'esprit pour arriver à la connaissance ou à la démonstration de la vérité.[2]

La portée et la nature de ce travail nous ont recommandé l'utilisation de la méthode de l'histoire immédiate dans sa dimension dialectique[3] en ceci que l'histoire immédiate pense la réalité de façon cohérente, totale et dynamique. Elle s'intéresse aux structures, aux tensions, aux conflits, aux changements et aux contradictions et, essaie de relier la théorie à la pratique, le concret à l'abstrait, le changement à la continuité.[4] Et l'histoire immédiate se constitue nécessairement autour du phénomène de crises et de ruptures dont elle doit, en premier lieu, rendre compte et qu'elle doit expliquer.[5]

La confirmation du choix de cette méthode pour ce travail est dictée par le fait qu'elle nous a permis de saisir réellement les différentes contradictions entre l'engagement politique formel du constituant d'impulser le développement à la base et le comportement (réalités) affiché par les acteurs sur le terrain apparaissant déjà comme un obstacle majeur.

L'opérationnalisation de l'histoire immédiate dans le cadre de ce travail peut être synthétisée à travers les quatre principes fondateurs de la méthode de l'histoire immédiate[6] qui sont :

a) Le principe de *totalité* ou la prédominance universelle du tout sur les parties. En d'autres termes, chaque fait observé fait partie d'un tout qui lui donne son sens et sa vérité. Ce principe considère l'entité province et ses institutions politiques comme un tout où les échanges avec les parties constituent un processus d'équilibre en vue de sa stabilisation.

b) Le mouvement dialectique qui veut que les choses, les institutions humaines, les comportements etc. contiennent tous leurs contraires en termes surtout des conflits. En tant que réalité sociopolitique, l'institution province n'est pas un phénomène figé, elle est plutôt soumise à un mouvement des transformations continues s'expliquant par le jeu d'interactions qui s'exerce entre l'environnement et les acteurs, et entraînant crises et

1. *Idem*, p. 351
2. LOUBET DEL BAYLE J.L, *Introduction aux méthodes des sciences sociales*, éd. Pivat, Toulouse, 1989, p. 22.
3. VERHAEGEN, B, *Rébellion au Congo*, les études du C.R.I.S.P., Tome 2, Bruxelles, 1969, p. XXII.
4. *Idem*, p. XXIII.
5. *Ibidem*, p. XXII.
6. VERHAEGEN, B., *Op. Cit.*, pp. XXIII-XXV.

tensions au sein des institutions. Les conflits, les tensions et les contradictions sont à la base de tout changement et demeurent le ferment de toute société. Ils ne sont pas toujours mauvais et ils ne doivent pas être évités à tout prix, car, il s'agit des réalités qu'on ne peut ni éliminer ni évacuer à volonté. Ils sont donc inévitables. C'est pourquoi, à défaut de les éliminer, il faut les résoudre, les gérer. Les réalités dans le fonctionnement des institutions politiques provinciales sont à juste titre concernées par ce principe du mouvement dialectique.

c) Le principe du *déterminisme structurel* indique que le mode de production de la vie matérielle conditionne le processus de la vie politique et sociale. Le développement à la base dans les provinces devrait être une conséquence logique de la mise en œuvre des institutions politiques provinciales dans leur fonctionnement.

d) L'indissociabilité entre *praxis et théorie*, suggère que la pratique sociale doit être éclairée par la théorie et que celle-ci doit être modifiée en fonction des données de terrain.

En plus de la méthode de l'histoire immédiate, nous avons recouru à l'analyse stratégique. Celle-ci nous a permis de découvrir et d'expliquer le fonctionnement des institutions politiques provinciales aux travers des jeux de pouvoir des acteurs individuels et collectifs. Michel Crozier considère que tout pouvoir doit être appréhendé du point de vue des acteurs.[1]

Sur le même ordre d'idée, Philippe Braud pense que dans toute analyse du social, l'analyse stratégique privilégie la manière dont les agents, engagés dans les institutions, s'échangent des *coups*, utilisent les règles de jeu à leur profit et exploitent les ressources disponibles.[2] Les députés provinciaux, ou les membres des exécutifs provinciaux dans leurs interactions, utilisent les dispositions du règlement intérieur, par exemple, pour leur propre intérêt. Cela signifie que chaque acteur dispose au sein des institutions provinciales d'un minimum de marge de manœuvre lui permettant d'adopter un comportement volontariste.[3] L'acteur se donne des objectifs plus ou moins clairs, plus ou moins constants, mais au service desquels il utilise les ressources à sa disposition lorsque des situations opportunes apparaissent. Et entre les acteurs en provinces (Députés, Ministres provinciaux ou Gouverneur) naissent dans la perspective stratégique, des relations qui sont des relations de pouvoir du point de vue des

1. CROZIER, M., et FRIEDBERG, E., *L'acteur et le système. Les contraintes de l'action collective*, éd. du Seuil, 1997, p. 65.
2. BRAUD, P., *Sociologie politique*, LGDJ Lextenso éditions, 9e édition, Paris, 2008, p. 400.
3. *Idem*, p. 401.

acteurs.[1] Chacun a quelque chose à donner et utilise des moyens disponibles pour mettre l'autre en situation de dépendance, de faiblesse... Nous avons, par exemple, observé des motions utilisées par des Députés en vue d'atteindre un objectif personnel...

Mais, à côté de l'histoire immédiate et de l'analyse stratégique, il s'est avéré pertinent de privilégier aussi une approche pluridisciplinaire en vue de parvenir à une compréhension globale de la question. Chaque aspect de l'étude a été saisi d'après son approche. C'est ainsi que la psychologie, l'approche comparative, l'approche juridique, économique ont été mises à contribution selon qu'on cerne des attitudes, les comportements où l'on compare le fonctionnement des institutions politiques provinciales ou selon qu'on analyse les dispositions légales ou encore qu'on scrute l'impact de la pauvreté face à l'impératif du développement et de l'intérêt général.

Toute recherche ou application de caractère scientifique en sciences sociales comme dans d'autres sciences en général, doit comporter l'utilisation des procédés opératoires rigoureux, bien définis, transmissibles, adaptés aux problèmes et aux phénomènes en cause. Ce sont là des techniques. Les techniques constituent des moyens pour atteindre un but. Mais, elles se situent au niveau des faits et des étapes.[2]

Le choix des techniques dépend de l'objet d'étude, lequel est lui-même lié à la méthode de travail. De cette interdépendance naît souvent une confusion entre les termes techniques et méthode, qu'il convient de distinguer parce que le langage courant tend à employer indifféremment l'un ou l'autre. La technique est, comme la méthode, une réponse à un « comment ?».[3] C'est un moyen d'atteindre un but, mais qui se situe au niveau des faits ou des étapes pratiques. En clair, la technique représente les étapes d'opérations limitées, liées à des éléments pratiques, concrets, adaptés à un but défini ; alors que la méthode est une conception intellectuelle coordonnant un ensemble d'opérations, en général plusieurs techniques. Celles-ci ne sont que des outils mis à disposition de la recherche et organisés par la méthode dans ce but. Elles sont limitées en nombre et communes à la plupart des sciences sociales.[4]

Comme nous venons de l'indiquer, les techniques sont finalement les instruments, les procédés opératoires pour récolter les données sur le

1. CROZIER, M., et al, *L'acteur et le système*, éd. du Seuil, Paris, 1977, p. 64.
2. PINTO, R. et GRAWITZ, M., *Op. Cit.*, p. 22.
3. GRAWITZ, M., *Op. Cit.*, p. 352.
4. MULUMA MUNANGA, A., *Le guide du chercheur en sciences sociales et humaines*, Les éditions Sogedes, Kinshasa, 2003, p. 105.

terrain. Ce sont donc des moyens et des procédés qui permettent à un chercheur de rassembler des informations originales ou de seconde main sur un sujet donné.

Dans le cadre de cette étude, nous avons fait recours à plusieurs techniques en l'occurrence la technique documentaire, l'observation et l'interview.

La *technique documentaire* nous a permis de procéder à la lecture des ouvrages scientifiques, cours et travaux de recherche, les articles des revues et surtout l'exploitation des documents officiels, les publications parlementaires et administratives, les débats parlementaires, les édits, les arrêtés des gouverneurs, etc. Nous avons également exploité les éléments audiovisuels ainsi qu'électroniques.

*L'observation,* quant à elle, nous a été d'une grande utilité car, de manière directe et indirecte nous avons observé bien de phénomènes sociopolitiques à travers les trois provinces. En effet, pendant toute la période de recherche, nous avons vécu nous-même des actions sur le terrain et, de fois, nous avons tenté avec beaucoup de réussites à nous mêler à la vie des enquêtées en étant chercheur et acteur statutaire[1] (*observation participante*).

*L'interview* : nous avons fait recours à l'interview libre et à l'interview structurée dans ses formes individuelles et de groupe en vue de recueillir les informations relatives à notre étude. Nous nous sommes entretenus, notamment avec les membres des assemblées provinciales, les exécutifs provinciaux, les fonctionnaires, les notables, les chefs des entités territoriales décentralisées… (Lire les noms des personnes interviewées à l'annexe 2).

Ce travail est délimité dans le temps et dans l'espace.

Temporellement, l'étude part de l'année 2007, (qui coïncide avec les élections provinciales et la mise en place des institutions politiques provinciales) jusqu'en 2014, qui correspond aux dernières mutations de l'exécutif de la province de l'Équateur. La délimitation temporelle ainsi annoncée ne peut nullement nous empêcher, pour une meilleure compréhension des faits, de parler de l'évolution historique des institutions provinciales de la RDC depuis la première République.

Dans l'espace, notre étude couvre les provinces du Kasaï Occidental, le Maniema et l'Équateur. Cette délimitation nous permet d'avoir des informations nécessaires sur leurs monographies, mais aussi et surtout sur les déterminants sociopolitiques et la composition des animateurs de leurs

1. YVAN, A., et RAVESTEIN, J., *Réussir son master en sciences humaines et sociales*, éd. Dunod, Paris, 2009, p.110.

institutions, éléments importants dans l'organisation et le fonctionnement de celles-ci.

Au sujet de la décentralisation, il existe actuellement une abondante littérature, riche et enrichissante. À propos de l'organisation et du fonctionnement des institutions politiques provinciales, surtout celles de la troisième République, les écrits sont encore insuffisants. C'est, donc, cette insuffisance des écrits qui constitue, pour nous, une difficulté majeure. Elle est donc relative au fait que les données sont limitées, nonobstant la chasse aux documents en parcourant les trois provinces concernées par l'étude ainsi que l'exploitation des documents et archives parlementaires et d'autres documents importants relevant des exécutifs provinciaux et du pouvoir central. Mais, ces écrits se bornent de façon générale à décrire les institutions sous plusieurs aspects abordant timidement le fonctionnement de celles-ci.

La deuxième difficulté, et non la moindre, a été observée sur le terrain au cours des recherches proprement dites. En effet, les interviewés ont manifesté une certaine méfiance vis-à-vis de nous au début de la recherche, du fait de notre position politique.[1] Les interviewés pensaient que nous étions mandatés par le pouvoir politique pour une enquête politicienne.

Mais, toutes ces difficultés ont été contournées en partie, par le fait de notre intuition de chercheur et surtout de nos relations personnelles avec plusieurs animateurs des institutions ciblées.

La présente étude est subdivisée en trois parties comportant chacune des chapitres. La première partie porte sur les aspects théoriques et conceptuels. Elle nous a permis de revoir très succinctement la littérature sur les régimes politiques, les formes de l'État et les considérations sur le développement.

La deuxième partie, examine l'évolution historique des institutions en RDC, depuis l'adoption de la loi fondamentale en 1960 jusqu'aux institutions politiques provinciales de la deuxième République.

La troisième et dernière partie livre le bilan sur l'organisation et le fonctionnement des institutions politiques provinciales face au défi du développement sous la Constitution promulguée en 2006. Après l'examen du contexte historique de l'avènement de la troisième République, cette partie présente les trois provinces concernées avant d'analyser l'organisation et le fonctionnement de leurs institutions respectives. Une conclusion assortie des suggestions a clôturé nos efforts.

1. L'Auteur de ce mémoire : RAMAZANI SHADARY est ancien Gouverneur du Maniema, Député national réélu et Président du Groupe Parlementaire PPRD, parti présidentiel.

# PREMIÈRE PARTIE
# ASPECTS THÉORIQUES ET CONCEPTUELS

Cette première partie est consacrée aux généralités. Elle se propose d'aborder succinctement une littérature sur les notions d'institutions politiques, de la forme de l'État et d'un bref cadre théorique sur le développement. L'on ne peut pas aborder l'organisation et le fonctionnement des institutions politiques sans avancer, l'une ou l'autre considération sur les régimes politiques et la forme de l'État, qui organisent ces institutions.

# CHAPITRE I

# Généralités sur les institutions politiques

Ce chapitre recentre de manière synthétique les notions d'institutions politiques, de la Constitution, des régimes politiques et de la forme de l'État.

## SECTION 1 : NOTIONS SUR LES INSTITUTIONS POLITIQUES ET SUR LA CONSTITUTION

### 1.1 INSTITUTION POLITIQUE

Pour bien comprendre la quintessence de l'institution politique, examinons d'abord ce que signifie le concept « *institution* ». Le vocable institution est une notion vague qui désigne des réalités très variées et vivantes mais dont le contour reste flou. Il est nécessaire d'en préciser le sens.[1]

Selon le dictionnaire Littré, on entend par institution *« tout ce qui est inventé et établi par les hommes à l'opposition à ce qui est naturel »*. Étymologiquement, il faut entendre par institution *« ce qui est établi par la volonté humaine »*.[2] À cet effet, la raison, l'homme et la procréation ne sont pas des institutions mais des données naturelles de la création de la nature. Au contraire la personnalité juridique, l'année civile, le mariage sont les fruits de l'imagination humaine. Mais, tout ce que l'homme établit par sa volonté n'est pas nécessairement institution : une institution est établie de manière durable, permanente, en vertu de l'union des volontés individuelles agissant pour une entreprise commune. Cette union de volonté crée une organisation sociale durable, des organes sociaux et notamment une autorité qui dirige. Elle crée en plus des mécanismes des fonctionnements de ladite organisation.[3] HAURIOU Maurice définit une institution comme une organisation qui acquiert la permanence, survit à ses fondateurs parce qu'elle a été créée

1. DJOLI ESENG'EKELI, J., Droit constitutionnel. Principes structuraux. T1 éd. Universitaires africaines, Kinshasa, 2010, p. 24.
2. DJELO, E., Cours de droit constitutionnel et des institutions politiques, UNAZA, Campus de Kinshasa, G1 Droit, 1978-1979, syllabus, p. 30.
3. DJELO, E., Idem, p. 32.

en vue de la réalisation d'une idée et que cette idée a suscité de nombreuses adhésions[1].

BURDEAU G. va dans le même sens en disant qu'une institution est une entreprise au service d'une idée et elle est organisée de telle sorte que l'idée étant incorporée dans l'entreprise, celle-ci puisse disposer d'une puissance et une durée supérieure à celles des individus par lesquels elle agit.[2]

Qu'est-ce alors une institution politique ? Une institution étant une structure établie par l'homme, l'institution politique peut se définir comme une création de l'homme dans le domaine politique. Et par là, on peut considérer les institutions politiques comme des « organes chargés d'exercer le pouvoir politique et d'édicter les *normes relatives à cet exercice* ».[3] L'institution politique est nationale ou provinciale selon que ses pouvoirs s'exercent sur l'ensemble du territoire national ou seulement sur une province.

Par opposition aux institutions administratives ou juridictionnelles, les institutions politiques sont celles qui opèrent des choix entre intérêts et aspirations antagonistes qui traversent toute la société.[4] D'un autre point de vue, c'est également les instances qui représentent l'ensemble du pays sur la scène internationale. Il s'agit là des institutions politiques nationales. Quand on qualifie ainsi le parlement ou le gouvernement, le Président de la République, que désigne-t-on sinon des individus engagés dans des relations juridiquement réglées ? Le langage courant, lui suggère l'existence d'une sorte d'acteur collectif. Cette construction a ses usages politiques et l'illusion produit des effets de réalité. Bref, une institution politique est une instance de représentation politique, de décision et des solutions aux problèmes de la société dans l'intérêt général de tous.

Après avoir esquissé ces considérations conceptuelles sur l'institution politique, venons-en à présent à la notion de la Constitution.

### 1.2. La Constitution

La définition originelle de la Constitution nous renvoie à Aristote selon qui, la Constitution c'est le Gouvernement d'une communauté politique.[5]

---

1. HAURIOU, M., Droit Constitutionnel et Institutions Politiques, éd. Dunod, Paris, 1992, p. 2.
2. BURDEAU, G., *L'État*, éd. Seuil, Paris, 1970, p. 30.
3. DJOLI, *Op. Cit*, p. 28.
4. HERMET, G., et al, *Dictionnaire de la science politique*, éd. Armand colin, Paris, 2010, p. 147.
5. ARDENT, P., et BERTRAND, M., *Institutions politiques et droit constitutionnel*, 24e éd. L.G.D.J, Montchrestien, Paris, 2012, p. 67.

La Constitution est considérée comme l'ensemble des règles qui déterminent les conditions de l'attribution du pouvoir et de son exercice. Une Constitution fixe donc les modalités d'intervention du peuple, les relations entre les pouvoirs publics (nationaux et locaux) ainsi que, le plus souvent, les droits et libertés fondamentaux de l'homme et du citoyen qui limitent ou orientent l'action publique.[1]

La Constitution d'un État correspond alors à l'ensemble des règles fondamentales qui régissent les institutions. Elle est, en général, consignée dans un texte de référence précis qui porte son nom, la Constitution, auquel se greffent souvent d'autres textes complémentaires et des coutumes non écrites.

Comment se présente alors une Constitution ? D'abord, on y trouve un préambule. *« Ce préambule indique parfois les circonstances qui ont présidé à la rédaction du texte, puis généralement les intentions qui animent les constituants, car c'est bien d'un projet de société dont il s'agit ».*[2] Et pour marquer le bien-fondé du projet, la toute première phrase sert souvent à préciser la source légitimatrice du document. La Constitution américaine s'ouvre sur le célèbre : *« We're the people of the United states... »,* alors qu'en réalité, seule une faible minorité s'est exprimée en sa faveur ; celle de la cinquième République de la France : *« Le peuple français proclame solennellement »,* alors que celle de la République Démocratique du Congo (2006) commence par : *« Nous, peuple congolais... ».*

Le préambule a donc pour fonction d'établir la raison d'être de cette autorité que la Constitution institue et habilite. Il confirme un droit et pose les principes directeurs qui sont censés donner un sens au document dans son ensemble.[3] Le préambule est souvent suivi de l'exposé des motifs qui donne les lignes maîtresses caractérisant la Constitution.

Le corps d'une Constitution quant à lui, porte sur l'organisation de l'autorité. Il établit les règles qui régissent les rapports entre gouvernants et gouvernés, de même que les rapports des gouvernants entre eux. La Constitution détermine qui peut être gouvernant, comment on le devient et pour quoi faire. En terme technique, la Constitution fixe le partage des compétences exécutives, législatives, et judiciaires, de même que les relations entre elles. La manière d'aménager ces compétences donne naissance tantôt à un régime parlementaire, un régime présidentiel, etc. (voir section 2 sur les régimes politiques). Outre cela, l'organisation des champs

---

1. NAY, O., *Lexique des sciences politiques, vie et institutions politiques*, éd. Dalloz, Paris, 2008, pp. 92-93.
2. MORIN, G., *Introduction à l'analyse politique*, éd. Groupemorin, Québec, 2002, p. 153.
3. *Idem*, p. 153.

de compétence doit également prévoir si l'État est unitaire ou fédéral (voir section 3 sur les formes de l'État). La Constitution établit aussi un répertoire des droits garantissant l'égalité de tous devant la loi (État de droit) et indique les mécanismes de révision constitutionnelle (Constitution souple et Constitution rigide) et une instance juridique pour interpréter son contenu.

Somme toute, il est, ici, instructif de savoir en quelle circonstance et par qui la Constitution a été rédigée, modifiée et adoptée. Elle est conçue en réaction à une situation immédiatement antérieure. Même si les Constitutions sont élaborées en termes de grands principes gravitant de l'idée d'un intérêt général (qui ne peut être qu'une fiction), il faut voir en elle des règles qui, sous des apparences de la neutralité ou de l'objectivité, favorise l'expression de certains intérêts au détriment des autres. Les règles de jeu ne sont pas innocentes : elles imposent une dynamique que les auteurs, les constituants croient pouvoir imposer. Il est rare cependant, qu'ils parviennent à tout prévoir car, il y a les effets pervers qui vont dans le sens contraire de ceux qui sont attendus. Il arrive même que les règles du jeu se tournent contre leurs propres initiateurs. C'est pourquoi au-delà de ce qui précède et à la suite des expériences politiques de la RDC, l'on peut à juste titre considérer la Constitution comme l'indique MULAMBU MVULUYA,[1] en tant que compromis entre les acteurs politiques majeurs en présence sur l'exercice du pouvoir étatique. Les Marxistes n'hésitent pas à considérer que la Constitution et les lois comme étant la volonté de la classe dirigeante érigée en règles.

## SECTION 2. LES RÉGIMES POLITIQUES

Ce travail n'a aucune prétention d'examiner toute l'abondante littérature qui existe sur les régimes politiques. Les institutions politiques, dans leur fonctionnement reflètent la nature et les objectifs du régime politique mis en place dans la Constitution. Sous cette section, l'essentiel est consacré à un rappel sur la compréhension du concept, à la classification classique des régimes politique et enfin à la nature du régime politique défini dans la Constitution de 2006 de la RDC.

---

1. MULAMBU MVULUYA, F., *Séminaire des questions spéciales de l'histoire politique du Congo*, DES, S.P.A., UNIKIN, 2013, inédit.

## 2.1. Définition

La définition du concept régime politique ne fait pas l'unanimité des chercheurs en droit public et en science politique. S'il y en a qui le considère comme un sous-système constitué par l'ensemble des institutions politiques d'un système social, certains auteurs trouvent une identité entre le régime politique et le système politique.[1] Il convient pourtant de rester prudent, de tenir compte de l'aspect auquel on se réfère pour mieux définir le terme régime politique, qui appartient au vocabulaire de la science politique.

Pour l'essentiel dans ce travail et selon Maurice DUVERGER[2], retenons que le régime politique est un ensemble d'éléments d'ordre sociologique, institutionnel, idéologique qui concourent à former un gouvernement d'un pays pendant une période déterminée. Il se réfère aux principes de légitimité, de la structure des institutions, du système de partis, de la forme et du rôle de l'État. À base de tout régime politique, se trouve le phénomène essentiel de l'autorité du pouvoir, de la distinction des gouvernants et des gouvernés. Tout régime politique apparaît ainsi comme un ensemble de réponses apportées à quatre ordres principaux de problèmes : les problèmes de l'autorité des gouvernants et de l'obéissance des citoyens, les problèmes relatifs au choix des gouvernants ; les problèmes relatifs à la structure des gouvernants et les problèmes relatifs à la limitation du pouvoir des gouvernants.[3]

La notion de régime politique sert donc à rendre compte de la manière dont sont organisés les pouvoirs publics, c'est-à-dire, leur mode de désignation, leurs compétences respectives ainsi que les règles juridiques et politiques qui gouvernent leurs rapports. Cette notion doit être distinguée du concept, plus large, de système politique qui inclut non seulement l'organisation constitutionnelle des gouvernants mais aussi d'autres auteurs et acteurs au processus tels que les partis, les libertés publiques, les médias, les mécanismes de socialisation politique des citoyens, etc.[4]

## 2.2. Classification des régimes politiques

L'ambition de construire des classifications des régimes politiques est extrêmement ancienne.[5] L'enjeu n'est pas seulement une meilleure

---

1. KAMUKUNI, A., *Droit constitutionnel Congolais*, éd. Universitaires Africaines, Kinshasa, 2011, p. 36.
2. DUVERGER, M., *Institutions politiques et droit constitutionnel*, PUF, Paris, 1963, p. 14.
3. *Idem*, pp. 14-15.
4. HERMET, G., et ALLS, *Op. Cit.*, p. 259.
5. *Idem*, p. 259.

compréhension de leurs règles de fonctionnement mais aussi, très souvent, un jugement de valeur. Aussi Aristote distinguait-il terme à terme, royauté et tyrannie, aristocratie et oligarchie, *politéia* et démocratie, pour opposer forme correcte et forme corrompue.

Quant à Montesquieu, il s'interrogera non seulement sur la forme constitutionnelle et du gouvernement : monarchique, républicaine ou despotique, mais aussi sur le « principe »qui leur permet de fonctionner, à savoir respectivement : l'honneur, la vertu et la crainte.[1] Au-delà de la distinction entre démocraties pluralistes, les régimes autoritaires et systèmes totalitaires aujourd'hui, une distinction tripartite, largement répandue, constitue la matrice des distinctions des régimes politiques.

Les régimes politiques démocratiques se différencient surtout par les types de rapports qu'entretiennent les pouvoirs publics entre eux, spécialement le pouvoir législatif et le pouvoir exécutif. C'est à ce point qu'il faut se placer pour classer les divers régimes politiques. Si les régimes politiques sont les modes de l'exercice du pouvoir, ils ne sont pas intégralement assimilables aux formes de gouvernement à moins de centrer l'analyse sur les techniques constitutionnelles. Mais, les régimes politiques des nations ne se qualifient pas uniquement par les rapports qu'entretiennent les pouvoirs publics entre eux. Il faut tenir compte également de la réalité politique qui est souvent du schéma théorique présenté. On peut bien qualifier un régime politique en ignorant le nombre et les caractéristiques des partis politiques, les mœurs et les traditions politiques qui ont une incidence considérable sur la réalité. Ceci sera examiné plus loin dans ce travail.

Selon les rapports entretenus entre le pouvoir législatif et le pouvoir exécutif, on retient actuellement deux sortes de régimes politiques et une variante mixte qui en est la troisième, mais, en réalité, il combine les deux premières. Il s'agit du régime présidentiel, du régime parlementaire et du régime semi-présidentiel. Retenons brièvement les grandes caractéristiques de chaque catégorie de ces régimes politiques.

### *2.2.1. Le régime Présidentiel*

C'est le régime de séparation des pouvoirs qui prévoit nécessairement l'élection du Président de la République au suffrage universel pour un mandat fixe. Il assigne au Président les fonctions du chef de l'État et de premier ministre, lesquelles se trouvent, en quelque sorte, fusionnées.[2]

---

1. MONTESQUIEU, *Esprit des lois*, éd. Gallimard, 1995, Tome1, p. 129.
2. MORIN, G., *Op Cit*, p. 174.

La formule est apparue d'abord aux États-Unis qui connaissent une séparation des pouvoirs sans la présence d'un premier ministre. On retrouve donc concentrés les deux rôles que le président doit assumer pleinement : tantôt être le symbole de l'unité nationale et se poser au-dessus de la mêlée partisane, tantôt s'imposer comme chef du gouvernement et aussi chef du parti engagé dans les débats qui agitent l'opinion.

Le système américain est donc celui qui sert d'illustration. En tant que chef de l'État, le président américain assure la fonction de représentation, comme tout autre chef de l'État en régime parlementaire. En tant que chef du gouvernement, le président a l'entière responsabilité de l'administration, c'est-à-dire, de l'ensemble des ministères, appelés départements, et organismes relevant de l'État. Il est responsable de l'ensemble des politiques proposées et mises en œuvre par les divers ministères qui lui sont d'ailleurs immédiatement subordonnés. Pour assumer l'ensemble de ces fonctions, le Président américain dispose, au sommet, d'un dispositif de gouvernement à deux niveaux : le cabinet des ministres et le bureau du président.

En résumé, les caractéristiques essentielles suivantes déterminent un régime présidentiel :

- Le chef de l'exécutif c'est-à-dire le président, est élu au suffrage universel direct ou indirect et devient chef incontestable et incontesté face au parlement. Il est seul maître à bord, donc seul responsable ;
- Le Président ne peut pas dissoudre le parlement et celui-ci ne peut renverser le Gouvernement, il y a cependant le cas d'impeachment.[1]
- Les membres du gouvernement sont des collaborateurs du président qui relèvent directement de son autorité et sont placés par lui. L'exécutif est strictement *monocéphale*. Le gouvernement est donc redevable devant le chef de l'État seulement, qui lui fait jouer le rôle de son choix. C'est pourquoi, l'on résume en affirmant que le régime présidentiel est fondé sur une conception de séparation tranchée des pouvoirs. Cette expression traditionnelle à la lettre inexacte signifie que les moyens juridiques d'action réciproque sont réduits au maximum entre le gouvernement et le parlement. L'absence notamment de la responsabilité politique et du droit de dissolution les empêchent de se renverser mutuellement : tous

1. Aux USA, la chambre des représentants peut déclencher et instruire un procès contre le Président. Le Sénat remplit la fonction de tribunal.

deux issus du suffrage universel sont donc *« condamnés à vivre ensemble »* pendant la durée de leur mandat respectif.[1]

- L'équilibre entre les pouvoirs tient au fait que les organes exécutifs et législatifs ont le même prestige, mais ce système aboutit souvent à un déséquilibre flagrant à l'avantage en général de l'exécutif : *l'hégémonie présidentielle* qui paralyse plus ou moins l'action d'un parlement affaibli, dépouillé de tout moyen de contrôle. Le régime présidentiel repose sur les idées de séparation et d'équilibre des pouvoirs. Toute altération grave de ces données éloigne du modèle, et l'on se trouve alors en présence non plus d'un véritable système présidentiel, mais de ce qu'on appelle couramment le *Présidentialisme.*[2]

### *2.2.2. Le régime parlementaire*

La responsabilité politique de l'exécutif devant le parlement et la possibilité de dissoudre le parlement par l'exécutif, sont considérées comme les deux traits décisifs d'un véritable régime parlementaire. Toute Constitution qui retient ce schéma est alors de type parlementaire ou, du moins, d'inspiration parlementaire.[3] Dans un régime parlementaire, l'exécutif dépend du législatif car, les membres du gouvernement sont issus de la majorité parlementaire. De plus, on ne peut pas parler d'un régime parlementaire mais des régimes parlementaires car les différentes interprétations ont donné naissance à des régimes parlementaires qui se rattachent au modèle du régime parlementaire. Si le régime parlementaire est un type de gouvernement, il faut s'attendre à ce que ce type soit déformé dans la pratique.

Ce système (comme d'ailleurs celui du régime présidentiel) comprend généralement deux chambres à pouvoirs inégaux. La première, celle issue du suffrage universel direct exerce la plénitude de contrôle sur l'exécutif avec le pouvoir de censurer le gouvernement ; la seconde a des prérogatives très limitées justifiées généralement par son mode de désignation. Elle sert essentiellement de modération de la chambre basse, la navette entre les deux assemblées permettant de rattraper des dispositions fâcheuses ou de gagner du temps pour une réflexion supplémentaire.

Le régime parlementaire connaît une dissociation des fonctions du chef de l'État et du gouvernement. Il se caractérise par un exécutif bicéphale.

---

1. MULAMBU M'VULUYA, *Op. Cit.,* p. 104.
2. DUVERGER, M., *Op. cit.,* p. 239.
3. BRAUD, P., *Sociologie politique*, éd. Lextensio, Paris, 2008, p. 293.

En outre, le chef du gouvernement détient les compétences les plus importantes. Le chef de l'État (monarque en Angleterre, en Belgique, aux Pays-Bas ou en Espagne) quant à lui assure la continuité de l'État et par conséquent les luttes politiques ne doivent pas l'affecter. Ceci implique qu'il ne puisse pas jouer en principe un rôle politique actif et qu'il soit irresponsable politiquement. Ce système parlementaire s'est progressivement établi en Grande-Bretagne, et ce de manière définitive. Ce modèle est vite devenu une référence, un modèle du régime parlementaire. Ce processus ne doit rien aux théories politiques, bien que Montesquieu ait élaboré sa théorie de la séparation des pouvoirs par l'observation du système britannique, tel qu'il avait vu fonctionner au 16e siècle.

La pratique est que, c'est le Premier Ministre qui a en charge de la réalité du pouvoir exécutif. Et cette pratique repose en partie sur des conventions, autrement dit des usages, dont nul texte ne dispose. Par exemple, le titre de Premier Ministre n'est ni défini ni prévu ; il s'est imposé par habitude.[1]

### *2.2.3. Le régime semi-présidentiel*

Le régime semi-présidentiel est une catégorie de régime politique théorisée par le juriste français Maurice Duverger comme présentant des caractéristiques mixtes de deux autres déjà examinés. Il est défini par trois critères:

- Le Chef de l'État est élu au suffrage universel direct ;
- Le Chef de l'État dispose des prérogatives propres ;
- Le Gouvernement est responsable devant le parlement.

Cette doctrine consiste à rassembler sous une même catégorie tous les régimes dans lesquels le gouvernement est responsable devant le Parlement et le Chef de l'État élu au suffrage universel direct, ce qui entraîne un partage de responsabilités entre le chef du gouvernement et le chef de l'État. Ce partage varie selon les pratiques.

Établi en France en 1958 et plus particulièrement en 1962 avec l'élection du président au suffrage universel, le régime semi-présidentiel se caractérise par un pouvoir exécutif double : un président (détenteur des pouvoirs réels du fait de son élection) et un premier ministre qui travaille de concert avec le pouvoir législatif. Historiquement, c'est pour mettre un terme à l'instabilité gouvernementale que ce régime a été institué.

Il faut toutefois noter qu'il existe dans ce genre de régime un équilibre des pouvoirs. L'Assemblée nationale peut bloquer les projets et les poli-

1. MULAMBU M'VULUYA, *Op. Cit.*, p. 87.

tiques de l'exécutif (voter une motion de défiance ou de censure). Dans ce cas, le Président peut, de son côté, dissoudre l'Assemblée et convoquer l'électorat aux urnes. Le droit présidentiel de dissoudre l'assemblée limite la possibilité pour celle-ci de mettre en cause, du moins à répétition, le gouvernement. Le Président peut aussi consulter la population par référendum. Il lui appartient également de demander la démission du Gouvernement sans l'accord de l'Assemblée.

Ce système hybride (mi-parlementaire, mi-présidentiel dans sa forme originelle) a évolué très rapidement vers un quasi-présidentialisme.[1] Lorsque le Président et le Premier ministre sont de la même tendance politique, l'ascendance du Président sur le Premier ministre s'opère selon les formes qui rendent le fonctionnement de cet exécutif bicéphale possible. Le Premier ministre et ses ministres sont alors en situation de subordination relative par rapport au président. Celui-ci dispose de ses propres conseillers et entretient des rapports directs avec les ministres et les grands corps de l'État. Les réunions se tiennent et se déroulent, on le sait, dans un climat de solennité qui favorise l'ascendant du chef de l'État.

Mais, puisque le Premier ministre est responsable devant l'Assemblée nationale, il arrive que le Président soit obligé, pour respecter la majorité de la Chambre, de désigner un Chef du Gouvernement qui ne soit pas de sa tendance politique. Dans un tel cas, on dit qu'il y a cohabitation et les relations entre le Chef de l'État et le Premier Ministre sont soit franches et de bonne collaboration, soit conflictuelles ou tendues car leurs idéologies sont opposées. En réalité, un Premier ministre, dans une telle situation de cohabitation, est pratiquement assuré de garder ses fonctions, à moins qu'il ne soit censuré par sa propre majorité au Parlement. Mais, un Président a par contre tout avantage, en cohabitation, à laisser un Premier ministre, devenu impopulaire, le soin de s'enliser auprès de l'opinion publique…

Que les deux « protagonistes » soient de la même tendance ou non n'enlève en rien à la tension qui, dans ce système, s'introduit presque invariablement entre eux. Souvent le premier ministre en arrive à nourrir des aspirations qui le posent comme dauphin du président, aspirations que le chef de l'État ne partage pas généralement.

Après cette théorie indicative, posons-nous la question de savoir quelle est la nature actuelle du régime politique congolais ?

---

1. MORIN, G., *Op. Cit.*, p.181.

## 2.3. Le régime politique congolais sous l'empire de la Constitution de 2006

Concernant le régime politique congolais sous la Constitution de 2006, Ambroise KAMUKUNI[1] nous présente une synthèse remarquable et quasiment complète. Élu au suffrage universel, le président de la République congolaise est un personnage inviolable et irresponsable politiquement. Il est le chef de l'exécutif, qui exerce le pouvoir sous le contreseing du Premier Ministre et des ministres qui répondent devant le parlement.

Émanation de la majorité parlementaire, le gouvernement définit, en concertation avec le Président de la République, la politique de la nation qu'il conduit et en assume la responsabilité.[2] Le gouvernement est pleinement responsable de la gestion de l'État et doit en répondre devant l'Assemblée nationale. C'est auprès de celle-ci qu'il doit obtenir confiance ou la perdre collectivement ou individuellement à travers le Premier Ministre et les ministres (art.146 de la Constitution). À cet effet, il dispose de l'administration publique, des forces armées, de la police nationale et des services de sécurité.

Le Parlement congolais est bicaméral : une assemblée nationale (500 membres) et un sénat (108 membres). Les députés nationaux sont élus au suffrage universel direct, tandis que les sénateurs sont élus au second degré par les députés provinciaux. Les deux chambres exercent le pouvoir législatif et contrôlent le gouvernement, les entreprises publiques, les établissements et services publics.

En contrepartie de la responsabilité du Gouvernement devant l'Assemblée nationale, la Constitution a prévu, parmi les compétences du Chef de l'État, la possibilité de prononcer la dissolution de cette chambre législative en cas de crise persistante et grave avec le Gouvernement et ce, après consultation du Premier ministre et des Présidents de deux chambres.

Avec un Chef de l'État élu au suffrage universel direct et investi de beaucoup de pouvoirs (art. 78 à 88), un Gouvernement qui répond de sa responsabilité devant le Parlement et une Assemblée nationale susceptible d'être dissoute par le Chef de l'État, sont accouplés, dans ce système, des mécanismes du régime présidentiel et ceux du régime parlementaire. Ce mélange dosé laisse penser au régime français de parlementarisme rationalisé de la cinquième République dit *« régime semi-présidentiel »*.

Comme le travail porte sur les institutions provinciales et non nationales, nous n'allons pas nous attarder à projeter un regard critique sur le

---

1. KAMUKUNI, A., *Op. Cit.*, 2012, pp. 153-154.
2. Constitution du 18 février 2006, *Journal Officiel.*, 52ème année, 2011, art. 91, alinéas 1 et 2.

fonctionnement du régime politique congolais, mais, l'on peut soutenir avec KAMUKUNI que le régime voulu semi-présidentiel par le constituant congolais est complètement déformé dans la mise en œuvre des dispositions constitutionnelles. À défaut d'avoir une responsabilité réelle devant l'Assemblée nationale, les membres du gouvernement répondent plutôt de celle-ci devant le chef de l'État au point qu'il y a lieu de se demander si nous nous trouvons devant un exemple type du régime parlementaire dualiste aujourd'hui disparu[1]. Ceci est aussi vrai du Premier Ministre qui, issu de la majorité parlementaire et présidentielle, est plus redevable devant le Chef de l'État qui l'a nommé. Sa responsabilité devant le Parlement n'est qu'une simple formalité.

Après ce survol sur les régimes politiques, nous abordons dans la section suivante les notions théoriques et essentielles sur la forme de l'État et sa matérialisation en RDC. L'importance de la section est justifiée par le fait qu'au niveau des provinces, la forme de l'État détermine et situe en grande partie les institutions politiques provinciales alors que le régime politique met en exergue avant tout les rapports entre institutions dites nationales.

## SECTION 3. LA FORME DE L'ÉTAT

Plusieurs études scientifiques ont déjà examiné la notion de la forme de l'État, et cela de manière très enrichissante. Si nous revenons sur cette question dans la présente étude, c'est dans un cadre essentiellement didactique afin de permettre au lecteur d'avoir un lien étroit entre les notions générales de la forme de l'État, dans son applicabilité en RDC ainsi que le fonctionnement des institutions provinciales (3e partie) par rapport à la forme de l'État selon la Constitution de 2006.

Cette section donne d'abord un aperçu théorique général sur les formes de l'État avant d'indiquer quelle est la forme de l'État contenue dans la Constitution de 2006.

### 3.1. Cadre théorique général sur les formes de l'État.

Il existe plusieurs formes de l'État selon qu'on les classifie d'après la Constitution, d'après les statuts juridiques attribués aux citoyens, d'après leurs structures internes ou encore selon leurs positions dans la communauté internationale. En rapport avec cette étude, nous examinons les formes de l'État selon les Constitutions.

---

1. KAMUKUNI, *op. cit.*, p. 182.

Selon la Constitution, les États prennent deux formes essentielles : les États unitaires et les États composés (fédéraux).

### *3.1.1. L'État unitaire*

Dans un État unitaire, tous les citoyens sont soumis au même et unique pouvoir. Un Parlement légifère pour l'ensemble du pays et des citoyens, et ces derniers sont soumis à l'autorité d'un seul Gouvernement et d'un droit identique où qu'ils habitent. L'État unitaire suppose que le territoire est considéré comme un tout indifférencié, uniforme et homogène. Il est en outre vu comme un espace administratif. Les circonscriptions administratives et entités locales sont créées et aménagées sur un même modèle.[1]

Comme le constate JEAN-LUC CHABOT[2]. L'État unitaire se caractérise par la maîtrise de la plénitude des compétences internes et internationales du pouvoir politique ; les pouvoirs locaux n'existant que par sa volonté et leurs attributions étant assumées ou déléguées par lui. Lorsque l'État unitaire exerce lui-même à partir du centre la gestion ou l'administration de divisions locales du territoire, il y a déconcentration. C'est alors l'administration d'État qui envoie sur place de manière stable certains de ses agents (de manière itinérante dans un premier stade de développement historique). Ces agents déconcentrés du pouvoir d'État, représentés par le degré de centralisation, c'est-à-dire, la part de gestion directe de l'ensemble des fonctions publiques d'un pays donné est exercée par le pouvoir unitaire d'État.

Même l'État décentralisé ne peut assumer par ses seuls agents concentrés ou déconcentrés la totalité de ses fonctions politiques : il y a toujours des séquelles historiques d'autonomies locales, le désir d'une certaine autogestion administrative et politique relevant des communautés humaines marquées par la proximité physique des intérêts communs et parfois même, des rapports interpersonnels. C'est pourquoi, l'État unitaire recourt à la décentralisation en confiant à des collectivités territoriales distinctes de lui mais créées par lui, des compétences soumises à son contrôle.[3]Formellement et juridiquement, la *République une et indivisible* octroie des compétences à ces instances politiques et administratives infra-étatiques. Le Parlement et/ou le gouvernement dans un État unitaire ont la faculté de créer des entités qui leur sont juridiquement subordonnées. Ces entités peuvent ou non jouir d'une grande autonomie, qui est cependant révocable

---

1. BOLA NTOTELE, A., *Introduction à la science administrative*, notes de cours G1 SPA, UNIKIN, 2010, p. 74.
2. CHABOT, J.L., *Introduction à la politique*, P.U.G., Grenoble, 2003, p. 245.
3. *Idem*, p.246.

par l'instance ultime qui l'a autorisée, le parlement ou le gouvernement. Même si les compétences déléguées sont importantes, ces entités sont unitaires au point de vue juridique, mais permettent néanmoins l'ouverture d'une dynamique régionale dans la représentation des intérêts. On peut alors parfois se rapprocher de la dynamique que suscite le jeu fédéral.

### *3.1.2. L'État fédéral*

Dans les États composés, l'État se décompose en plusieurs entités, qui se présentent comme des États dépouillés de certains de leurs attributs et entre lesquelles existent des liens d'union. L'État composé prend deux formes : l'État fédéral et la confédération d'États. Ici nous nous intéressons plus à l'État fédéral.

L'État fédéral constitue un vrai État des États. Chacun des États membres (États fédérés) a son peuple, son territoire, sa souveraineté illustrée souvent par une Constitution propre. Ils sont tous réunis par une Constitution fédérale dans une sorte de super-État (État fédéral). Cette Constitution fédérale répartit les compétences entre l'État fédéral et les États fédérés.

Il a été démontré que l'idée du fédéralisme, comme forme de l'État, a d'abord été posée en termes juridiques. Il consiste donc à établir deux paliers d'autorité autonomes dans des juridictions données[1]. Au lieu, comme dans l'État unitaire, de centraliser l'autorité dans une structure unique, l'État fédéral prévoit l'établissement d'un premier niveau, le gouvernement central, auquel sont confiées les responsabilités qui relèvent de « l'intérêt général » comme la monnaie, la défense, la politique étrangère ; et d'un second niveau où des entités régionales sont appelées à pourvoir à des besoins perçus comme d'intérêt local, comme la police, la santé, l'éducation… Il faut bien comprendre que ce partage des responsabilités est variable d'une fédération à une autre, et qu'il correspond à une certaine conception de ce qui est d'intérêt général ou local.

L'application de ce fédéralisme dualiste a évolué en fédéralisme coopératif (Canada), fédéralisme centralisé, fédéralisme dit des relations intergouvernementales jusqu'au nouveau fédéralisme de Nixon aux USA[2]. Ce qui est intéressant de noter ici, c'est que toute forme de fédéralisme (comme toute forme d'État unitaire) implique un projet de société. L'aménagement des compétences entre les divers niveaux de gouverne-

---

1. MORIN, G., *Op. Cit.*, p.162.
2. *Ibidem*, p.163.

ment n'est pas innocent et ne dérive d'aucune essence ou nature que l'on pourrait imputer au fédéralisme.

Notons cependant que l'existence d'États indépendants préalables à la formation de l'État fédéral n'est pas une note complètement spécifique de celui-ci puisque, dans certains cas, cette même situation peut se retrouver dans les États unitaires. Par contre la permanence simultanée de deux niveaux étatiques formels en constitue l'originalité.

Il est, généralement, possible de constater l'existence de deux niveaux constitutionnels, ne laissant au pouvoir constituant fédéré que peu d'originalité institutionnelle : l'exemple du fédéralisme américain est assez complexe, puisque 13 seulement des 50 États ont eu une existence constitutionnelle antérieure à la fédération, tandis que les autres sont apparus ou ont été reconnus ultérieurement et progressivement, de telle manière que si les Constitutions des premiers États ont inspiré la Constitution des États-Unis, celle-ci a pu, à son tour, inspirer les Constitutions des nouveaux États fédérés.

Historiquement, l'évolution des systèmes fédéraux a eu tendance à s'opérer au profit de l'extension des pouvoirs de l'État fédéral au détriment de l'extension des pouvoirs fédérés[1]. L'évolution comparative sur deux siècles de cette réparation territoriale des pouvoirs obéit à une loi inverse en France et aux États-Unis : en France, une décentralisation tardive et lente dans un des pays les plus centralisés du monde et, aux USA, une centralisation progressive dans le pays prototype du fédéralisme, au bénéfice principal de l'organe fédéral symbolisant le mieux l'unité de la nation par l'unité physique d'une personne : le Président.

Comme on peut le constater ; autant l'État unitaire se présente comme normal et naturel, autant l'État fédéral apparaît artificiel et fabriqué. Au fond, les deux sont le résultat des Constitutions. L'un s'est développé avec le temps, l'autre est généralement la conséquence de tractations plus récentes. L'État unitaire s'est constitué, de manière progressive, en réaction à la dispersion fédérale qui freinait ce mouvement de concentration de l'autorité souveraine. L'État fédéral est plus récent et s'inspire là où les constituants jugent que la formule unitaire ne convient pas. On peut affirmer que l'État unitaire est la règle, dans la mesure où sa raison d'être n'a pas à être démontrée. Tandis que l'avantage de la forme fédérale pour une entité sociale doit être démontré.

Pour résumer, l'on peut dire que la différence fondamentale entre l'unitarisme et le fédéralisme peut s'expliquer par le fait que dans un État unitaire, il existe un seul détenteur du pouvoir étatique : c'est le niveau

---

1. CHABOT J.L., *Op. Cit.*, p. 164.

central ; alors que dans un État fédéral il existe deux détenteurs du pouvoir étatique : l'un au niveau central et l'autre au niveau régional ou local avec les 3 pouvoirs classiques de l'État (le pouvoir Exécutif, le législatif et le judiciaire) en plus d'une Constitution fédérale et des Constitutions des États fédérés.

### *3.1.3. Décentralisation et fédéralisme*

Nous avons évité dans le cadre d'une étude de DES d'ouvrir un paragraphe particulier devant examiner des notions de déconcentration, centralisation, décentralisation, leurs avantages et inconvénients, notions qui sont bien comprises par plus d'un ; mais nous voulons plutôt apporter un minimum d'éclairage sur les concepts parfois confondus et utilisés abusivement dans le langage courant. C'est la décentralisation et le fédéralisme qui sont évoqués le plus souvent l'un à la place de l'autre.

Le fédéralisme, comme il a été indiqué plus haut, renvoie aux idées, aux valeurs, aux philosophies parfois différentes, voire opposées qui se sont efforcées de rechercher un équilibre entre le gouvernement national et autorités locales, entre l'État central et les communautés de base, entre intégration et autonomie, unité et diversité, liberté et autorité.[1]

S'agissant du processus de sa formation, la doctrine fait la distinction entre le fédéralisme par *agrégation* et le fédéralisme par *ségrégation*. Au premier cas, il s'agit d'unir ce qui, au préalable, était séparé, en s'appuyant sur une solidarité géographique (États-Unis d'Amérique, Suisse, Allemagne fédérale, Canada) ; au second, il importe de séparer ce qui était uni, en tenant compte d'une solidarité historique. La Belgique est un exemple de fédéralisme par dissociation. Le fédéralisme est finalement le mode de regroupement de collectivités politiques dans lequel le gouvernement central d'un État (Gouvernement fédéral) partage avec les gouvernements des collectivités (États fédérés), qui forment l'État, les diverses compétences constitutionnelles : législation, juridiction et administration[2].

Après une telle compréhension sur le fédéralisme, quelle en est la différence avec la décentralisation ?

La décentralisation est un mode d'organisation administrative dans lequel il y a création par la loi ou en vertu de la loi, en dehors du centre, d'autres niveaux de responsabilité et de décision. Elle consiste à confier des pouvoirs de décision à des organes autres que de simples agents du pouvoir central. Ces organes locaux ne sont pas soumis au devoir d'obéis-

1. FAVOREU, L. et al, *Précis de droit constitutionnel*, 2e éd., Paris Dalloz, 1999, p. 410.
2. VUNDUAWE te PEMAKO, F., *Traité de droit administratif*, éd. Afrique Larcier, Bruxelles, 2006, p. 420.

sance hiérarchique et sont souvent élus par les citoyens de la collectivité intéressée. Une définition brève de la décentralisation consiste à la présenter comme un transfert de compétence à une autorité élue disposant de la capacité d'exercer cette compétence.[1]

Décentraliser, c'est confier l'exercice d'une compétence qui pourrait appartenir aux seuls organes de l'État à plusieurs autorités dont chacune n'a en charge qu'une fraction de la collectivité étatique, c'est-à-dire, transformer le centre de répercussion en centre d'impulsion, de décision et de responsabilité.

Sans entrer dans le débat qui consiste à savoir s'il y a entre la décentralisation et le fédéralisme une différence de nature ou simplement de degré, l'on doit reconnaître aisément avec VUNDUAWE[2] que cette différence se situe à trois niveaux :

Au niveau du degré d'autonomie entre le pouvoir central et les entités subordonnées.

Dans la décentralisation, l'autonomie dont bénéficie l'entité décentralisée se situe au niveau et au sein de l'exécutif, c'est-à-dire, vis-à-vis du gouvernement central. Cette autonomie est essentiellement administrative, même s'il y a le cas du régionalisme constitutionnel qui consiste en une régionalisation ou une décentralisation politique.

Dans ce cas, l'État est politiquement décentralisé et appelé « État régional ». Le régionalisme constitutionnel garantit en effet aux provinces une autonomie politique touchant donc les aspects politiques du pouvoir que sont l'Exécutif (Gouvernement) et le législatif (Parlement) des entités subordonnées, c'est-à-dire, les provinces et la ville de Kinshasa pour le cas de la République démocratique du Congo.

Par contre, dans l'État fédéral, l'autonomie est conçue vis-à-vis de tous les organes du pouvoir central : l'exécutif, le législatif et le judiciaire. Les pouvoirs dévolus aux entités fédérées sont de nature étatique. Ces derniers bénéficient donc de toutes les compétences institutionnelles. De ce fait, l'entité fédérée a son gouvernement, son parlement, ses juridictions et sa Constitution.

Et du coup, elle n'est pas soumise au contrôle de tutelle, mais plutôt au contrôle de constitutionnalité. D'où, la différence nette entre les « compétences réservées » de l'entité fédérale et les *affaires locales* de l'entité décentralisée ou régionalisée. Ici la relation dialectique entre le national et le local n'est donc jamais très simple, ce qui explique que la décentra-

---

1. ALCAUD, D., *Dictionnaire de sciences politiques et sociales,* éd. Dalloz, Paris, 2004, p. 65.
2. VUNDUAWE, F., *Op. Cit.,* p. 421.

lisation apparaisse comme un processus en évolution permanente et chaotique.[1]

Au niveau de la participation des entités subordonnées dans les organes du pouvoir central.

Dans l'État fédéral, les collectivités composantes sont, en tant que telles, associées à l'exercice du pouvoir législatif central, ce qui n'est pas le cas dans l'État décentralisé.

Dans la décentralisation, en effet, les entités décentralisées ne participent pas en tant que telles à la formation des organes centraux que sont le Parlement (principalement le Sénat) et le Gouvernement.

Au niveau de la garantie juridique de l'autonomie.

Dans l'État fédéral, les États fédérés sont souverains en ce qui concerne les matières que la Constitution fait entrer dans leur compétence, alors que les collectivités décentralisées demeurent toujours placées sous le contrôle de l'État, qui vérifie, au minimum la légalité de leur action.

En effet, c'est la Constitution fédérale qui garantit l'autonomie des États fédérés alors que c'est une loi qui organise la décentralisation. Néanmoins, dans le cas du régionalisme constitutionnel, la répartition des compétences entre le pouvoir central et les provinces est faite par la Constitution dans le sens de donner plus de garanties à l'autonomie accordée aux provinces dans le cadre de la décentralisation, mais, cette fois-ci politique.

En conclusion, le fédéralisme apparaît comme un phénomène politique, la décentralisation, elle, comme un phénomène essentiellement administratif. Le fédéralisme est donc un système d'organisation politique de l'État tandis que la décentralisation est un système d'organisation administrative[2].

D'autres éléments rapprochent la décentralisation au fédéralisme. Il s'agit dans tous les cas du refus de la concentration des pouvoirs et des formules appropriées pour concilier l'unité nationale et le respect des communautés.

En différenciant ces deux notions, l'on observe généralement les éléments ci-après :

Origine des pouvoirs : c'est la Constitution pour le fédéralisme et la loi pour la décentralisation ;

Participation à l'exercice du pouvoir central : oui pour les États fédérés, non dans la décentralisation ;

---

1. SANCHEZ, J-L, *Décentralisation : de l'action sociale au développement social*, l'Harmattan, Paris, 2011, p. 17.
2. VUNDUAWE te PEMAKO, F., *Op. Cit.*, p. 422.

Étendue du pouvoir : les trois pouvoirs classiques au profit des États fédérés et autonomie administrative et politique dans certains cas pour la décentralisation ;

L'exercice des compétences : pour les États fédérés, il y a liberté dans l'exercice des compétences attribuées par la Constitution tandis qu'il y a la tutelle administrative au minimum sur la légalité en ce qui concerne la décentralisation.[1]

## 3.2. La forme de l'État de la RDC dans la Constitution de 2006

Sous ce paragraphe, il est question de donner des considérations juridiques sur la forme de l'État en RDC sous la Constitution de 2006 telle que révisée à ce jour. Les détails et les approches politiques seront développés plus loin (troisième partie) lorsque nous aborderons les aspects relatifs à la problématique de l'organisation et du fonctionnement des institutions provinciales. Comme nous cernons le cadre conceptuel, examinons ce que dit la Constitution quant à la forme de l'État en RDC.

En matière de l'organisation territoriale de l'État, la Constitution se contente d'affirmer à l'alinéa 1er de son article 1er que : *« La RDC est, dans ses frontières du 30 juin 1960, un État de droit, indépendant, souverain, uni et indivisible, social, démocratique et laïc »*. Elle ajoute à l'alinéa 1er du deuxième article ce qui suit : *« La RDC est composée de la Ville de Kinshasa et 25 provinces dotées de la personnalité juridique »*.

Outre les entités territoriales décentralisées, les provinces dotées de la personnalité juridique et gérées par les organes locaux élus, qui jouissent de la libre administration et de l'autonomie de gestion de leurs ressources économiques, humaines, financières et techniques ; le constituant limite lui-même les institutions politiques provinciales. Il détermine la répartition des compétences entre le pouvoir central et les provinces. Ainsi, fixe-t-il même la clé de répartition des ressources financières nationales.

Le constituant congolais n'a pas déterminé la forme de l'État. Cet oubli a généré une multiplicité des théories sur la qualification de la forme de l'État qu'il nous paraît indispensable de rappeler ici. En effet, si de nombreux chercheurs parlent de l'État unitaire fortement décentralisé (sic !) d'autres qui se fondent sur la répartition constitutionnelle des compétences entre le gouvernement central et les provinces, placent cette forme à mi-chemin entre l'État unitaire décentralisé et l'État fédéral en le qualifiant de régionalisme politique ou constitutionnel. D'autres encore,

1. RIVERO, J., *Précis de droit administratif*, 15e éd., Paris, Dalloz, 1994, p. 229.

à l'instar de Félicien ASSANI MPOYO[1], sans donner une qualification quelconque mais s'inspirant de l'expérience de l'évolution de la forme de l'État Belge, contestent le point de vue des tenants du régionalisme politique.

L'attribution aux provinces des pouvoirs étatiques classiques, comme le pouvoir législatif et exécutif, semble leur faire acquérir une structure étatique normale qui laisse penser aux États fédérés. De même la répartition constitutionnelle des compétences, qui vient régionaliser les provinces, renforce visiblement l'autonomie des composantes de l'État congolais en leur donnant l'impression d'avoir acquis des pouvoirs étatiques complets.

L'exercice compliqué, auquel s'est livré le nouveau constituant pour calmer des ardeurs des tendances « séparatistes » latentes des populations congolaises, a fait penser à beaucoup d'autres que la Constitution du 18 Février 2006 a mis en place un État fédéral au Congo oubliant que ce qui fonde le fédéralisme c'est plutôt la conformité aux six principes : l'autonomie, la participation, la garantie, la subsidiarité (exacte adéquation), la coopération et la complémentarité qui amènent les États fédérés à partir en toute autonomie à toutes les compétences étatiques, sous réserve du respect de la constitution fédérale.

Comme l'indique si bien KAMUKUNI[2], en face de pareille architecture institutionnelle, il n'est certes pas aisé de ressortir la forme exacte de l'État. Toutefois, avant d'aborder une telle question, il est logique de s'interroger d'abord sur le fondement philosophique ayant engendré une telle architecture.

Nous l'avons signalé plus haut, le constituant a justifié son choix dans l'exposé des motifs par la recherche de la consolidation de l'unité nationale et la création des centres d'impulsion et de développement à la base. Ainsi la qualification de la forme de l'État apparaît comme la résultante et découle de la combinaison des valeurs d'unité et de développement à la base. À partir de ces valeurs, il faut conclure que le constituant a évité le qualificatif de l'État fédéral entendu comme point recherché par les « séparatistes » pour saper les fondements devenus plus fragiles de l'État congolais.

L'État congolais présente dans la Constitution une structure étatique unitaire remarquée à travers tant l'absence des Constitutions provinciales et la nature hybride du gouverneur qui permet au pouvoir central d'exercer

1. Lire à ce propos le *séminaire organisé par le PNUD sur le mandat, rôles et fonctions des pouvoirs constitués dans le nouveau système politique de la RDC, modèle de formation*, Kinshasa, 2007.

2. KAMUKUNI, A., *Op. Cit.*, p. 158.

un contrôle hiérarchique sur celui-ci en tant que représentant du pouvoir central en province, qu'à la privation d'un pouvoir judiciaire propre ainsi qu'au rôle régulateur de la conférence des gouverneurs. La révision des articles 197 et 198 de la Constitution qui attribuent au Chef de l'État de nouveaux pouvoirs Constitutionnels de dissolution des assemblées provinciales et de révocation des gouverneurs de province en apporte une preuve supplémentaire[1].

Comme les entités composantes de l'État demeurent les provinces (à côté des entités territoriales décentralisées fixées par une loi) que le constituant a tenues à régionaliser en leur attribuant des compétences propres, la forme de l'État ainsi mise en place par la Constitution du 18 Février 2006 ne peut être que celle d'un État unitaire régionalisé. Et l'on peut se poser la question de savoir si le régionalisme apparaît comme le fédéralisme ou comme une forme spéciale de la décentralisation.

1. *Idem,* p. 160.

# CHAPITRE II

# Considérations sur le développement

Cette étude cerne en réalité l'évaluation de la pratique de la nouvelle décentralisation (régionalisme constitutionnel) et son impact sur le développement, mieux le développement local, celui des entités locales qui composent la configuration administrative des provinces de la RDC. Il nous a semblé cohérent de donner quelques considérations sur le développement. Il sera donc question dans ce chapitre de comprendre les notions de développement, de développement local, d'inventorier les acteurs du développement local ainsi que leurs exigences et enfin les indicateurs du développement avant de parler des rapports entre développement et politique publique.

## SECTION 1. DÉVELOPPEMENT ET DÉVELOPPEMENT LOCAL

### 1.1. DÉVELOPPEMENT

L'existence d'une définition unanimement acceptée sur le concept de développement n'est pas encore une chose acquise. Cependant, certaines tendances peuvent être observées[1]. Les théoriciens de la modernisation mettent l'accent sur des facteurs économiques alors que ceux de la dépendance (néomarxisme) insistent plutôt sur des facteurs sociaux, politiques et humains.

Depuis les années 50, une vision économiste et/ou humanitariste s'affronte à une autre qui se veut alternative. Dans les faits, le groupe porteur de la cause, qui veut le développement de toute la communauté, s'affronte à un autre qui refuse ce type de développement et en demeure un groupe de veto pour contrarier ou retarder toute impulsion y relative.

Pour l'essentiel, il convient de retenir que le développement devrait demeurer un processus volontariste en vue d'améliorer la production des biens de consommation courante ayant pour but l'accroissement du pouvoir d'achat et des conditions de vie de chaque citoyen. Il s'agit des

1. SHOMBA K. et KUYUNSA B., *Dynamique sociale et sous-développement en RDC*, PUC, Kinshasa, 2000, p. 24.

conditions adéquates d'existences humaines (habitation convenable, alimentation nutritive, hygiénique et équilibrée, installations sanitaires assainies, infrastructures de communication praticables, habillement commode, degré élevé de participation politique et de conscience du pouvoir)[1].

Au-delà de ce qui précède, il nous semble pertinent de souligner à la suite d'Olivier NAY que le développement pourra se concevoir comme :

1) Un ensemble des conditions économiques, sociales et environnementales, mais aussi politiques et culturelles, permettant des conditions meilleures de vie des populations.

2) Par extension, il désigne les politiques mises en œuvre à l'échelle internationale, mais aussi nationale et locale, par des acteurs publics et privés, pour lutter contre la pauvreté et renforcer le bien-être des populations.[2]

Pour ce faire, note le même auteur, le développement ne peut être confondu avec la croissance économique qui traduit uniquement l'accroissement des richesses. Il suppose l'élévation générale du bien-être d'une population, ce qui implique une transformation de l'ensemble des structures sociales, économiques et politiques. Or, si aucune répartition des richesses n'est assurée au plan national, ou si la capacité des institutions publiques et privées ne s'améliore pas, il peut y avoir croissance économique sans développement. Mais, à l'inverse, le développement ne peut exister sans une croissance soutenue, car il exige la modernisation des moyens financiers et matériels.

En termes simplifiés, le développement est donc un changement qualitatif, voulu, orienté et non un résultat spontané[3]. C'est le passage d'une société donnée, d'un état A vers un état B, ce dernier considéré comme meilleur sur plusieurs aspects.

### 1.2 Le développement local

Ce qui nous intéresse généralement dans ce travail étude, c'est le développement local. Qu'est-ce donc le développement local ?

Le développement local peut s'entendre comme un développement à la base, par la base et pour la base et qui ne peut avoir la chance de réussite

---

1. LOTOY ILANGO-BANGA, J.P., La décentralisation territoriale en RDC : un programme de développement endogène, in *Revue congolaise des sciences politiques et administratives*, Vol.1, n° 1, Unikin, Avril-juin 2013, pp. 49-50.

2. NAY, O., *Op. Cit.*, p. 201.

3. SHOMBA et al, *Op. Cit.*, p. 32.

qu'avec la participation des gens directement concernés par le programme de ce développement.

Comme le dit si bien DEMBA Sy, *« lorsqu'on parle du développement local, on vise un mode de développement tourné vers la valorisation locale des ressources naturelles, financières et humaines ».*[1] En reconnaissant des capacités d'intervention économique aux secteurs, chefferies, communes, villes et villages par l'attribution aux organes locaux d'un véritable pouvoir de décision et de programmation des activités économiques, on rend l'objectif de développement local quelque peu crédible. Les autorités locales, dans leur cadre territorial, peuvent intervenir dans le domaine économique.

C'est en quelque sorte un développement réel, durable et donc endogène qui suppose la recherche des voies originales fondées sur des valeurs profondes de chaque peuple et adaptées à ses ressources, à ses potentialités et à sa culture. Il suppose aussi la participation active et élargie des individus et des groupes dans la vie communautaire et nationale à tous les niveaux de la décision et de l'exécution. Qui sont donc les acteurs du développement local ?

## SECTION2.LESACTEURSDUDÉVELOPPEMENTLOCAL[2]

Compte tenu de l'existence de la participation et du fait qu'il est admis que le développement est l'aboutissement d'un processus capable de prendre en compte les aspirations de toutes les composantes de la société et de les traduire en objectifs communs, il en découle que le développement local intéresse tous : individus, groupes, collectivités, État.

### 2.1. Les individus

Il s'agit de toute personne ou tout citoyen appelé à animer ou à participer à l'échelon local à toute action de développement. Il est question d'hommes ou des femmes, membres d'une entité, qui, prenant conscience de leur situation, s'engagent dans un processus d'amélioration de leur milieu de vie.

---

1. Lire DEMBA Sy., *Décentralisation, gouvernance et démocratie, le cas du Sénégal*, Dakar, 18e colloque, 1996, p. 9.
2. KWANGBO GUDA, A., *Développement local et profil de l'administrateur civil territorial. Cas des communes de Lingwala, Kinshasa et Burumbu*, mémoire DES en SPA, Unikin, 2006-2007, p. 14.

### 2.2. Les groupes

Nous entendons par groupes, des associations confessionnelles et non confessionnelles, des groupes formels ou informels, des entreprises qui œuvrent dans le cadre de leurs activités et qui contribuent directement ou indirectement à la viabilité des entités locales.

### 2.3. Les collectivités

Elles sont des entités de base administrativement décentralisées, libres de créer des services en fonction du cadre organique fixé par l'État et de recruter le personnel technique dont elles ont besoin pour promouvoir les besoins de leur fonctionnement.

### 2.4. L'État

Il est composé de l'administration traditionnelle et des services publics et socio-économiques plus orientés vers les réalités et les besoins de la population. L'État auquel l'Administration est assimilée, est celui qui défend les intérêts locaux des populations et crée le comportement organisationnel nécessaire pour la mise en application des plans et programmes socio-économiques.

## SECTION 3. LES EXIGENCES DU DÉVELOPPEMENT

Dans les lignes qui suivent, notre propos n'est pas de donner une description exhaustive des exigences du développement local. Nous nous bornerons donc à identifier quelques exigences d'ordre économique et social qui commandent l'accès à un certain développement. Il s'agira de différentes exigences que voici[1] :

### 3.1. L'existence d'une infrastructure de communication, de production et de commercialisation

L'économie moderne étant à base d'échanges, on ne peut concevoir que le développement (local soit-il) soit possible sans une infrastructure (même de qualité moyenne) de transport et de télécommunication. En plus, la prépondérance du secteur primaire dans les pays en voie de développement et notamment l'agriculture, impose d'avoir une bonne maîtrise

1. KWANGBO GUDA, A., *Op. Cit.*, pp. 15-17.

de l'eau avec des aménagements hydroagricoles nécessaires pour corriger les défauts et insuffisances de la nature : canaux d'irrigation, barrages, etc. De même, le stockage de certaines productions momentanément supérieures à la demande se révèle nécessaire pour la commercialisation.

### 3.2. Disponibilité de sources d'énergie abondante et bon marché

Point n'est besoin de rappeler que la marche d'une usine ou de toute autre infrastructure artisanale exige une certaine consommation d'énergie.

### 3.3. Une utilisation rationnelle des finances publiques

Le mode de gestion transparent et rationnel des ressources financières mises au service du développement local est un gage de viabilité des entités administratives décentralisées.

### 3.4. Une disponibilité des moyens financiers à la mesure des actions à entreprendre

Il est depuis connu que la mobilisation d'une épargne (publique ou privée) est nécessaire au financement des actions du développement local.

### 3.5. Une formation des hommes (cadres)

L'accumulation du savoir et l'acquisition des connaissances techniques sont indispensables pour la mise au point d'une technique intermédiaire mieux adaptée au niveau de développement et à la vulgarisation des thèmes dans le monde rural ou semi-rural.

### 3.6. Une population en bonne santé

La participation consciente des nationaux au processus de développement exige que ceux-ci soient des êtres valides et enthousiastes au travail. La mesure dans laquelle l'amélioration de la santé d'un homme accroît son rendement est, certes subjective, mais réelle.

### 3.7. Participation de toutes les parties prenantes au processus de développement

D'un bout à l'autre du processus, les parties participent au choix des objectifs et à leurs réalisations ; donc à la gestion, au contrôle du système et à la répartition des fruits de la production. Tout cela sous-entend l'existence d'un climat de sérénité propice à la concentration de tous ces efforts sur les problèmes de développement. Ici, on peut envisager la création des coopératives pour matérialiser la participation de tous.

### 3.8. L'ÉVALUATION

L'évaluation des actions menées ou à mener devra être périodique. Le résultat permettra certainement de repenser les choix opérés dans le passé. Ceci nous amène à la théorie révisionniste, ou réformiste. À la fin d'une période, l'évaluation entraîne des réformes ; ici, dans ce travail il s'agira des réformes institutionnelles.

## SECTION 4. LES INDICATEURS DU DÉVELOPPEMENT LOCAL

Il sied de signaler qu'il s'agit ici des indicateurs au niveau local, et non au niveau national où les indicateurs s'observent en termes de PIB (Produit intérieur Brut), IDH (indice du développement humain) et BNB (bonheur national brut), etc.

L'analyse concrète et l'observation d'une entité administrative donnée en fonction des indicateurs ci-après devrait permettre de déterminer un programme d'action précis répondant aux réalités du cadre de vie de l'entité en question. Ces indicateurs servent à mesurer le degré d'une gestion positive ou négative dans un espace étatique donné.

De ce fait, nous pouvons retenir en fonction de l'objectif de l'étude, les indicateurs suivants : niveau de vie, qualité de vie collective, développement spontané, ressources naturelles de l'entité, infrastructure, équipement agricole, commerce, crédit, force de travail, utilisation des revenus[1].

### 4.1. NIVEAU DE VIE

Il est entendu ici comme un mode d'existence et moyen d'un groupe social évalué tant sur le plan quantitatif que qualitatif. C'est le cas ici, d'approvisionnement en eau potable, de logement décent, des soins de santé, de l'éducation de qualité et de l'accès à l'électricité, etc.

1. CHAPEL, I., *Op. Cit.*, p. 186.

### 4.2. Qualité de vie collective

Elle est la condition, bonne ou mauvaise d'un groupe déterminé en rapport avec son développement. Les éléments d'appréciation sont les mêmes que le niveau de vie dans une collectivité.

### 4.3. Développement spontané

Il constitue l'ensemble d'infrastructure de production des structures sociales et sociopolitiques propres à une collectivité à partir desquelles une population donnée peut se prendre en charge pour son développement (autodéveloppement).

### 4.4. Ressources naturelles de l'entité

Ce sont des moyens naturels dont est dotée l'entité pouvant répondre aux exigences du développement. On peut citer entre autres : eaux, forêts, élevage, agriculture (cultures légumières, fruitières et industrielles, etc.), minerais…

### 4.5. Infrastructures

C'est l'ensemble de constructions et installations territoriales indispensables aux activités de développement. On peut épingler : des écoles, des hôpitaux, bâtiments publics, voies de communication etc.

### 4.6. Équipement agricole

Il est constitué de l'ensemble du matériel agricole permettant la production des cultures industrielles de base et des cultures vivrières. C'est le cas de tracteurs par exemple pour les cultures industrielles : coton, canne à sucre, cacao, café, caoutchouc…

### 4.7. Commerce

Nous l'entendons comme étant une organisation au niveau local en vue de produire, vendre, acheter et investir. Il s'agit de vendre ce qui est produit localement et acheter d'autres biens de première nécessité…

### 4.8. Crédit

Les possibilités d'octroi de petits prêts (ou microcrédits) tendent à favoriser des initiatives allant dans le sens de devenir les véritables entreprises locales de développement. Des institutions comme les banques, les caisses d'épargnes et les coopératives, peuvent octroyer des crédits à la population locale.

### 4.9. Force du travail

C'est l'ensemble de ressources humaines disponibles à produire et à mener à bien une action donnée.

### 4.10. Utilisation des revenus

La commercialisation, le crédit, l'approvisionnement, l'épargne, l'investissement et les dépenses constitueront progressivement pour une population locale, des conditions de planification du développement et source de bien-être social.

## SECTION 5. RAPPORT ENTRE DÉVELOPPEMENT ET POLITIQUE PUBLIQUE

Si le développement se conçoit dans le sens de l'amélioration de la qualité de vie, de la lutte contre la pauvreté, de l'accès aux services sociaux de base en termes, notamment, de santé, d'éducation, d'emploi, d'eau potable et d'électricité, de logement décent, il est admis que cela ne peut se concevoir que dans la définition d'une politique publique claire. Car, celle-ci s'entend comme étant l'expression d'une volonté gouvernementale d'action. Et par là, il faut reconnaître que les acteurs publics s'engagent à définir les actes qu'il faudra poser afin de concrétiser cette volonté d'améliorer des conditions de vie de la population.

À cet effet, il s'avère pertinent de noter qu'il se dégage une certaine corrélation entre politique publique et développement, dans la mesure où tout plan de développement se conçoit et se réalise à travers les politiques publiques en tant que système d'action concrète. La seule différence, peut-être pas d'un degré très élevé, est que le plan de développement peut émaner des personnes privées. Celles-ci peuvent le réaliser seules ou en partenariat avec le pouvoir public alors que la politique publique, relève du pouvoir public.

C'est la raison pour laquelle Philippe BRAUD[1] considère qu'il s'agit des ensembles structurés réputés cohérents, d'intentions, de décisions et de réalisations, imputables à une autorité publique locale, nationale ou supranationale. Ainsi, parle-t-on de la politique publique de santé publique, de logement, d'aménagement touristique, etc. Elles prennent la forme d'actes législatifs et réglementaires adoptés par des organes de décisions élus. Mais, l'important est surtout qu'il s'agit d'allocation de biens ou de ressources en vertu de procédures juridiquement contraignantes qui attestent la prérogative de la puissance publique. Ceci ne vaudra pas méconnaître la participation des particuliers, mais, elle reste et demeure liée à l'appui de l'action publique.

Le plan de développement peut englober plusieurs domaines déterminés dans des domaines bien particuliers. Toutefois les deux notions sont liées. Nous vérifierons, à cet effet, dans la troisième partie de cette étude quelles sont les politiques publiques prévues par les institutions provinciales en termes de programme d'action, et quel a été leur niveau de réalisation. En effet, la plupart des mesures socio-économiques découlant de la conjoncture politique au niveau des provinces sous examen, n'ont pas été de véritables politiques publiques, mais, plutôt des ersatz ou des concessions ayant pour finalité la politique du ventre chère à François Bayart comme le note Musao Kalombo.[2]

---

1. BRAUD, P., *Op. Cit.*, p. 687.
2. Lire Musao Kalombo C., le Nationalisme Congolais à l'épreuve de la gouvernance démocratique, Communication donnée aux *Journées scientifiques organisées par la Faculté des Sciences Sociales Administratives et Polititques*, juin 2013.

# DEUXIÈME PARTIE
# SOCIOGENÈSE ET ÉVOLUTION DES INSTITUTIONS POLITIQUES PROVINCIALES

Étant donné que cette étude porte sur l'organisation et le fonctionnement des institutions politiques provinciales sous la Constitution de la troisième République, il est opportun de jeter un regard rétrospectif sur ce qu'ont été ces institutions pendant les deux premières Républiques. Il ne sera nullement question d'approfondir tous les aspects de l'organisation et du fonctionnement de ces institutions, mais de présenter les éléments fondateurs essentiels. Mais, il faudra certainement se rendre compte, dans toutes ces analyses, comment les institutions politiques actuelles ont tiré leur inspiration de l'expérience du passé.

Aussi, voudrions-nous avant d'aborder les institutions politiques provinciales de deux premières Républiques, préciser la délimitation temporelle et institutionnelle de la première et de la deuxième République sur les plans politique et juridique.

De l'avis général, la Première République a effectivement commencé le 30 Juin 1960, date de l'indépendance de l'ancienne colonie belge. Cette date marque également la naissance effective de l'État congolais dans sa configuration actuelle. Elle est aussi le point de départ des institutions du nouvel État et de l'entrée en fonction de ses principaux animateurs.

À la grande majorité des chercheurs qui situent le début de la Première République au 30 juin 1960, à en croire KAMUKUNY[1], il leur est opposé une triple objection liée tant au caractère provisoire et au silence du texte quant à ladite dénomination qu'à la date du texte fondamental qui en constitue le soubassement.

D'abord, la loi fondamentale relative aux structures du Congo, adoptée par les chambres parlementaires belges la veille et promulguée le 19 mai

1. KAMUKUNY MUKINAYI, A., *Op. Cit.*, p. 126.

1960 par le Roi des Belges, fut une Constitution provisoire en attendant la mise en place d'une Constitution définitive par les Congolais eux-mêmes.

La loi fondamentale du 19 Mai 1960 aura eu l'avantage de mettre en place les structures provisoirement définitives de l'État avec une répartition des postes de responsabilité fondée sur l'élection comme mode d'attribution des mandats politiques.

Il faudra également retenir que, bien que le discours politique utilise comme première dénomination du pays *République du Congo* et *Président de la République* pour le Chef de l'État, la loi fondamentale, qui institue le nouvel État, se contente de *l'État du Congo* et *Chef de l'État* comme vocables y relatifs. L'utilisation abusive ultérieure à travers les actes législatifs et réglementaires par le législateur congolais des expressions (République et président) non prises en compte par le constituant était en violation flagrante de l'orthodoxie constitutionnelle.[1]

En réalité, il ne suffit pas que le constituant proclame qu'une République est née pour qu'elle le soit. En effet, l'histoire politique du Congo démontre le contraire à propos de la proclamation des Républiques qui ne le furent pas, ni dans leur organisation, ni dans leur fonctionnement. Il suffit de considérer ici une deuxième République qui a continué à survivre dans le discours jusqu'à l'arrivée de l'AFDL et la troisième République maintes fois annoncée (sans qu'un texte constitutionnel ne soit pris dans ce sens) depuis la CNS et le régime de Laurent Désiré Kabila pour s'en rendre réellement compte.

Cependant la date de l'indépendance étant considérée comme celle de la naissance juridico-politique de l'État congolais et la colonie belge du Congo ayant continué à être régie par la loi du 18 octobre 1908 dite *Charte coloniale* jusqu'à cette date, la date du 30 juin 1960 est naturellement celle de l'entrée en vigueur de ladite loi.

Il y a donc lieu de considérer la date d'entrée en vigueur de ce texte spécial comme ayant introduit la première République que viendra confirmer la Constitution du 1er Août 1964, texte définitif approuvé par le peuple souverain par référendum organisé du 25 juin au 10 juillet 1964. Bien entendu, sur le plan formel, nous nous devons de considérer que la naissance juridique de la première République doit être fixée au 1er Août 1964, date de la promulgation du texte constitutionnel qui fait office de Constitution définitive de cette époque[2].

Quant à la fin de la première République, contrairement à la thèse de plusieurs chercheurs qui la fixent politiquement à la date controversée du

1. VUNDUAWE te PEMAKO, *Op. Cit.*, p. 352.
2. KAMUKUNI MUKINAY, A., *Op. cit.*, p. 127.

coup d'État de l'armée nationale congolaise, nous sommes d'avis qu'un accord tacite semble même l'avoir approuvé. Cette République a continué, malgré les violations répétées dont était victime la Constitution en vigueur, jusqu'à la promulgation de la Constitution du 24 juin 1967.

Juridiquement, la deuxième République débute le 24 juin 1967 et prend fin le 18 février 2006, date de la promulgation de la Constitution actuelle, malgré les révisions constitutionnelles et les différentes transitions.

Somme toute, il ne faudra pas perdre de vue que l'avènement d'une République ne préside pas seulement d'un point de vue juridique au travers la promulgation d'une Constitution, mais aussi et surtout par les événements sociologiques et politiques. Ce qui permet ici de présenter la Première République à partir du 30 juin 1960 (proclamation de l'indépendance) jusqu'au 24 Novembre 1965 (coup d'État militaire). La Deuxième République sera donc comprise dans cette acception à partir de 1965 jusqu'à la prise du pouvoir par l'AFDL dirigée par Laurent Désiré KABILA. Dans la mesure du possible nous tenterons dans ce travail de dégager à un moment comme à un autre des considérations sur une distinction nette entre le juridique et le sociopolitique.

Cette mise au point et les différentes considérations importantes nous amènent à analyser en même temps les institutions politiques provinciales régies par les deux textes constitutionnels, l'un provisoire, l'autre définitif. (Loi fondamentale et Constitution de 1964). L'analyse politique nous permet de confirmer que la Loi fondamentale était provisoire étant donné que le Congo n'avait pas encore une Constitution à travers un pouvoir constituant désigné par la Loi fondamentale sur les structures de l'État. En vertu de l'article 4 de la Loi fondamentale du 19 mai 1960 le Chef de l'État et les deux chambres forment le pouvoir constituant du jeune État. Ainsi, le provisoire a régi le Congo et aucune mention n'a été faite de son caractère provisoire.

# CHAPITRE III

# Les institutions politiques provinciales sous la Première République

Ce chapitre comporte deux sections : la première examine les institutions politiques provinciales consacrées dans la loi fondamentale du 19 Mai 1960 et la deuxième, elle, se rapporte à celles issues de la Constitution du 1er Août 1964, dite Constitution de Luluabourg.

## SECTION 1. LES INSTITUTIONS PROVINCIALES ISSUES DE LA LOI FONDAMENTALE DU 19 MAI 1960

Pour une meilleure compréhension, cette section aborde d'abord le contexte général de l'élaboration de la loi fondamentale. Ensuite, elle fixe les esprits sur les institutions politiques provinciales émanation de celle-ci. Elle chute enfin, sur quelques difficultés rencontrées pour leur bon fonctionnement.

### 1.1. Le contexte général de l'élaboration de la loi fondamentale de 1960

Il sied de rappeler que le Congo en phase de son émancipation était confronté à plusieurs mouvements de protestations dont nous ne parlons pas en détail dans le cadre de ce travail.

À tous les appels pour l'indépendance, les autorités belges répondaient par la lenteur et les tergiversations ; par la mise en place des institutions communales, urbaines et rurales qui, dans leur esprit devaient considérablement retarder l'accession possible des Congolais à des responsabilités politiques. De 1957 à 1958, les Congolais attendaient en vain une déclaration gouvernementale sur la mise en marche du plan de décolonisation. Toutes les attentes, aussi bien syndicales que pour l'africanisation des cadres ou le statut unique des fonctionnaires furent, déçues. La méfiance s'accrut du côté congolais. On trouva, néanmoins, pour les cadres de l'époque, c'est-à-dire, quelques évolués, l'occasion d'aller à l'exposition universelle de Bruxelles ; ils en profitèrent pour discuter ensemble de l'avenir du pays.

Il faut également relever qu'au plan d'émancipation politique conçu en 1956 par les milieux coloniaux belges dont le plan de trente ans de JEF VAN BILSEN de l'Institut Universitaire des Territoires d'Outre-mer d'Anvers paru en février 1956, succèdent la déclaration gouvernementale belge et le message du Roi Baudouin du 13 janvier 1959, qui projettent de conduire sans atermoiements funestes, mais sans précipitation inconsidérée, les populations congolaises à l'indépendance[1]. Dès ce moment, on assiste à plusieurs clivages des forces politiques congolaises :

1. Clivages des partis entre les radicaux (ABAKO, MNC, PSA, CEREA) et les modérés (qui se regroupent au mois d'Octobre 1959 au sein d'un grand parti, le PNP). Ceux-ci s'appuyèrent sur les chefs coutumiers et la petite bourgeoisie proche de la société blanche, et se déclarèrent en faveur des propositions des autorités belges tandis que les premiers réclamaient l'indépendance immédiate.

2. Manifestation du conflit entre élite ancienne et élite moderne exploitée par l'administration. Jusqu'en novembre 1959, l'administration s'efforça de faire accréditer les leaders des interlocuteurs valables des masses rurales.

3. Le clivage entre unitaristes (PUNA, MNC, CEREA etc.) et fédéralistes (ABAKO, MNC/K, CONAKAT) s'amplifia davantage.

Dans cette ambiance très tendue entre la partie belge et les mouvements ou partis radicaux, Crawford Young note que le dernier stade de l'érosion du système fut le choix de la formule que l'on adopta pour les négociations décisives qui devaient avoir lieu à Bruxelles en janvier 1960. La déclaration du 13 janvier supposait que la Belgique allait créer des structures indispensables à un État congolais auquel elle accordait alors l'indépendance. Le ministre VAN HEMLERIJICK fit alors une tournée au Congo, en prenant contact avec tous les gens qui peuvent être considérés comme constituant l'opinion publique dans le Congo de l'époque.[2]

Le 19 Janvier 1960, à la veille de la conférence de la Table ronde, les représentants congolais annoncèrent à la stupéfaction de la délégation belge, qu'ils entendaient établir entre eux un front commun. Ces négociations extraordinaires débutèrent ainsi entre, d'une part des partis politiques congolais très fragmentaires, mais, réunis en un seul bloc pour l'occasion (front commun), et d'autre part, un parlement belge fortement divisé. Non seulement l'administration coloniale était absente, mais le gouvernement

---

1. Lire le message du Roi Baudouin 1er du 13 janvier 1959 concernant l'avenir politique du Congo Belge, *Codes Piron,* $T_1$, Bruxelles, 1960, p. 25.
2. YOUNG, C., *Introduction à la politique congolaise*, éd. EUC, Kinshasa, 1968, p. 182.

lui-même se trouvait dans la position humiliante, puisque les négociations allaient pour une bonne part être l'œuvre du parlement.[1]

À en croire Ndaywel, le premier problème concernait la date de l'indépendance qui fut sentimentalement très importante ; il fut posé dès le lundi 25 janvier sur suggestion de KAMITATU et la date de l'indépendance fut fixée le 30 juin 1960. Tout le monde applaudit y compris la délégation belge.

Le deuxième volet de résolutions a porté sur les institutions. Le choix portera premièrement sur le partage du pouvoir entre autorités centrales et provinciales, à chaque niveau les attributions furent reparties entre l'exécutif, le législatif et le judiciaire[2].

Le troisième volet précisa les conditions d'éligibilité et la répartition des sièges.

Le quatrième volet de résolutions concernait les colons dont la situation était plus complexe que celle des fonctionnaires dont le séjour au Congo n'était qu'une façon de briguer une meilleure insertion dans la société belge. Il porta précisément sur les garanties à donner aux biens et donc, sur le maintien de l'ordre et du respect du droit de propriété postérieurs au 30 Juin 1960. Les délégations congolaises reconnurent la nécessité d'une conférence plus spécifique portant sur les problèmes économiques et sociaux (en mai 1960).

Afin de parvenir à la concrétisation des résolutions relatives aux structures politiques du Congo indépendant telles que prévues à la 8e résolution, une Constitution fut élaborée par le parlement belge dénommé Loi fondamentale.

Notons, ici, que la Loi fondamentale relative aux structures du Congo a été élaborée et adoptée par les chambres belges, promulguée et donnée par Baudouin premier, roi des Belges[3]. C'est pourquoi on précise souvent qu'il était une copie de la Constitution Belge.

À cet effet, nous pouvons constater que cet acte fondamental n'a pas répondu aux mécanismes d'élaboration démocratique d'une Constitution, car pour qu'une Constitution soit démocratiquement élaborée, le principe ainsi que l'affirment Jean Gicquel et Jean Eric Gicquel, veut qu'une assemblée constituante soit élue, conformément à la tradition républi-

1. NDAYWEL è NZIEM, I., *Histoire générale du Congo : de l'héritage ancien à la République démocratique du Congo*, Paris et Bruxelles, éd. De Boeck et Larcier, 1998, p. 564.

2. VUNDUAWE te PEMAKO, F., *Droit Constitutionnel du Congo*, vol 1, L'Harmattan, Louvain-la-Neuve, France, 2012, pp. 217-220.

3. NTUMBA LUABA, *Droit constitutionnel général*, Editions universitaires africains, Kinshasa, 2005, p. 117.

caine. Exceptionnellement, les citoyens s'en remettent à l'exécutif, tout en gardant le pouvoir décisionnel[1]. Autrement, nous pouvons souligner avec Ntumba Luaba que les procédés démocratiques sont ceux dans lesquels le pouvoir constituant appartient au peuple souverain. Celui-ci l'exerce soit par l'intermédiaire de ses représentants (convention ou assemblée constituante), soit par le référendum constituant ou peuple constituant[2].

Comprise sous cet angle, nous pouvons relever dans le cas de la loi fondamentale qu'il s'est agi d'un procédé autocratique, car le peuple n'était ni associé, ni impliqué dans l'adoption encore moins consultée en amont comme en aval. C'est une œuvre octroyée par les colonisateurs ou à dire vrai par le Roi de Belges lui-même. L'octroi, en soi, fait partie des mécanismes ou procédés autocratiques. À ce sujet, Ntumba Luaba, note qu'à l'accession à l'indépendance, les Constitutions africaines furent soit octroyées (...) soit négociées dans le cadre des conférences constitutionnelles[3].

De ce qui précède, il faudra également avouer que cette Constitution (Loi fondamentale du 19 Mai 1960 relative aux structures du Congo) ne pouvait être que le reflet de la volonté et de la réalité de la Belgique. Il est question d'une Constitution provisoire. À côté d'elle, il y avait une autre loi du 23 Mars 1960, relative aux élections législatives et provinciales au Congo et une autre loi fondamentale du 17 Juin 1960 relative aux libertés publiques.

### 1.2. Les institutions politiques provinciales

La loi fondamentale du 19 Mai 1960 relative aux structures du Congo avait importé au Congo le régime belge. Excepté le remplacement de l'institution monarchique par le chef de l'État élu par les deux chambres, le parlement belge avait presque exporté toutes les institutions métropolitaines dans l'ancienne colonie.

Ainsi, la première République naquit sous la forme d'un État constitué de six provinces dotées chacune de la personnalité civile. L'État du Congo comprend des institutions centrales, provinciales et locales.

L'article 8 alinéa 2 de la loi fondamentale du 19 Mai 1960 dispose que les institutions provinciales sont :

1. Le gouvernement provincial, dirigé par un Président ;
2. L'assemblée provinciale.

---

1. GICQUEL J. et al, *Droit constitutionnel et institutions politiques*, 22e éd, Paris, éd. Lextenso Montchrestien, p.184.
2. NTUMBA LUABA, *Op. Cit.*, pp. 151-152.
3. *Idem*, p. 117.

Les pouvoirs conférés par la Loi fondamentale aux provinces sont considérables. Celles-ci ont droit d'initiative (dont les matières ne sont pas définies) au même titre que l'exécutif central (art. 16). Il est également prévu que les assemblées provinciales délibèrent sur toutes les affaires d'intérêt provincial et elles légifèrent par voie d'édit (art. 148). Les articles 219 et 220 définissent respectivement les compétences exclusives du pouvoir central et celles des provinces. Comme déjà mentionné, ces dernières couvrent un large éventail dont, notamment :

- L'organisation des structures politiques de la province ;
- La police provinciale ;
- La police judiciaire attachée aux parquets relevant de la province ;
- Les propositions de nomination des magistrats aux échelons inférieurs de l'organisation judiciaire ;
- Les propositions de désignation des entités administratives correspondant aux territoires ;
- Les finances de la province ;
- L'enseignement primaire, secondaire, technique et normal ;
- L'octroi des concessions agricoles et forestières sur le domaine provincial ;
- L'exploitation des sources d'énergie hydraulique pour les besoins provinciaux ;
- Les chemins de fer, les routes d'intérêt provincial ou local ;
- Les travaux publics d'intérêt provincial ;
- La détermination des peines sanctionnant l'exécution des édits (art. 220).

Il a souvent été affirmé que la Loi fondamentale était le résultat d'un compromis entre les deux pôles de l'éventail politique congolais : les tenants de l'unitarisme et les tenants du fédéralisme. En définitive, le résultat est un État unitaire décentralisé. Cependant, François Perin[1], dans l'analyse qu'il fit de ce texte, estime qu'il s'agit d'une « structure de type fédérale ». Il souligne que les six provinces de l'ex-Congo belge étaient dotées de véritables attributions législatives propres aux États fédérés d'un État fédéral. En son article 8, la Loi fondamentale stipule : *« L'État du Congo comprend des institutions centrales, provinciales, et locales »* :

- **Les institutions centrales sont :**

a) Le Chef de l'État ;

b) Le Gouvernement dirigé par le Premier ministre ;

1. BOUVIER, P., *La décentralisation : de la première à la troisième république*, éd. le cri africa, Tervuren, 2012, p. 42.

c) La Chambre des représentants ;

d) Le Sénat.

- **Les institutions provinciales sont** :

a) Le Gouvernement provincial dirigé par un Président;

b) L'Assemblée provinciale.

Il y a donc lieu de remarquer que les institutions provinciales et locales figurent au même titre que les institutions centrales (ce qui n'est pas le cas dans la Constitution du 18 Février 2006) ainsi que le parallélisme existant entre les exécutifs au niveau central et provincial. En ce qui concerne le pouvoir législatif, il est prévu qu'il *« s'exerce collectivement par le chef de l'État, la chambre des représentants et le Sénat d'une part, et par chacune des assemblées provinciales d'autre part »* (art. 15). Au chapitre des institutions provinciales, il est ajouté en outre que *« l'assemblée délibère sur toutes les affaires d'intérêt provincial »* (art. 148) et que *« dans les autres matières, à l'exception de celles exclusivement attribuées au pouvoir central, l'assemblée peut prendre des édits pour autant que la loi ne règle pas complètement la matière ».*

Enfin, une Constitution provinciale organisant la structure administrative et politique de chaque province sera élaborée par chaque province (art.160). Les seules contraintes que les assemblées provinciales ont à respecter sont les dispositions législatives promulguées par l'exécutif central et les lois fondamentales ainsi que la Constitution provinciale (art. 148 et 149).

Sur le plan judiciaire, il est prévu au Congo des Cours d'appel, des Tribunaux de districts, des Tribunaux de police et des Tribunaux coutumiers (art. 191). Les juges de police, magistrats de carrière, sont nommés par le Chef de l'État sur une liste proposée par l'Assemblée provinciale (art. 193). En outre, le gouvernement provincial assure la tutelle des villes, communes, territoires et circonscriptions dans le cadre de l'autonomie reconnue à ces entités (art. 176).

Ce sont ces divers points, ainsi que l'importance des attributions conférées aux provinces citées plus haut, que relève François Perin pour conclure qu'il s'agit d'une structure de type fédéral comme le souligne bien Paule Bouvier[1].

Cette qualification de la forme de l'État s'avère également être celle de Felix Vunduawe, lorsqu'il note qu'avec la souveraineté locale des anciennes provinces sous l'empire de la Loi fondamentale, les provinces

1. *Ibidem.*

étaient comme des véritables États fédérés. Car, ceux-ci avaient vocation de se doter de leurs Constitutions différentes de la Constitution fédérale du Congo[1].

Toutefois, aucune disposition de cette Constitution n'avait clairement levé l'option d'être un État fédéral ni encore moins Unitaire. C'est la lecture de la répartition des compétences qui semble bien le dégager ainsi. Aussi, il n'est fait nulle part dans la loi fondamentale, mention de la notion de République ni celle du Président de la République.

Tout en gardant cette même forme de l'État, le pays en 1962 par le biais du parlement va se doter de 21 nouvelles provinces en révision de l'article 7 de la Constitution.

Avant d'aborder les principales difficultés liées au fonctionnement de ces institutions provinciales, rappelons brièvement leur constitution, organisation et fonctionnement ainsi que leurs attributions majeures conformément à la loi fondamentale du 19 mai 1960.

### 1.2.1. Constitution, organisation, fonctionnement et attributions constitutionnelles des Assemblées provinciales

D'après l'article 107 de la loi fondamentale, les membres de l'assemblée provinciale, appelés conseillers provinciaux sont soit élus au suffrage universel direct, soit cooptés au second degré, selon la formule d'élection retenue par chaque province. Les conseillers provinciaux cooptés sont des chefs coutumiers et des notables dont les candidatures individuelles sont signées par au moins 5 chefs coutumiers et notables de la province. Le nombre des conseillers cooptés est fixé à dix ou quinze pourcents du nombre des conseillers élus. (art. 108 alinéa 3)

Le nombre des conseillers provinciaux de 1960 variait entre 60 et 90 selon le volume démographique de la population de chaque province :

- 60 dans les provinces de moins de 2 millions d'habitants ;
- 70 dans les provinces de 2 millions à moins de 2.500.000 habitants ;
- 80 dans les provinces de 2.500.000 à moins de 3.000.000 d'habitants ;
- 90 dans les provinces de 3.000.000 d'habitants et plus.

Les conseillers provinciaux sont élus au suffrage universel direct (scrutin proportionnel), dont les circonscriptions sont les territoires et les villes. La femme n'était ni électrice, ni éligible. Les opérations électorales dans une circonscription pouvaient s'échelonner sur plus de 15

1. Lire VUNDUAWE te PEMAKO, F., Réflexion sur le régionalisme politique ou nouvelle décentralisation territoriale, *Journées d'information auprès députés provinciaux sur leur mandat*, PNUD, Kinshasa, 2007.

jours pour des raisons de logistique compte tenu de l'étendue du territoire national. Les conditions d'éligibilité sont : être âgé de 25 ans révolus, être de « statut » congolais, être né d'une mère congolaise ou avoir résidé au Congo pendant cinq ans au moins. Pour être électeur, l'âge exigé était de 21 ans au moins.

Concernant la durée du mandat de cette législature provinciale, l'article 130 dispose que la première législature des assemblées ne peut être ni inférieure à trois ans, ni supérieure à 4, sauf en cas de dissolution. Les assemblées provinciales étaient dirigées par un président, deux vice-présidents et de leur bureau (art 113).

Pour ce qui est des attributions, comme nous l'avons indiqué ci-haut, les assemblées provinciales issues de la loi fondamentale détenaient des pouvoirs très larges. En effet, elles étaient compétentes, pour notamment :

- Élire le bureau de l'Assemblée provinciale ;
- Coopter les chefs coutumiers et notables comme membres des assemblées provinciales ;
- Élire les Sénateurs représentants les provinces à la chambre appelée « Sénat » à raison de 14 sénateurs par province dont au moins 3 sont chefs coutumiers et notables;
- Élire le Président du Gouvernement provincial (Président provincial) ;
- Élire les membres du Gouvernement provincial (les ministres provinciaux) ;
- Décider du nombre des membres de Gouvernement provincial ;
- Élaborer et adopter la Constitution provinciale (le Katanga et le Kasaï avaient déjà commencé leur projet de constitution) ;
- Recevoir la démission des membres du Gouvernement provincial ;
- Approuver la Constitution définitive de la République après le travail de la constituante (les 2 chambres législatives) ;
- Délibérer sur toutes les affaires d'intérêt provincial ;
- Légiférer par voie d'édit et disposer par voie d'édit-règlement pour la mise en œuvre de la loi, en veillant à ce que les actes de l'Assemblée provinciale ne soient contraires aux dispositions légales ou réglementaires édictées par les chambres et le gouvernement ;
- Voter annuellement et en séance publique le budget des dépenses de la Province pour l'exercice suivant et les moyens d'y faire face (art. 153). Ce budget devenait exécutoire 40 jours après sa publication, sauf demande de révision par le premier Ministre ;
- Contracter les emprunts au nom de la Province (article 157) ;

- La dénomination, la création, les limites et la suppression des circonscriptions administratives de la province ainsi que la détermination des chefs-lieux sont fixés par l'assemblée provinciale (article 158).

Quant au fonctionnement interne proprement dit, les Assemblées provinciales ont fonctionné sur une base minimum des principes démocratiques : vote, quorum des réunions, quorum de décision, liberté d'expression, contrôle, etc.

### *1.2.2. Le Gouvernement provincial*

L'article 162 de la loi fondamentale dispose que dans chaque province, un gouvernement provincial est constitué avant le 30 juin 1960. Il est élu par l'Assemblée provinciale au sein ou en dehors d'elle. Il est composé d'un président et de cinq à dix membres selon la décision de l'assemblée.

Le Président du gouvernement coordonne et contrôle l'activité de l'équipe gouvernementale. Il promulgue et publie par voie d'arrêtés les édits provinciaux et les édits-règlements. Il assume la liaison avec l'Assemblée, d'une part et avec le commissaire d'État, d'autre part. Les membres du Gouvernement provincial ont voix consultative à l'Assemblée ; ils ont le droit d'y faire des propositions sur les questions en délibération.

Le Gouvernement provincial dirige toute l'administration de la province sous la haute surveillance de l'Assemblée. Il assure la tutelle des villes, communes, territoires et circonscriptions dans le cadre de l'autonomie reconnue à ces entités. Toute motion de censure adoptée par les 2/3 des membres qui composent l'Assemblée provinciale entraîne la perte ou la fin du mandat du Gouvernement provincial. La démission du Président est remise au Président de l'Assemblée provinciale.

Il sied de noter enfin, que la loi fondamentale en son article 180 dispose qu'un Commissaire d'État, est dans chaque province le représentant du pouvoir central. Il est nommé par le Chef de l'État pour une durée de trois ans, après consultation du Président du Gouvernement provincial et essentiellement du Sénat. Il dirige les services de l'État existant dans la province et assure les relations qu'appelle la coordination entre les institutions provinciales et centrales.

Toute cette architecture provinciale n'a pas fonctionné sans heurts. Nous présentons dans les lignes qui suivent quelques difficultés rencontrées dans le fonctionnement de ces institutions.

### 1.2.3. Difficultés rencontrées dans le fonctionnement des institutions politiques provinciales sous la Loi fondamentale

Comme le pouvoir de l'État congolais de 1960 était organisé sans tenir compte du patrimoine culturel et politique congolais, il était tout à fait évident que les institutions politiques se trouvent devant de nombreux écueils en ce qui concerne leur fonctionnement.

De manière générale, les causes lointaines à ce mauvais fonctionnement viennent de l'impréparation de l'élite congolaise à de nouvelles responsabilités politiques et surtout à la divergence quant à la forme de l'État et aux ambitions personnelles des politiciens devant remplacer les colonisateurs. On retiendra, notamment :

1. Pour trouver une voie de sortie entre les unitaristes et les fédéralistes, des pouvoirs exorbitants furent accordés aux provinces (certaines vont proclamer la sécession : Katanga et sud-Kasaï) et le Chef de l'État Kasa-Vubu ne devrait pas se limiter au rôle honorifique. Il n'a pas obtenu, suffisamment, des compétences dans la loi fondamentale importée de la Belgique. Dès la prononciation de son discours le 27 juin 1960, il ouvre un conflit des compétences avec le gouvernement Lumumba. En effet, le premier discours du Chef l'État à la nation, le jour de sa prestation de serment devant les deux chambres réunies en congrès, provoque un premier malentendu avec le gouvernement[1]. Alors que l'article 36 de la Loi fondamentale du 19 mai 1960 dispose que le Premier ministre conduit la politique l'État en accord avec le Conseil des ministres qu'il préside, le Chef de l'État entend, à travers ce discours donner des orientations sur l'action gouvernementale. Il souhaite que le Gouvernement accorde priorité aux problèmes intérieurs avant de penser aux problèmes extérieurs. Visiblement ce discours vient contrarier les options panafricaines déjà exprimées par le Premier Ministre dans ses nombreuses déclarations.

2. Analysant seulement les appellations ou dénominations des dirigeants, la loi fondamentale a préparé les germes de conflictualités ; le responsable de la province s'appelle *Président* du Gouvernement provincial. Et pourquoi pas *Gouverneur* ? Le *Président de la République* s'appelle *Chef de l'État*. Pourquoi ? Ainsi la crise survenue au sommet de l'État entre le Président Kasa-Vubu et le Premier ministre Lumumba ne pouvait qu'avoir des répercussions sur le fonctionnement des institutions provinciales. La formation

1. VUNDWAWE, F., *Op. Cit.*, p. 77.

du gouvernement Lumumba et la mise à l'écart de Tshombe ne pouvaient qu'accélérer le projet belge de la sécession Katangaise et autres velléités centrifuges.

3. À l'échelon de l'exécutif national, la préoccupation majeure fut la restauration de l'autorité de l'État sur toute l'étendue du territoire, car, au cours des premiers mois d'indépendance, le gouvernement central demeura pratiquement impuissant. Cette situation résulta en grande partie de l'effondrement de l'appareil administratif quasiment du jour au lendemain. Dans les conclusions à leur ouvrage sur le Congo 1960, Jules Gérard-Libois et Benoît Verhaegen relatent : *« Le 8 juillet commençait l'exode des fonctionnaires et techniciens belges, qui devait en quelques jours paralyser presque complètement les secteurs les plus importants de la vie économique et sociale du Congo. Dans la désorganisation générale, le gouvernement central fut le premier touché, soit dans ses organes de direction à Léopoldville, soit dans ses moyens de diffusion et de relations avec les pouvoirs provinciaux. Ceux-ci furent dans bien des cas contraints à s'organiser sur une base autonome pour suppléer à la carence du pouvoir central. Les tendances centrifuges s'en trouvèrent renforcées »*[1].

4. Au niveau du pouvoir législatif, Crawford Young estime qu'il ne fallut pas attendre longtemps pour voir surgir les premiers symptômes des difficultés du système parlementaire.[2] Cupidité, corporatisme, inefficacité, inertie, absentéisme furent quelques-uns des travers attribués aux parlementaires.

5. Les Assemblées provinciales ne firent apparemment pas beaucoup mieux que celles siégeant au niveau central. On trouvait dans les institutions provinciales le même genre de difficultés qu'au niveau national.[3] Les partis politiques pour l'ensemble à implantation provinciale, sauf quelques-uns dont le MNC/L, ne réussirent pas à envisager les problèmes avec cohérence. Les traits saillants (dans toutes les provinces) de leur activité furent l'éclatement en fractions adverses et les dissensions internes. On ne parvint même pas de 1960 à 1962, sauf dans quelques cas, à accomplir la tâche fondamentale qui consiste à voter le budget. Il ne faut pas oublier qu'en 1960, les éléments les plus valables avaient été attirés par le parlement

1. BOUVIER, P., *Op. Cit.*, p. 43.
2. YOUNG, C., *Op. Cit.*, p. 199.
3. BOUVIER, P., *Op. Cit.*, p. 45.

central, et ce n'est pas dans l'élite congolaise du moment qu'on pouvait trouver les 641 cadres nécessaires pour occuper les sièges des Assemblées provinciales et nationales[1]. Il est donc assez normal dans tous les cas que le niveau moyen des députés provinciaux ait été tributaire de toutes ces circonstances.

6. Isidore Ndaywel è Nziem[2] précise aussi les difficultés de fonctionnement institutionnel en provinces. L'opposition entre Lumumba et Kasa-Vubu fut le symbole d'une lutte d'influence plus importante, au lendemain de l'indépendance entre les « modérés » et les « radicaux ». Kasa-Vubu représentait l'aile modérée quoiqu'au départ radical et Lumumba constituait la figure de proue de la tendance « révolutionnaire ». Cette situation n'a pas manqué de se répercuter rapidement dans toutes les provinces.

7. En fait, l'état des choses au sein de chacune d'elles variait selon qu'elles tentèrent ou non de faire sécession d'une part, mais aussi en fonction des facteurs conjoncturels d'autre part. D'une façon générale, la situation fut marquée par une grande insécurité et en conséquence d'une grande instabilité. Une mission économique du gouvernement central fut envoyée dans les provinces de l'Équateur, du Kivu, du Kasaï et de la Province orientale afin de faire le point sur la situation intérieure de chacune d'elles.

8. La province de l'Équateur fut le terrain d'une tentative de sécession fomentée par quelques-uns de ses politiciens, mais elle ne fit pas long feu. Les autorités provinciales, après une période de flottement, accordèrent leur appui au chef de l'État et au collège des Commissaires généraux. Le président du gouvernement provincial, Laurent-Gabriel EKETEBI, fit plusieurs déclarations publiques dans ce sens. Des incidents assez graves causant la mort de plusieurs personnes provoquèrent la panique et l'exode des Européens. Délabrement de l'économie, difficultés financières, chômage, tensions politiques et sociales, telles furent les composantes qui marquèrent rapidement la conjoncture sociopolitique et économique. Selon diverses sources mentionnées dans Congo 1960[3], alors que 1670 Européens résidaient à Coquilhatville avant les troubles, il n'y en avait plus qu'environ 300 à la fin de cette première année d'indépendance. À peu près à cette

1. *Idem*, p. 45.
2. NDAYWEL è NZIEM, I., *Op. Cit.*, p. 579.
3. VERHAEGEN, B. et al, *Congo 1960*, Tome 2, CRISP, Bruxelles, 1960, p. 597.

même période, les autorités provinciales s'efforcèrent de reprendre la situation, notamment en faisant appel à un certain nombre de techniciens recrutés en Belgique. Un mouvement, avec à sa tête Jean BOLIKANGO, réclama l'indépendance de l'Équateur dans le cadre d'une alliance avec Moïse TSHOMBE. Parmi les partisans de cette option, certains se déclaraient plutôt favorables à la création d'une fédération d'États. Quant aux Mongo réunis en congrès début 1961, ils optèrent pour l'instauration d'une province ou d'un État Anamongo au sein d'un Congo fédéral[1]. À l'Assemblée provinciale de l'Équateur, l'UNIMO considérait comme injuste la répartition des ministères. Dès avril 1961, les députés Mongo commencèrent à siéger séparément. Dans l'espoir d'arriver à une réconciliation, on convoqua l'assemblée en septembre : mais, la tension à Coquilhatville était telle que toute l'assemblée prit place à bord d'un bateau à vapeur fluvial et alla jeter l'ancre un peu en aval, où elle put ainsi se réunir pendant huit jours en toute tranquillité[2].

9. Au Kivu, la situation fut, semble-t-il, nettement plus calme en dépit de quelques troubles début juillet. Jules Gérard-Libois et Benoît Verhaegen en présentent cette image :« *À l'exception de l'incident de Goma du 8 au 9 juillet, la situation fut relativement calme au Kivu. L'Africanisation des cadres militaires et administratifs fut effectuée sans troubles sérieux, grâce aux efforts conjugués du Premier ministre provincial M. Miruho[3], et du lieutenant-colonel Six, ancien commissaire extraordinaire au Maniema* ». Mais, la province n'échappa pas pour autant à une crise économique et financière. Le rapport de la mission économique diligentée par Léopoldville établit le bilan suivant : « *Il est apparu que le problème économique primordial était de fournir au gouvernement provincial les moyens financiers pour s'acquitter de ses dettes et engager de nouveaux travaux. La solution du chômage et la relance de l'ensemble de l'activité économique de la province sont conditionnées par la solution au problème des finances provinciales* ».

10. Le Kasaï est considéré comme ayant été la province la plus ébranlée par les troubles qui éclatèrent après le 30 juin 1960. D'après Jules Gérard-Libois et Benoît Verhaegen, la situation dans cette province est la suivante : « *La province du Kasaï fit la dissidence de « la province*

1. *Idem.*, p. 597.
2. YOUNG, C., *Op. Cit.*, p. 204.
3. MIRUHO était Président Provincial du Kivu, appelé premier ministre provincial.

*minière ». Les luttes entre Lulua et Baluba qui reprirent quelques jours après la mutinerie du 9 juillet 1960, l'exode de presque toute la population Muluba de Luluabourg posait au gouvernement de la province des problèmes quasi insolubles ».*[1]

En fait, la province fut pratiquement scindée en deux entités. La région nord demeurait sous l'autorité du gouvernement de Luluabourg resté fidèle à Kinshasa en dépit de quelques tensions. Les activités économiques y étaient en grande partie paralysées et, selon le rapport d'une commission parlementaire provinciale du 4 Août 1960, *« l'anarchie totale et le tribalisme règnent au Kasaï »*. Il est signalé aussi que *« les relations entre l'Assemblée provinciale et le gouvernement se révélèrent difficiles »*[2]. *La région sud, était le fief de Baluba ayant massivement quitté Luluabourg. Ils entendirent y créer la « province minière autonome qui deviendra au mois de septembre l'État autonome du sud Kasaï ».* Le pouvoir qui s'y installa fut crédité dans un premier temps de *« certaines réalisations remarquables »*[3]. *Un groupe de Luba sous la conduite de Joseph Ngalula installa un gouvernement qui assuma la réorganisation de ce territoire de façon, semble-t-il, assez spectaculaire (les Luba étaient reconnus comme s'étant facilement adaptés à la modernité et ayant été d'importants auxiliaires de l'administration coloniale). Mais, comme le fait observer Crawford Young, « cela dura jusqu'aux extravagances de Kalonji et de son couronnement comme « Mulopwe » qui eurent pour conséquence la rupture avec les intellectuels et le départ de Ngalula »*[4]. Toutefois la sécession du sud-Kasaï n'eut jamais les mêmes retombées au niveau national que celles du Katanga et de la Province orientale.

11. Le Katanga est évidemment la province qui dessina de façon indéniable les méandres de l'évolution politique congolaise au lendemain de l'indépendance. L'histoire de la sécession Katangaise a fait l'objet de plusieurs études qui retracent les éléments cruciaux de celle-ci. Les points sur lesquels il y a lieu d'insister ici sont que le particularisme Katangais et la mésintelligence existant entre la capitale et Elisabethville remontent loin dans la phase coloniale de l'histoire Congolaise.

---

1. LIBOIS, G. et VERHAEGEN, B., *Congo 1961*, tome 2, CRISP, Bruxelles, 1961, p. 1019.
2. *Idem*, pp. 1023-1024.
3. YOUNG, C., *Op. Cit.,* p.182.
4. YOUNG, C., *Op. Cit.,* p. 186.

Ces sentiments autonomistes s'alimentèrent de plus en plus, au fil des temps, des spécificités de la Province par rapport aux autres régions du Congo : type d'activité économique, part de la production minière dans le revenu total national (environ 75%), densité élevée de l'encadrement européen, proportion importante de la population urbaine par rapport à la population rurale...

Mais, à tout cela, on ajoute aussi, la maturité politique des leaders Katangais et leur loyauté envers la Belgique. Dans cette logique, le désir déjà ancien de constituer un État Katangais indépendant, uni à la Belgique apparut ainsi de plus en plus clairement.

À ce sujet l'écho du Katanga du 2 décembre 1959 n'hésite pas à écrire : *« Depuis une décennie, notre province est la victime de Léopoldville, hydre insatiable, cité pourrie par l'ambition mégalomaniaque des parasites des buildings »*[1].

*Étant donné ces caractéristiques propres au Katanga, la situation que connut la province au cours du mois de juillet 1960 différait totalement de celle des autres provinces en ce sens que les structures administratives, économiques et sociales y avaient été mieux préservées qu'ailleurs, au moins dans les régions industrialisées. Le régime Katangais se renforça progressivement car aidé par l'appui important de la Belgique (sécession du 11 juillet 1960 au 14 janvier 1963).*

*Mais, cette conjoncture ne concernait en fait que la partie sud de la Province qui se trouva en effet bientôt scindée en deux. Des incidents graves éclatèrent ; les Baluba du nord entrèrent en lutte ouverte contre les autorités du Katanga méridional. C'est la guerre entre la BALUBAKAT et la CONAKAT représentées respectivement par Janson Sendwe et Moïse Tshombe. Le 20 octobre 1960, Prosper Mwamba Ilunga, chef du groupe BALUBAKAT à l'assemblée du Katanga (mais interdit de séjour par Moïse Tshombe), proclamait solennellement la création de la Province de Lualaba partie intégrante de la République du Congo. Bref, tout ceci finit par démontrer que les institutions provinciales du Katanga n'ont pas bien fonctionné. Suite à l'opération des forces déployées par l'ONU, c'est le 14 janvier 1963 que Tshombe annonça qu'il était mis fin à la sécession Katangaise.*

---

1. BOUVIER, P., *Op. Cit.*, p. 44.

12. La Province orientale[1] se caractérisa pendant les premiers mois de l'indépendance par un calme relatif par rapport aux autres provinces, en dépit de quelques incidents mineurs et la plupart des activités économiques se sont poursuivies grâce à quelques techniciens européens demeurés sur place et grâce aussi à la relève par des Congolais. Le gouvernement provincial présidé par Jean Finant maintient pendant tout ce temps son ferme soutien au gouvernement de Léopoldville. Mais, les secousses politiques qui se produisirent à Léopoldville n'allaient pas tarder à se répercuter sur la situation de la Province particulièrement sensible aux événements touchant Lumumba et la mouvance Lumumbiste. Après la révocation de Lumumba par Kasa-Vubu, la confusion qui régna alors en maître pendant plusieurs semaines à Léopoldville s'installa aussi pendant quelque temps à Stanleyville. Sans revenir sur les péripéties qui suivirent ensuite, le 14 octobre 1960, Antoine Gizenga, qui était encore à ce moment vice-premier ministre dans le gouvernement central, arriva à Stanleyville. Il parvint à y consolider ses assises et, le 12 décembre, il proclama Stanleyville capitale provisoire de la « République libre du Congo ». Il s'installa alors dans la province un appareil gouvernemental qui fut qualifié de *« troisième pouvoir »*. Pendant un temps, l'histoire du Congo se joua autour de ces trois pôles : Léopoldville, Elisabethville et Stanleyville, mais c'est Léopoldville qui est restée la plaque tournante des alliances qui se nouent et se dénouent. Malgré la désorganisation après le 30 juin, Léopoldville avait l'avantage de disposer des infrastructures administratives du pays, les ambassades, le quartier général de l'ONU (qui offrait des possibilités des contacts avec l'extérieur), le Collège des Commissaires généraux puis le gouvernement Iléo et la présence de Mobutu (armée) ainsi que de Nendaka (sécurité). C'est ainsi que la République libre du Congo n'était pas viable et à partir d'Avril 1961, il ne pouvait que répondre aux avances de Léopoldville en vue d'une réconciliation. Ce sera chose faite en janvier 1962[2]. Léopoldville accentua ainsi ses interventions dans les conflits de la province orientale imposant l'élection de Grenfell et Paul Isombuma se succédant à la tête de la Province.[3]

13. La nouvelle architecture territoriale qui modifia la loi fondamentale intervint en 1962 avec l'ordonnance présidentielle du 14 Août 1962

1. *Idem*, p. 49.
2. NDAYWEL è NZIEM, *Op. Cit.*, pp. 592-593.
3. VERHAEGEN, B., *Congo 1963*, dossiers CRISP, Bruxelles, 1967, p. 310.

qui consacre la reconnaissance légale de 16 nouvelles provinces. Mais au cours de l'année 1963, cinq autres nouvelles provinces vinrent s'ajouter à celles qui existaient déjà.

Dans l'ensemble, la plupart des provinces ont été gérées de façon plus ou moins convenable, mais quelques-unes d'entre elles connurent des crises plus ou moins graves. Certes, la réorganisation des pouvoirs au sein des nouvelles provinces n'a pas connu partout la même issue. Pour Isidore Ndaywel, ce sont précisément les nouvelles provinces, théoriquement homogènes sur le plan tribal, qui vécurent les premières expériences malheureuses : Kongo Central (Bakongo), Kwango (Yaka), Cuvette Centrale (Mongo), Moyen-Congo (Ngombe), Lomami (Songye), Luluabourg (Lulua), Sankuru (Tetela), le Sud-Kasaï(Luba). Les exemples de ces conflits sont, notamment, au sud-Kasaï[1] conflit TSHIBANDA-MUKUNA et KALONDJI-NGALULA ; à Luluabourg : conflit KATAWA-MUTOMBO, LUBAYA-MUKENGE ; au Sankuru : conflit ESWE-EKONDA, savane et forêt ; Lomami : conflit BEKALEBWE-BELANDE-BENEKI ; Moyen-Congo : conflit BUDJA-NGOMBE-LIBINDJA ; Cuvette Centrale : conflit EKONDA-MONGO ; au Kwango : conflit PELENDE, YAKA, TSHOKWE, SUKU ; au Kongo central : conflit YOMBE-NDIBU-NTANDU. Dans ces provinces, les divisions internes furent poussées à un degré de conscience aussi aigu comme s'il s'agissait de tribus différentes. La stabilité politique n'y était donc pas plus garantie qu'ailleurs. Que dire alors des provinces constituées d'une pluralité des tribus ? Les tiraillements furent plus importants, et leur gestion fut le fait d'un savant dosage non seulement des tribus mais aussi des partis ; ces derniers devenant une autre modalité de regroupement provincial.[2]

14. Le jugement de Benoît Verhaegen sur la façon dont les provinces furent gérées politiquement est négatif. Il insiste surtout sur les comportements antidémocratiques des gouvernants. Il attire l'attention sur le fait que *« les dirigeants et l'administration provinciale, échappant à tout contrôle du pouvoir central, se comportaient en potentats et utilisaient leur pouvoir à l'encontre des minorités ethniques et des partisans des mouvements nationalistes et unitaristes »*[3].

---

1. MULAMBU M'VULUYA, *Questions spéciales de sociologie politique*, L2 SPA, FSSAP, UNIKIN, 2008-2009.
2. NDAYWEL, *Op. Cit*, p. 629.
3. VERHAEGEN, B., *Congo 1962*, CRISP, Bruxelles, 1962, p.121.

Néanmoins, les nouvelles provinces ont eu les mêmes avantages[1] : une Assemblée provinciale plus représentative de l'opinion publique ; le plus souvent un gouvernement des techniciens plus capables de connaître la situation de la province ; un orgueil régional à défendre ; un espace plus limité et une cohésion ethnique mieux réalisée bien qu'encore imparfaite. Des nouvelles provinces étaient ainsi le résultat d'un acte conscient de solidarité de la part d'une large majorité des élus de la province.

15. Mais, si les nouvelles provinces furent ainsi érigées légalement, cela ne signifie pas pour autant que les relations qui s'établirent désormais entre le gouvernement central et les autorités provinciales aient toujours été bonnes. Les autorités provinciales s'insurgèrent à la tendance centralisatrice du pouvoir central et plusieurs contradictions s'observèrent dans le domaine économique avec notamment la question des impôts pour lesquels les provinces réclamaient une très large autonomie. Voilà présentées succinctement les graves difficultés n'ayant pas favorisé le bon fonctionnement des institutions politiques provinciales sous la Loi fondamentale de 1960. La question des ressources humaines avec l'insuffisance des cadres bien formés ainsi que l'inexpérience politique sont les éléments essentiels pouvant relativiser ces graves difficultés.

## SECTION 2. LES INSTITUTIONS POLITIQUES PROVINCIALES ISSUES DE LA CONSTITUTION DU 1ER AOÛT 1964

Avant de donner le contenu des institutions politiques provinciales, reprenons ici quelques options générales ayant guidé l'élaboration de cette Constitution. En lisant attentivement la Constitution de Luluabourg, on constate que celle-ci était adoptée et promulguée pour résoudre les crises multiformes de la « Première » République. Les Lumumbistes, écartés (exil à Brazzaville sous le CNL), s'en trouvèrent de plus en plus exclus des enjeux politiques de l'époque. Fort de l'expérience des attributions accordées au Chef de l'État dans la Loi fondamentale et surtout des velléités des tendances centrifuges extrémistes portées principalement par certains Katangais, Kasa-Vubu et tout le pouvoir de Léopoldville (groupe de Binza)[2] accordèrent des compétences très considérables au Chef de

1. BOUVIER, P., *Op. Cit.,* pp. 53-54.
2. Le Groupe de Binza était composé de Joseph Mobutu, chef de l'armée (Équateur/

l'État. Ainsi, fut institué un régime présidentiel dans lequel le Président dispose des pouvoirs réels et devient l'élément moteur du pouvoir central.

Les institutions provinciales, fortement représentées à la conférence constitutionnelle de Luluabourg renforcèrent davantage le pouvoir dévolu aux provinces sur tous les plans. Les chambres nationales, considérées à tort ou à raison comme étant parmi les responsables du chaos de la première République, absentes aux assises de Luluabourg, virent leur rôle véritablement réduit : les membres du gouvernement devenaient responsables devant le chef de l'État seulement et pas devant les chambres. Comme on peut le constater, la révision constitutionnelle ou l'adoption d'une Constitution devint une des préoccupations politiques majeures du gouvernement Adoula à partir de novembre 1963. Elle avait pour but de régler définitivement les rapports entre les entités provinciales et le pouvoir central et de renforcer celui-ci en dotant le pays d'un régime présidentiel[1]. Il s'agissait de tirer des leçons des crises politiques qui avaient ébranlé le pays depuis le 30 juin 1960 : sécessions du Katanga et du sud Kasaï, le conflit entre le Chef de l'État et le Premier Ministre, tensions entre le législatif et l'exécutif qui avaient abouti deux fois à la fermeture du parlement. Cela s'est passé en septembre 1960 et en septembre 1963. C'est sous cette conjoncture que cette Constitution de Luluabourg sera rédigée et promulguée.[2] Mais, en réalité la Constitution de Luluabourg a été rédigée en violation de la Constitution car le Parlement était en congé et donc congédié.

Les institutions politiques provinciales ou les principaux organes de la province que l'on retrouve dans cette Constitution sont les suivants[3] :

- Le Gouvernement provincial ;
- L'Assemblée provinciale.

---

Ngbandi) ; Alphonse Nendaka, chef de la sécurité/police (Province Orientale/Bowa/Bambesa) ; Justin Bomboko, ministre des affaires étrangères (Équateur/Mongo/bolomba) ; Albert Ndele, Président de la Banque nationale (Mukongo/Bas-Congo) ; Kandolo, Secrétaire permanent au ministère de l'intérieur (Kasaï Oriental/Tetela).

1. VANDERLIDEN, J., (sd), *Du Congo au Zaïre 1960-1980. Essai de bilan*, CRISP, Bruxelles, 1980, p.123.
2. VERHAEGEN, B., *Op. Cit.*, p. 423.
3. Constitution de Luluabourg, Art. 100. In *Moniteur congolais*, Journal officiel de la RDC, 6e année, numéro spécial, 05 octobre 1965, p.27.

## 2.1. Le Gouvernement provincial[1]

Le Gouvernement provincial se compose du Gouverneur de province et des membres dont le nombre est fixé par une loi provinciale et ne peut être supérieur à six. Pour être désigné Gouverneur ou membre d'un Gouvernement provincial, il faut remplir les conditions d'éligibilité à l'Assemblée provinciale.

Le Gouverneur de province est le chef de l'exécutif provincial. Il représente le Président de la République fédérale dans la province[2].

Le Gouverneur de province est élu par l'Assemblée provinciale en son sein ou en dehors d'elle, à la majorité des trois quarts des membres composant l'Assemblée aux deux premiers tours. Après deux tours de scrutin, seuls restent en compétition, les deux candidats qui ont recueilli le plus grand nombre de voix au deuxième tour. L'élection a lieu à la majorité des deux tiers de l'Assemblée.

Si le Gouverneur n'est pas élu dans le délai d'un mois à compter de l'ouverture du scrutin, le Président de la République fédérale proclame l'état d'urgence. Celui-ci prend fin dès que le Gouverneur de province est élu.

Après son élection, le Gouverneur est de droit investi des pouvoirs de représentant du chef de l'État dans la province, par le Président de la République fédérale. Avant d'entrer en fonction, il prête le serment suivant devant le Président de la République fédérale : *« Je jure d'observer la Constitution de la République fédérale du Congo, ainsi que les lois fédérales et provinciales prises conformément à cette Constitution et de remplir loyalement et fidèlement les fonctions qui me sont confiées ».*

Le Gouverneur de province dirige la politique de la province en collaboration avec l'équipe gouvernementale qu'il préside. Il coordonne et contrôle l'activité des autres membres du Gouvernement et détermine les attributions de chacun de ceux-ci. Il tranche souverainement tout conflit d'attribution qui surgit entre les membres du Gouvernement. Il élabore chaque année un projet du budget qu'il soumet à l'Assemblée, il promulgue et publie les lois provinciales, il assure l'exécution des lois provinciales et fait les règlements provinciaux de police et d'organisation interne de l'administration provinciale. Il exerce ce pouvoir par voie d'arrêtés.[3]

Il dispose des services provinciaux dans les conditions fixées par la loi provinciale. Il prend, en cas d'urgence dûment constatée et sous forme

1. *Idem*, Article 102-110.

2. *Ibidem*, article 103.

3. *Constitution de Luluabourg*, art. 105, alinéa 1 à 6.

d'arrêtés-lois, les mesures législatives qu'imposent à la province une loi fédérale, un décret-loi ou une ordonnance, si deux rappels successifs à l'Assemblée sont restés sans suite. Il assure l'exécution des actes législatifs et règlements nationaux dont il est chargé par le Gouvernement fédéral. Il dirige les services administratifs nationaux qui existent dans la province et les relations qu'appelle la coordination entre les Institutions centrales et provinciales.

Il peut défendre en justice toute action intentée contre la province. Il peut intenter sans délibération préalable de l'Assemblée, les actions qui ont pour objet des biens meubles ainsi que les actions possessoires et faire tous les actes conservatoires. Il choisit les avocats et les mandataires chargés de représenter la province devant les tribunaux. Les actions de la province, en demande ou en défense, sont exercées par le Gouverneur de province[1].

La durée normale du mandat du Gouverneur de province correspond à une législature. Son mandat prend fin par le décès, la démission ou la destitution ou au début de chaque nouvelle législature au moment de la prestation de serment du nouveau Gouverneur. La démission n'est valable que si elle est acceptée par l'Assemblée provinciale.

D'autres dispositions de la Constitution de 1964 nous informent ce qui suit[2] :

En cas d'absence ou d'empêchement, le Gouverneur est remplacé par un membre du Gouvernement désigné par lui ou à défaut par le Conseil du cabinet. En cas de vacance du poste de Gouverneur, pour quelque cause que ce soit, ou d'empêchement définitif constaté par la Cour constitutionnelle saisie par le Président de la République fédérale, par le Président de l'Assemblée provinciale ou par le Conseil du cabinet, les fonctions du Gouverneur sont exercées provisoirement par un membre du Gouvernement désigné par le Conseil de cabinet.

L'élection du nouveau Gouverneur a lieu sur convocation du Président de l'Assemblée provinciale, au plus tard le trentième jour après l'ouverture de la vacance ou la constatation de l'empêchement définitif.

Les membres du Gouvernement provincial sont nommés par le Gouverneur de province au sein ou en dehors de l'Assemblée provinciale. Ils n'entrent en fonction qu'après l'approbation de leur nomination par l'Assemblée provinciale et la prestation de serment devant le Gouverneur. Si l'Assemblée provinciale refuse d'approuver la nomination des membres nommés par le Gouverneur, celui-ci doit composer une autre

1. *Idem*, art. 105, alinéa 12.
2. *Idem*, art. 106.

équipe gouvernementale à présenter devant l'Assemblée. La fonction de membre du Gouvernement provincial prend fin par le décès, la démission acceptée par le gouverneur ou la destitution prononcée conformément à l'article 110, ou lorsque le mandat du Gouverneur prend fin, pour quelque cause que ce soit.

Le Gouvernement sortant expédie les affaires courantes jusqu'à l'entrée en fonction d'un nouveau Gouverneur.

Le Gouverneur de province et les autres membres du Gouvernement provincial répondent pénalement de tout acte contraire à la présente Constitution ou à la Constitution provinciale par lequel ils se substituent ou tentent de se substituer au Président de la République, au Gouvernement fédéral, aux chambres législatives, à la Cour constitutionnelle fédérale, aux Cours et tribunaux ou à l'Assemblée provinciale, ou par lequel ils empêchent ou tentent d'empêcher les autorités ou corps constitués susdits d'exercer les attributions qui leur sont confiées par la Constitution fédérale ou par la Constitution provinciale.

Ils ne peuvent être mis en accusation pour des faits prévus ci-dessus que par le Président de la République fédérale ou par l'Assemblée provinciale statuant au scrutin secret et à la majorité absolue de ses membres. Néanmoins, les membres du Gouvernement provincial autres que le Gouverneur de province peuvent également être mis en accusation par ce dernier. Les membres du Gouvernement provincial mis en accusation sont de ce fait jugés par la Cour constitutionnelle fédérale.

Une loi fédérale détermine la procédure contre les accusés ainsi que les peines qui leur seront applicables.

Le Gouverneur de province et les autres membres du Gouvernement provincial ne peuvent faire l'objet de poursuite pour infraction de droit commun que s'ils ont été mis en accusation par le Président de la République fédérale ou par l'Assemblée provinciale statuant au scrutin secret et à la majorité absolue.

En cas de condamnation par la Cour constitutionnelle fédérale ou lorsqu'il a été frappé par la Cour suprême d'une condamnation qui entraîne, aux termes de la loi électorale, la privation du droit d'être élu conseiller provincial, le Gouverneur de province est destitué par le Président de la République fédéral, les autres membres du Gouvernement provincial sont, dans le même cas, destitués par le Gouverneur de province.

## 2.2. L'ASSEMBLÉE PROVINCIALE[1]

L'Assemblée provinciale se compose :

- Des conseillers provinciaux élus au suffrage universel et au scrutin secret ;
- Des conseillers provinciaux cooptés par les conseillers élus parmi les notables et les chefs coutumiers.

L'Assemblée compte un représentant élu pour 25.000 habitants. Chaque fraction de la population égale ou supérieure à 12.500, donne droit à un représentant élu de plus. Le nombre des membres élus d'une Assemblée ne peut être inférieur à quinze. Le nombre de chefs coutumiers et notables cooptés est égal au cinquième du nombre des conseillers élus sans toutefois être inférieur à trois. Les conseillers provinciaux représentent la province et non la circonscription électorale ni aucune autre entité administrative dont ils sont issus.

La durée de la législature est de cinq ans. Les pouvoirs de l'Assemblée expirent le 15 mai de la cinquième année qui suit son élection. L'élection des conseillers provinciaux a lieu trente jours au moins et soixante jours au plus avant la fin de la législature.

Les modalités de l'élection et la cooptation des conseillers provinciaux sont déterminées par la loi provinciale. La même loi fixe les conditions dans lesquelles sont élues ou cooptées les personnes appelées à assurer, en cas de vacance du siège, le remplacement des conseillers provinciaux jusqu'au renouvellement de l'Assemblée.

Chaque année, l'Assemblée provinciale se réunit de plein droit en deux sessions, les premiers lundis d'avril et d'octobre. La durée de chaque session ordinaire est de quinze jours au moins et soixante jours au plus. La clôture des sessions ordinaires est prononcée, sur proposition du Président de l'Assemblée, par le Gouverneur de province. Chaque année, à la session ordinaire d'avril, l'Assemblée élit son bureau qui comprend un président, un Vice-président et deux secrétaires.

La première session de la législature est convoquée par le Gouverneur en exercice dans les quinze jours qui suivent la clôture du scrutin pour l'élection des conseillers provinciaux. L'Assemblée provinciale procède à la vérification des pouvoirs de ses membres avant d'élire le bureau définitif. L'Assemblée se réunit en session extraordinaire sur convocation du Gouverneur de province ou du Président de l'Assemblée provinciale pour un ordre du jour déterminé. Le Président de l'Assemblée doit convoquer celle-ci si un cinquième des conseillers provinciaux le demande. La session extraordinaire est nulle de plein droit.

---

1. *Constitution du 1e Août 1964*, article 111 à 113.

L'Assemblée provinciale se réunit au chef-lieu de la province à moins que pour cause d'événement extraordinaire, elle ne soit autorisée par le Gouverneur à siéger dans une autre localité de la province.

À la première session de la législature, l'Assemblée, après avoir procédé aux opérations prévues à l'alinéa 4 de l'article 113, élit les Sénateurs appelés à représenter la province au Sénat. L'élection se fait conformément à la loi électorale fédérale.

Lorsque l'Assemblée est appelée, en vertu de la présente Constitution, à approuver un acte d'une autorité du pouvoir central ou lorsqu'elle demande au Président de la République fédérale de prendre les mesures prévues aux articles 4 (alinéa 4) et 101 (alinéa 3), elle statue à la majorité absolue des membres qui la composent.

Dans les limites de l'autonomie reconnue aux provinces par la présente Constitution, celle-ci et les lois provinciales sont adoptées par l'Assemblée provinciale. L'initiative de la révision de la Constitution et des lois provinciales appartient concurremment au Gouverneur de province et à chacun des membres de l'Assemblée provinciale ainsi que toute loi constitutionnelle provinciale qui la modifie est, avant sa promulgation, soumise par le Gouverneur à la Cour constitutionnelle qui se prononce dans un délai de soixante jours, sur sa conformité à la Constitution.

L'Assemblée donne son avis sur toutes les questions que lui soumet le Président de la République fédérale et, par délégation de celui-ci, le Premier Ministre ainsi que chaque chambre.

Le Président de l'Assemblée assure par sa signature l'authenticité des actes de l'Assemblée.

## SECTION 3. RÉPARTITION DES COMPÉTENCES ENTRE LA RÉPUBLIQUE ET LES PROVINCES

Le titre III de la Constitution de Luluabourg détermine les matières dont la compétence est exclusive à la République, concurrentes de la République et les Provinces et celles qui sont de compétence exclusive aux provinces.

### 3.1. Compétences exclusives de la République[1]

Les matières suivantes sont de la compétence exclusive de la République :

1. *Constitution de Luluabourg*, article 47 et 48.

1. Les affaires étrangères comprenant les relations diplomatiques ainsi que les traités et accords internationaux ;
2. La réglementation du commerce extérieur ;
3. La nationalité, le statut et la police des étrangers ;
4. L'extradition, l'immigration, l'émigration et la délivrance des passeports et des visas ;
5. La sûreté extérieure ;
6. La défense nationale ;
7. La police de la capitale ;
8. La fonction publique nationale ;
9. Les finances publiques de la République ;
10. L'établissement des impôts sur le revenu, des impôts sur les sociétés et des impôts personnels conformément à l'article 144 relatif à la reconnaissance du pouvoir d'établir les droits de douane, des impôts sur le revenu, des impôts sur les sociétés et des impôts personnels. Tous les autres impôts sur le revenu, y compris le droit d'accise et de consommation dont la compétence d'établissement appartient tant au Parlement qu'aux Assemblées provinciales) ;
11. La dette publique de la République ;
12. Les emprunts extérieurs pour les besoins de la République ou des provinces ;
13. Les emprunts intérieurs pour les besoins de la République ;
14. La monnaie, l'émission de la monnaie et le pouvoir libératoire de la monnaie ;
15. Les poids et mesures ;
16. Les douanes et les droits d'importation et d'exportation ;
17. Code de commerce y compris les assurances, la constitution et l'agréation des sociétés ;
18. La réglementation concernant les banques et les opérations bancaires et boursières ;
19. La réglementation des changes ;
20. La propriété littéraire, artistique et industrielle et les brevets ;
21. Les postes et les télécommunications, y compris les téléphones et télégraphes, la radiodiffusion, la télévision ;
22. La navigation maritime et intérieure, les lignes aériennes, les chemins de fer, les routes et autres voies de communication, natu-

relles ou artificielles qui relient deux ou plusieurs provinces ou le territoire de la République fédérale à un territoire étranger ou qu'une loi fédérale a déclarées d'intérêt national bien qu'elles soient entièrement situées sur le territoire d'une province ;

23. Les universités et autres établissements d'enseignement scientifique, technique ou professionnel supérieur créés ou subventionnés par le Gouvernement central ou par les Gouvernements provinciaux et qu'une loi nationale a déclaré d'intérêt national ;
24. L'établissement des normes d'enseignement applicables dans tous les territoires de la République ;
25. Le Code pénal, le régime pénitentiaire ;
26. La procédure suivie devant les Cours et tribunaux ;
27. L'acquisition des biens pour les besoins de la République conformément à l'Article 43 qui stipule que les droits de propriété, qu'ils aient été acquis en vertu du droit coutumier ou du droit écrit, sont garantis conformément aux lois fédérales…
28. Les professions juridiques et médicales ;
29. La législation du travail comprenant notamment les lois régissant les relations entre employeurs et travailleurs, la sécurité des travailleurs, les règles relatives à la sécurité sociale et, en particulier, les règles relatives aux assurances sociales et au chômage involontaire ;
30. La législation économique comprenant les lois concernant les mines, minéraux et huiles minérales, l'industrie, les sources d'énergie et la conservation des ressources naturelles ;
31. La législation sur les arts et métiers ;
32. La législation médicale et l'art de guérir, la médecine préventive, notamment, l'hygiène, la salubrité publique et la protection maternelle et infantile, la législation sur la profession de pharmacien, sur le commerce pharmaceutique, sur l'immigration et le transit, les règlements sanitaires bilatéraux et internationaux, la législation sur l'hygiène du travail, la répartition des médecins ;
33. L'élaboration des programmes agricoles et forestiers d'intérêt national et la coordination des programmes d'intérêt provincial ; les offices des produits agricoles et les organismes assimilés ainsi que la répartition du personnel de cadre conformément au statut général des agents de l'administration publique. La législation générale sur les régimes agricoles et forestiers sur la chasse et la pêche, sur la

conservation de la nature (flore et faune), sur la capture, sur l'élevage, sur les denrées alimentaires d'origine animale et sur l'art vétérinaire ;

34. Le patrimoine historique, les monuments publics et les parcs déclarés d'intérêt national ;
35. Les services de la météorologie et la coordination technique des services de la géodésie, de la cartographie et de l'hydrographie.

### 3.2. Compétences concurrentes[1]

Les matières suivantes sont de la compétence concurrente de la République et des provinces :

1. La mise en œuvre des mécanismes de promotion et de sauvegarde des droits humains et des libertés fondamentales consacrés dans la Constitution sous étude ;
2. Les droits civils et coutumiers ;
3. Les statistiques et le recensement ;
4. La sûreté intérieure ;
5. L'administration des Cours et tribunaux, des maisons d'arrêt, de correction et des prisons ;
6. La vie culturelle et sportive ;
7. L'établissement des impôts, y compris les droits d'accise et de consommation, à l'exclusion des impôts visés à l'article 48 relatif à l'établissement des impôts sur le revenu, des impôts sur les sociétés et des impôts personnels conformément à l'article 144 relatif à la reconnaissance du pouvoir d'établir les droits de douane, des impôts personnels. Tous les autres impôts sur le revenu, y compris le droit d'accise et de consommation dont la compétence d'établissement appartient tant au Parlement qu'aux Assemblées provinciales ;
8. L'exécution des mesures sur la police des étrangers ;
9. La recherche scientifique et technologique ainsi que les bourses d'études, de perfectionnement et d'encouragement à la recherche ;
10. Les Institutions médicales et philanthropiques, l'engagement du personnel médical et agricole de cadre;

1. *Constitution du 1e Août 1964*, article 49.

### 3.3. Les compétences exclusives des Provinces[1]

Les matières suivantes sont de la compétence exclusive des provinces :

1. Les Institutions politiques et administratives provinciales ;
2. La fonction publique provinciale ;
3. La loi électorale provinciale ;
4. Les finances publiques provinciales ;
5. La dette publique provinciale ;
6. Les emprunts intérieurs pour les besoins des provinces ;
7. L'octroi des concessions et des baux sur les terres, mines, minéraux, huiles minérales, ressources hydrauliques, les forêts et autres biens domaniaux ;
8. Les travaux et marchés publics d'intérêt local ;
9. La police provinciale ;
10. L'enseignement autre que celui qui est visé à l'article 48 relatif aux universités et autres établissements d'enseignement scientifique, technique ou professionnel supérieur créés ou subventionnés par le Gouvernement central ou par les Gouvernements provinciaux et qu'une loi nationale a déclaré d'intérêt national ; l'établissement des normes d'enseignement applicables dans tous les territoires de la Province ;
11. Les Institutions locales ;
12. L'acquisition des biens pour les besoins de la province ;
13. L'établissement des peines d'amende ou de prison pour assurer le respect des lois provinciales ;
14. Les communications intérieures des provinces ;
15. Les taxes et droits locaux ;
16. Le placement des travailleurs et la fixation des salaires minima dans le respect de la législation nationale, la discipline du personnel de l'inspection du travail conformément au statut des agents de l'administration publique, la surveillance des services et des agents de l'organisme national de sécurité sociale conformément au statut de ces agents ;
17. L'affectation du personnel médical, conformément au statut des agents de l'Administration publique, l'établissement des

1. *Idem*, art. 50-52.

programmes d'assainissement et de campagne de lutte contre les maladies endémo-épidémiques conformément au planning national, l'organisation des services d'hygiène et de prophylaxie provinciale, l'application et le contrôle de la législation médicale et pharmaceutique nationale ainsi que l'organisation des services pharmaceutiques, de la médecine curative, des entreprises médicales, philanthropiques et missionnaires ainsi que les laboratoires médicaux ;

18. L'élaboration des programmes agricoles et forestiers et leur exécution conformément aux normes générales du planning national, l'affectation du personnel agricole de cadre conformément aux dispositions du statut des agents de l'administration publique, l'application de la législation nationale en matière agricole, forestière, en élevage, en matière de chasse et pêche, en matière de conservation de la nature et la capture des animaux sauvages ;
19. Le patrimoine historique, les monuments publics et les parcs autres que ceux déclarés d'intérêt national ;
20. Le contrôle administratif des services de la géodésie, de la cartographie et de l'hydrographie.

## SECTION 4. LES DIFFICULTÉS RENCONTRÉES DANS LE FONCTIONNEMENT DES INSTITUTIONS POLITIQUES PROVINCIALES ISSUES DE LA CONSTITUTION DE LULUABOURG

Après son élaboration par la commission constitutionnelle, le référendum fut organisé du 25 juin au 10 juillet 1964, par le Gouvernement Adoula. Certains partis nationalistes le contestèrent par principe. D'autres stigmatisèrent l'illégalité de la commission. Quant au résultat, l'insuffisance des électeurs fut soulignée. Le oui l'emporta.

Entre-temps, des négociations appuyées par la communauté internationale aboutissent au retour de Moïse Tshombe de son exil de Madrid en 1964 pour prendre le poste de Premier ministre. Les échéances constitutionnelles s'imposent : c'est la fin de la première législature, le 30 juin 1964, le Gouvernement de Cyrille Adoula, issu de deux chambres réunies en conclave à Lovanium, devait démissionner, quoique, par ailleurs, les dispositions transitoires de la Constitution de Luluabourg prévoyaient cette démission plus tard.

Cyrille Adoula ne s'accrocha pas. Dès le 15 juin, il a annoncé son souci de créer un précédent conforme aux meilleures traditions démocratiques, et donc de remettre sa démission au 30 juin 1964. Kasa-Vubu boude

Tshombe qui lui est imposé par des négociations où le général Mobutu a pesé de tout son poids. Finalement, le Gouvernement de Moïse Tshombe est mis en place dès le 10 juillet 1964. C'était un Gouvernement de transition qui a eu en charge l'organisation des élections, mais aussi la réduction des insurrections de la République Populaire du Congo dont la capitale provisoire est à Stanleyville.

Tshombe réussit une petite accalmie, les troupes belges appuyées par les Américains investissent Kisangani. La répression est forte. Ils libèrent Antoine Gizenga. Il se rend même à Kisangani où il dépose une gerbe de fleurs sur le mémorial dédié à Patrice Lumumba applaudi par une aile dissidente du MNC/Lumumba.

La nouvelle Constitution est promulguée le 1er Août 1964. Les élections législatives prévues pour la fin 1964 sont finalement organisées en mars 1965. Moïse Tshombe, qui a pris le temps d'organiser une coalition de 49 formations politiques baptisées Convention Nationale Congolaise (CONACO), remporte la majorité au parlement. C'est à nouveau la cohabitation au sein de l'exécutif. Une cohabitation rendue d'autant plus périlleuse que les échéances présidentielles sont là : Kasa-Vubu est candidat à sa propre succession. Tshombe qui bénéficie de la majorité parlementaire est aussi candidat. La nouvelle Constitution prévoit l'élection présidentielle au second degré, au sein des chambres élargies aux assemblées provinciales et à celle de Léopoldville. Tshombe part déjà gagnant.

Mais, Kasa-Vubu ne s'avoue pas vaincu. La nouvelle Constitution a instauré un État fédéral. Mais, le nouveau régime politique de type présidentiel incorporant des mécanismes parlementaires sans que ceci donne lieu à la censure du Gouvernement (articles 62, 65 et 67)[1]. Le Président nomme librement le Premier ministre, et avec lui, il nomme les ministres. Les membres du Gouvernement sont responsables devant le Chef de l'État, qui est aussi le Chef du gouvernement. Toutefois, le Gouvernement mis en place par le Chef de l'État devait, dans les 30 jours, obtenir l'approbation du Parlement. Que va faire le Chef de l'État face à un Premier ministre aussi encombrant ?

Kasa-Vubu refuse de désigner Tshombe comme Premier Ministre, il forme un Gouvernement avec Évariste Kimba comme Premier ministre, et convoque les chambres pour le lendemain matin, comptant sur les absents pour obtenir l'approbation. Tshombe a été prévenu et toute sa majorité est présente pour refuser l'approbation au Gouvernement Kimba. Le

---

1. Lire ESAMBO KANGASHE, J-L., *Evolution constitutionnelle de la République Démocratique du Congo, Séminaire du PNUD,* Kinshasa, 2009, p. 64.

Président Kasa-Vubu s'obstina et nomma à nouveau Évariste Kimba, s'accordant ainsi 30 jours supplémentaires. D'où l'installation de la crise.

Cette dernière est suivie du coup d'État du général Mobutu. Il est un coup fatal pour les institutions nationales et provinciales malgré les annonces faites par le Haut Commandement militaire.

Notons, en définitive que c'est une Constitution dont la durée de vie n'a pas dépassé une année et trois mois parce qu'elle a été suspendue le 24 novembre 1965 avant d'être abrogée le 24 juin 1967 par une autre Constitution. Comme on le voit, l'analyse de l'efficacité des institutions créée par la Constitution de 1964, pose problème à cause justement de leur courte durée. Seuls les gouverneurs et les hauts fonctionnaires, qu'on permutait, étaient en poste.

Les institutions provinciales mises en place sont installées dans le cadre fédéral. Mais, les conflits divers et les crises qui s'ensuivirent n'ont pas permis le fonctionnement harmonieux de ces institutions dont le couronnement s'avère être le coup d'État militaire du 24 novembre 1965.

Que peut-on retenir après tout en termes de bilan pour la première République dans le domaine d'institutions politiques provinciales ?

Un des acquis incontestables de la première République fut l'établissement d'un texte constitutionnel définissant les structures de l'État en y inscrivant le degré spécifique d'autonomie accordée aux entités provinciales. Cela, malgré les avatars, les conflits, les drames, les risques d'éclatement, l'instabilité du pouvoir exécutif (hormis la présidence) qu'elle eut à connaître. En fait, malgré ce parcours difficile et parfois tragique, elle demeure concrètement au niveau des institutions centrales un État respectueux du pluralisme politique, en l'absence duquel l'adoption d'une Constitution aurait été difficile. Ce point mérite d'être souligné, car souvent passé sous silence.

Un autre élément qu'il faut mentionner est l'ostracisme et le discrédit jetés par le Président Mobutu sur le régime issu de la Constitution du 1er Août 1964, et en particulier le statut autonome des provinces. Les discours qu'il prononça à ce sujet contribuèrent à maintenir dans l'opinion le discrédit, le dénigrement de cette période. La connotation péjorative, vexatoire, méprisante allait se résumer dans le terme *provincette* que les opposants à une quelconque forme du *découpage* n'allaient pas manquer de brandir. Les tenants du *Lumumbisme* fidèles en cela et à leur idéologie nationaliste et toujours favorables à une conception unitariste de l'État, ne firent que renforcer cette condamnation sans appel de l'expérience de *décentralisation*[1].

---

1. BOUVIER, P., *Op. Cit.*, p. 74.

*Cette législature a également illustré les difficultés à surmonter pour concrétiser un processus de décentralisation abouti, stable, efficace et durable. Un des problèmes qui se pose très rapidement est le handicap financier auquel firent confronter les provinces du fait de l'appropriation par le pouvoir central des mécanismes de collecte des ressources nationales et en dépit du fait que les modalités de répartition de celles-ci avaient été fixées dans la Constitution.*

*Mais, indépendamment du handicap financier, Benoît Verhaegen critique sévèrement ces nouvelles structures politiques à peine mises en place qui s'étaient révélées encore plus déficientes que celles léguées par le colonisateur*[1]*. À propos des provincettes*, il écrit : « *La plupart correspondaient approximativement aux anciens districts. Certaines n'atteignaient pas le nombre de 700.000 habitants et n'offraient pas les conditions d'une autonomie économique relative. Presque toutes se révélèrent politiquement des foyers de corruption et d'oppression politique. Les dirigeants et l'administration provinciale, échappant à tout contrôle de la part du pouvoir central, se conduisirent en potentats utilisant leurs pouvoirs à l'encontre des minorités ethniques et des partisans des mouvements nationalistes et unitaristes* ».[2]

Dans les assemblées provinciales (comme au parlement central), on parle, on vote, on légifère mais les enjeux sont futiles. Une seule chose importe pour chacun : concentrer les instruments du pouvoir dans les mains de son groupe et se répartir des avantages découlant d'une position de force en excluant les fractions minoritaires. Peu de contrepoids légaux à cette tendance générale à la monopolisation du pouvoir, si ce n'est la révolte et le chaos. Mais, après des conflits parfois violents et des affrontements brutaux, les adversaires se réconcilient facilement, la population ne boude pas les ennemis jurés d'hier. Les renversements d'alliance et de popularité les plus spectaculaires furent ceux qui firent haïr Tshombe à partir de 1960, le ramenant au pouvoir en 1964 et l'en firent finalement exclure en Novembre 1965.[3]

La définition de l'aire territoriale couverte par chacune des provinces fut l'objet de nombreuses dérives et contestations malgré le fait que les mécanismes juridiques furent mis en place et les mesures adoptées de manière précise et méticuleuse comme l'évoque Ndaywel[4]. Le rôle que jouèrent les appartenances ethniques comme des bases majeures pour établir les nouvelles institutions était fort remarquable. Et, dans certains

1. *Ibid.*, p.75.
2. *Idem*, p. 76.
3. VERHAEGEN, B., *Op. Cit.*, pp. 121-136.
4. NDAYWEL, *Op. Cit.*, pp. 627-628.

cas, cet élément ethnique a été exploité dans le but de légitimer telle ou telle province auprès du peuple. Les critères de viabilité démographique et économique n'étaient qu'une simple couverture dans le but de donner une bonne conscience[1]. Et l'on peut déduire que cette façon de faire a été la grande faiblesse de cette nouvelle organisation.

---

1. *Idem*, pp. 628-629.

# CHAPITRE IV

## Les institutions politiques provinciales organisées pendant la Deuxième République

Comme nous l'avons indiqué plus haut, pour certains, la deuxième République débute avec le coup d'État militaire, et pour les autres elle commence à partir de la promulgation de la Constitution du 24 juin 1967.

Au-delà des tenants de ces deux thèses, l'une politique et l'autre juridique, ce qui est important ici est de souligner que la deuxième République coïncide avec le régime du Général Mobutu, acteur du coup d'État militaire et concepteur principal de la Constitution de 1967. Cette précision est d'autant plus importante car, elle nous permet de comprendre que cette période avait été marquée par la concentration absolue du pouvoir politique. En conséquence, parler des institutions politiques provinciales comme véritables institutions vecteurs d'espoir et de développement n'est qu'une une fiction. Même si nous pouvons évoquer le cas de la tentative de la décentralisation de 1982, il faut en réalité souligner qu'elle n'a pas favorisé la mise en œuvre effective des institutions au niveau régional. Cette décentralisation fut appliquée dans un système politique autocratique et a fonctionné péniblement par rapport aux principes.

Ce chapitre se propose d'abord d'analyser brièvement le contexte général de la prise du pouvoir par l'armée, ensuite de relever des considérations sur l'élaboration de la Constitution dite révolutionnaire du 24 juin 1967 et enfin d'analyser l'organisation territoriale au niveau des provinces (régions).

## SECTION 1. LE CONTEXTE GÉNÉRAL DE LA PRISE DU POUVOIR PAR LE HAUT COMMANDEMENT MILITAIRE

Cette section présente le contexte général de la prise du pouvoir par l'armée et les retombées institutionnelles de ce coup d'État.

### 1.1. Le contexte général

De nombreuses études scientifiques de haute facture intellectuelle ont déjà donné une littérature riche et abondante sur le contexte de la prise du pouvoir en 1965 par l'armée. Nous n'avons aucunement l'intention de faire mieux par rapport à ce qui existe, mais notre objectif est de rappeler quelques informations essentielles sur la question et surtout donner des éléments qui cadrent avec les objectifs de ce travail.

Cela étant, disons clairement que la victoire de la CONACO présidée par le Premier Ministre Tshombe[1] aux élections législatives de 1965 est retenue comme élément principal ayant permis la prise du pouvoir politique par l'armée. En effet, en gagnant les législatives et se situant dans le contexte de la Constitution de Luluabourg, Tshombe devenait un présidentiable de taille étant donné que le Chef de l'État devrait être élu par les deux chambres élargies aux Assemblées provinciales. (Art. 56). Sa popularité devenait de plus en plus croissante pour avoir ramené la paix et être crédité d'une gestion plus honnête de la chose publique selon plusieurs écrits des politologues et historiens.

Les points de divergence entre Kasa-Vubu et Tshombe furent la date de la démission ou de la continuation du gouvernement de transition, la fin de la première législature et la mise en place définitive des nouvelles institutions constitutionnelles (Assemblées provinciales, Parlement et surtout Président de la République). Selon le Président de la République Kasa-Vubu, la démission du gouvernement de transition devait intervenir le jour même de la proclamation des résultats définitifs des élections. Pour le ministre de l'intérieur et la CONACO, le mandat des ministres correspondrait à celui du Président de la République, c'est-à-dire, qu'il arrive à l'échéance dans les six mois qui suivent la convocation des chambres issues des élections, au moment même où le nouveau Président de la République, doté des pouvoirs nouveaux, aura été élu et prêté serment.

L'action personnelle du Ministre de l'intérieur Monsieur Godefroid MUNONGO en matière d'organisation électorale et la prise en mains fut mal accueillie à la présidence de la République d'autant qu'il avait provoqué une scission au sein du parti du président, l'ABAKO, en essayant de prendre Zola dans la CONACO[2].

Ces tendances centrifuges furent fortes pour permettre au Président de renverser TSHOMBE. En effet, le 13 octobre 1965, au plus fort de la crise, le Président, sur un ton ferme, met fin aux fonctions du gouvernement : *« En vue d'assurer le respect des exigences fondamentales et des règles habituelles de la démocratie, j'ai mis fin à ses fonctions à la date de ce jour, les chambres étant constituées, et le gouvernement n'ayant pas cru*

1. Il était Premier ministre d'un Gouvernement de transition.
2. TSHIBANDA MBOMBO, A., « Les interventions de l'armée dans la vie politique en RDC : portée, conséquences et perspectives », in *RUBUTO*, n° 19, oct. 2011, p. 210.

*devoir, de sa propre initiative, présenter sa démission, et nomme KIMBA formateur du nouveau gouvernement »*[1].

Pour bien apprécier les faits, nous allons nous appesantir à saisir les causes lointaines et les causes immédiates qui ont finalement donné l'opportunité à Mobutu d'organiser le coup d'État.

## 1.2. Les causes lointaines : la recherche d'un soutien des États révolutionnaires et l'accord signé à Accra par Kasa-Vubu

Après la reprise de Stanleyville des mains des rebelles le 24 novembre 1964 et la menace de l'insurrection écartée pour quelque temps, le jeu politique à Léopoldville va devenir plus subtil. Lors de la conférence d'Accra le Président Kasa-Vubu semble se rapprocher davantage de l'Afrique révolutionnaire et se déclare pour le renvoi des mercenaires. En septembre 1965 déjà, il avait, sans consulter Tshombe, toujours Premier Ministre, ordonné l'expulsion de dix-sept étrangers indésirables, parmi lesquels Pierre Davister lui-même, ami intime de Tshombe[2]. En même temps, le Président de la République dénonce les ingérences de quatre ambassades occidentales sans les citer.

Plus tard, Mobutu déclarera à ses amis Monheim et J.K. (Van der Dussen de Kestergat) de la Libre Belgique, que Kasa-Vubu, à Accra, était allé beaucoup plus loin dans ses accords avec les leaders africains révolutionnaires. C'est à ce propos que Francis Monheim, écrira : *« De très bonne source, j'ai appris toutefois que le général Mobutu venait d'être mis au courant de certains accords passés à Accra entre le Président Kasa-Vubu et le Ghana. Au terme de ces accords, des troupes Ghanéennes devaient assurer la relève des policiers Nigérians stationnés à Léopoldville. Et parmi les tâches assignées à ces troupes, figurait en bonne place la suppression de plusieurs hommes politiques et... du Général Mobutu lui-même ».* [3]Effectivement, un premier contingent des soldats ghanéens était arrivé à Brazzaville.

Lors d'une interview accordée à J.K., Mobutu déclara : *« Vous ne pouvez croire à quel point il était temps d'agir, le sang allait couler. Je ne peux vous en dire plus... Ce que le Général ne dit pas, la rumeur publique le dit : à Accra, le président Kasa-Vubu s'était engagé non seulement à faire partir les mercenaires, mais aussi à débarrasser l'Afrique de Mobutu, de Tshombe et de quelques autres».* Le Ghana, pour ce faire, avait promis

---

1. MULAMBU M'VULUYA, *Op. Cit.*, p. 85.
2. CHOME, J., *L'ascension de Mobutu. Du sergent Joseph-Désiré au Général Sese Seko*, éd. complexe, Bruxelles, 1974, pp. 141-148.
3. *Idem*, p. 161.

son assistance technique, sous la forme de petits groupes de spécialistes en coups de main. La manifestation à l'Ambassade de Belgique était un premier rodage pour un groupement congolais noyauté de spécialistes[1]. Le plan ghanéen négocié par Kasa-Vubu circule à Léopoldville et apporte un nouveau type de comportement de Mobutu vis-à-vis de Kasa-Vubu et des autres politiciens.

## 1.3. Les causes immédiates : Gouvernement Kimba et l'impasse politique

Cette législature, conforme à la Constitution de Luluabourg et mise en place avec minutie et sans difficulté majeure, allait connaître exactement trois mois d'existence effective, bien qu'elle ait subsisté sur le plan formel pendant près de trois ans [2](du 1er Août 1964 au 24 juin 1967).

L'ouverture de la première session ordinaire, le 13 octobre 1965, fit l'effet d'une bombe : le président profita de la séance solennelle d'ouverture pour révoquer le Premier Ministre dont le parti était pourtant majoritaire. D'après Kamitatu, 48 heures avant le message, il était encore question que Tshombe se succède à lui-même en tant que nouveau formateur, et qu'il lui serait seulement imposé de constituer un gouvernement de large union nationale[3]. C'est en apprenant que Tshombe entendait former un gouvernement de la seule majorité CONACO que le président aurait changé d'avis. C'est Kamitatu lui-même qui aurait suggéré à Kasavubu la candidature de Kimba au cours d'une brève séance du groupe de Binza à laquelle Mobutu participait. On peut douter de cette version des faits, quand on sait que Tshombe devait être révoqué à tout prix pour le 13 octobre au plus tard, afin qu'il ne puisse pas prendre part à la conférence de l'OUA où sa présence aurait été dangereuse étant donné que la question congolaise y était officiellement inscrite à l'ordre du jour[4].

Les chambres n'accordèrent pas l'investiture au gouvernement Kimba. Mais, Kasa-Vubu décida à nouveau de le nommer comme formateur. Est-ce volontairement qu'il chercha le coup d'État qui était sans doute à ses yeux un moindre mal, au regard de l'expérience de septembre 1960, plutôt que de risquer de voir Tshombe occuper le fauteuil présidentiel ? Il se constate que Kasa-Vubu n'a pas jugé utile de nommer un ministre de la défense nationale dans le gouvernement Kimba. Était-ce pour laisser le champ libre à Mobutu ? Kamitatu affirme que ce dernier suggéra au

1. *Idem*, p. 141.
2. NDAYWEL è NZIEM, *Op. Cit.*, p.644.
3. *Idem*, p. 645.
4. *Ibid..*, p. 646.

président, en sa présence, de nommer Kimba formateur. Et, d'ajouter si pour cette deuxième fois, le parlement ne lui accorde pas le suffrage, alors nous agirons en conséquence et vous prendrez vos responsabilités. Cette prise de position avait valu au général Mobutu la promotion au grade de Lieutenant général[1].

La CONACO refuse de participer au gouvernement d'union nationale prônée par Kimba. Le Président de la République voulant assister lui-même à la conférence des Chefs d'État à Accra, précipite la formation du gouvernement dont la composition est rendue publique le 18 octobre 1965.

E. Kimba, devant affronter les chambres, se déclare favorable à une négociation politique avec les dirigeants rebelles, ce qui leur permettrait de revenir au pays. La procédure de révocation du gouvernement Tshombe est à son comble le 5 novembre 1965 lorsque le groupe CONACO à la Chambre des Députés a adopté par acclamation une motion affirmant que l'acte posé par le Président de la République en mettant fin au mandat du gouvernement de transition est anticonstitutionnel. Il fut exigé au gouvernement Kimba de se présenter devant les chambres le 9 novembre 1965.

Le lendemain, le 15 novembre 1965, le Président de la République désigne à nouveau Kimba comme formateur du gouvernement. L'atmosphère est très nerveuse à Kinshasa. Cependant, avant même qu'il ne soit formé, le Haut Commandement militaire réuni à Kinshasa sous prétexte de commémorer la prise de Kisangani, prit le pouvoir le 24 novembre 1965. La crise politique, ouverte le 13 octobre 1965 avec la révocation de Tshombe, conduit à la prise du pouvoir par le Haut Commandement militaire.

### 1.4. Les retombées institutionnelles du coup d'État militaire

De toute évidence, le coup d'État était en préparation. Mais qui aurait pu prévoir qu'il était imminent ? Le message qui convoquait le Haut – commandement de l'ANC à une réunion fut diffusé le 20 novembre 1965. Le prétexte à cette réunion était l'organisation des cérémonies commémoratives du premier anniversaire de la reprise de Stanleyville. La cérémonie, prévue initialement pour le jeudi 25 Novembre 1965, fut ramenée au mercredi 24 Novembre 1965 à 17 heures, à la demande du général, sans que Kasa-Vubu ait soupçonné quoi que ce soit[2].

1. *Idem*, p. 645.
2. *Ibidem*.

Pour le secrétaire de Mobutu, le sous-lieutenant Ilosono, cette journée commença le 24 bien tôt, comme il en témoigne lui-même. Il fut réveillé à 5 heures du matin par un appel téléphonique du général, qui lui demandait de le rejoindre dans son bureau. Il s'y rendit en hâte. Là, il lui fut demandé de se présenter au bureau du chef d'état-major, le Colonel Malila. Celui-ci intima l'ordre de préparer un rapport, à l'intention du Haut Commandement, sur la situation politique, économique, sociale et militaire du pays pour la période allant du 30 juin 1960 jusqu'à ce jour-là. On l'enferma à double tour dans le bureau. Le Colonel Powis de Tenbossche, qui passait devant le bureau qu'il trouva fermé, ne put savoir ce qu'il faisait là. Le travail fut terminé vers 11 heures. Malila lui arracha le rapport et ses copies des mains, avant de l'enfermer à nouveau dans le bureau. C'est à 21 heures qu'il fut libéré, pour être conduit à la résidence du commandant en chef. Il fut surpris d'y trouver tout ce que l'ANC comptait comme commandants de grandes unités. On le fit asseoir et Mobutu lui dicta les lignes maîtresses du communiqué sanctionnant la décision du coup d'État. L'Auditeur général de l'ANC, le Colonel belge Van Halewijn, fut chargé d'établir le texte sous une forme juridique adéquate[1].

Pendant ce temps, certains membres du gouvernement se montrèrent préoccupés. Kimba lui-même, intrigué par le fait que Kasa-Vubu ne s'était pas fait représenter à la réunion du Haut Commandement en sa qualité de Commandant suprême de l'ANC, fut victime d'un incident curieux vers 20h30. Il logeait au camp Binza depuis qu'il était nommé Premier Ministre. Ce soir-là il se vit interdire la sortie du camp. Les soldats de garde lui déclarèrent en avoir reçu l'ordre formel. Il força ce barrage et se rendit à son cabinet. Avec Kamitatu, il tenta de contacter le Chef de l'État par téléphone vers 21h 30, mais en vain. De plus en plus inquiet, Kimba décida de se rendre chez le Président. L'accès du Mont Stanley (Mont-Ngaliema) lui fut interdit. Comme il insistait, les militaires menacèrent de l'abattre. Il rentra donc au camp et assista le lendemain matin à la proclamation militaire.

La résidence de Mobutu continuait d'être le cadre d'une agitation nocturne. Une fois la rédaction et la dactylographie du texte terminées, Mobutu le prit et se retira dans un coin pour l'étudier à son aise. Entretemps, le major Wabali et le sous-lieutenant Lonoh furent convoqués pour des missions précises… Le premier fut chargé de couper la ligne téléphonique de la résidence de Kasa-vubu, ce qui explique que celui-ci ne put être atteint par Kimba, et le second se vit confier la lecture du communiqué du Haut Commandement à la radio, dès le début des programmes

1. *Ibidem*, p. 659.

soit à 5 heures du matin. Le colonel Malila quant à lui, devait aller remettre à Kasa-Vubu dès 7 heures du matin la lettre de la destitution. Selon Ndaywel après la lecture de cette missive, celui-ci dit calmement : *« Je verrai le général après ! »* Une nouvelle page d'histoire venait d'être tournée, et le peuple salua avec enthousiasme l'acte posé par l'armée à en croire l'auteur précité.

Sur le plan institutionnel, le Haut Commandement militaire pris les graves décisions suivantes :

1. La destitution de Kasa-Vubu de ses fonctions du Président de la République.
2. Évariste Kimba est déchargé de ses fonctions de formateur du Gouvernement.
3. Joseph-Désiré Mobutu assume les prérogatives constitutionnelles de Chef de l'État.
4. Les institutions démocratiques de la République, telles que prévues par la Constitution du 1er Août 1964, continueront à fonctionner et à siéger en exerçant leurs prérogatives ; tel est, notamment, le cas des Chambres des Députés, du Sénat et des institutions provinciales. Ceci fut une stratégie pour endormir les politiciens afin qu'ils cautionnent le coup d'État militaire, car ils seront renvoyés après.
5. Le Colonel Léonard Mulamba assumera les fonctions de Premier Ministre avec un gouvernement représentatif d'union nationale dont fera partie au moins un membre de chacune des 21 provinces de la RD Congo et de la ville de Léopoldville.

Les instances politiques accueillirent la nouvelle avec une certaine joie. Les chambres réunies en congrès le 25 approuvèrent le coup d'État. Le FDC[1] exprima son soutien ; la Conaco félicita l'armée pour les mesures qui avaient été prises, sans savoir que Mobutu prenait le pouvoir pour cinq ans. Le bruit avait couru dans un premier temps que le coup d'État serait organisé en faveur de Tshombe. Kasa-Vubu, parti pour Mayumbe (sa région d'origine) le 4 décembre 1965 accompagné d'une petite escorte, exprima lui aussi sa reconnaissance à l'ANC. En définitive, il pensait quitter son poste la tête haute.

Quant aux soldats, ils avaient toutes les raisons d'être fiers du succès de l'initiative de leurs officiers supérieurs surtout que cette action était en tout point réussie. Mobutu lui-même leur déclara : *« Je compte sur vous pour être les ambassadeurs de mon administration... je suis Président de la République pour cinq ans mais pendant ce temps, je resterai militaire*

---

1. FDC: Front Démocratique Congolais.

*comme vous. Je porterai mon uniforme et recevrai mon traitement du Quartier général »*. De plus, c'est un militaire prestigieux qui présidait aux destinées du gouvernement : il s'agissait du Colonel Léonard Mulamba. Le Général Bobozo prit, quant à lui, le commandement de l'armée[1].

Quelques semaines après le coup d'État, Pierre DAVISTER[2] va constater que du coup les éléments politiques, économiques et humains changeaient nécessairement du tout au tout, de tshombiste, l'avenir du Congo devenait mobutiste. C'est un fait, et le réalisme commande d'en tenir compte.

Au lendemain du coup d'État, il avait bien apprécié, le coup de balai du Général Mobutu. Un soulagement que les Belges devraient normalement partager car*« Monsieur Kasa-Vubu était devenu étrangement hostile à notre pays et ne se donnait même plus la peine de cacher sa hargne et ses sentiments personnels. L'oublie-t-on ? Des excités venaient de brûler publiquement notre drapeau lorsque le général Mobutu prit brutalement le pouvoir »*.

Pour donner à son coup une base juridique et asseoir son système politique, Mobutu va progressivement vider la Constitution de Luluabourg du 1er août 1964 de toute sa substance jusqu'à l'établissement de la Constitution dite révolutionnaire du 24 juin 1967. Il faut noter la dimension internationale. L'avènement de Mobutu passe dans le contexte général en Afrique dominé par la guerre froide. Mais, aussi l'on retiendra des mesures prises par le gouvernement avant l'adoption de la Constitution dans le sens de la centralisation. On épingle, notamment, l'interdiction des libertés publiques y compris les partis politiques, la suppression des organes délibérant en provinces, la réduction du nombre des provinces, la démission du général Mulamba, etc. En effet, avec tout ceci, le général Mobutu annonça déjà le présidentialisme.

## SECTION 2. L'ÉLABORATION DE LA CONSTITUTION DU 24 JUIN 1967

Dans cette section, il est question en réalité, d'analyser le contexte politico-historique ayant présidé à l'élaboration de la Constitution du 24 Juin 1967, dite Constitution révolutionnaire.

En effet, au cours de la période qui avait suivi le coup d'État du 24 Novembre 1965 et bien qu'elle ne soit pas formellement suspendue, la Constitution du 1er Août 1964 est, dans ses grandes lignes, supplantée

1. NDAYWEL è NZIEM, *Op. Cit.*, pp. 645-646.
2. *Idem,* p.648.

par la proclamation du Haut Commandement militaire, complétée par la suite par les « dispositions fondamentales » arrêtées le 27 Novembre 1965 par le nouveau pouvoir, dit nouveau régime. Le régime constitutionnel de 1964 ne peut en effet s'adapter avec la vision politique des tenants du pouvoir conquis par la force. Les ordonnances-lois du régime militaire sont en inadéquation avec la Constitution et les institutions nationales que cette dernière organise. Les pouvoirs spéciaux reconnus au Chef de l'État et les nombreuses décisions prises par ce dernier dans l'entre-temps sont inconstitutionnels. Il fallut donc une nouvelle Constitution pour régir le pays conformément au droit.

À la différence du processus d'élaboration de la Constitution du 1er Août 1964 où la commission constitutionnelle était composée des délégués de différentes sensibilités politiques et sociales (les délégués du gouvernement central, les assemblées provinciales, les gouvernements provinciaux, des syndicats des travailleurs et des employeurs, des collectivités rurales, du conseil national de la jeunesse, de la presse congolaise, des étudiants et ceux des confessions religieuses), le projet de Constitution est élaboré par le seul gouvernement du général Mobutu. Le gouvernement créa en son sein, une commission politique chargée de rédiger l'avant – projet de Constitution. Cette commission est présidée par le Chef de l'État lui-même et est composée principalement des ministres Joseph N'singa, Etienne Tshisekedi et Justin Bomboko. La commission bénéficia tout de même du concours du Professeur Marcel Lihau et de quelques experts de la Présidence de la République, notamment, Maître Gérard Kamanda[1].

Travaillant suivant les orientations tracées par le Président de la République, la commission a retenu les principes suivants : la séparation de trois pouvoirs traditionnels de l'État, le monocaméralisme du parlement, le bipartisme, l'élection du Président au suffrage universel direct, l'admission des femmes au vote, la fixation de l'âge de l'électorat à 18 ans et celle de l'éligibilité à 25 ans.

L'avant-projet de Constitution élaboré par la commission a d'abord été approuvé par le gouvernement et soumis à l'adoption par le peuple congolais, lors du référendum organisé du 4 au 24 juin 1967. En réalité, il s'est agi du plébiscite en faveur du Général Mobutu car la nouvelle Constitution est venue avaliser tout ce qui a été fait par le gouvernement militaire depuis son avènement, et plus particulièrement la transformation du pays de l'État de type fédéral en un État unitaire et la réduction des provinces à 12 puis à 8.

---

1. VUNDUAWE, *Op. Cit.*, p. 475.

Pour le constituant de 1967, l'élection du Président de la République au suffrage universel direct a pour objectif de lui conférer une légitimité populaire incontestable afin qu'il joue le rôle du guide de la Nation[1].

Notons, par ailleurs, que le mémoire explicatif de la Constitution indique clairement en ce qui concerne le bipartisme prévu qu'il n'est pas exclu par contre qu'en fait, au moins pendant quelque temps, un seul parti ait une si large audience dans l'opinion publique et qu'il dispose de tous les sièges à l'Assemblée nationale. La stratégie des tenants du pouvoir se dévoile. C'est dans cet ordre d'idées que les auteurs de la Constitution du 24 juin 1967 rédigent simultanément le Manifeste de la N'Sele et le projet de Constitution.

Ainsi depuis le 20 Mai 1967, vingt-trois ans durant, l'histoire du Congo-Zaïre sera étroitement liée à celle du Mouvement Populaire de la Révolution. Bien avant son institutionnalisation, le MPR est, en effet, conçu comme un appareil idéologique au service du pouvoir autour d'une idée centrale : la concentration totale du pouvoir et la politique du recours à l'authenticité. Dès lors, les mutations profondes du régime politique instauré par la nouvelle Constitution, réalisées progressivement à partir de 1970, ne constituent qu'un cheminement logique de cette conception à l'origine du pouvoir. L'institutionnalisation du MPR en 1970, sa suprématie sur les autres institutions du pays en 1972, sa consécration comme l'unique institution du pays en 1974 et la consolidation en 1983 de son rôle dirigeant ne peuvent être regardées que comme des étapes de réalisation de la conception du pouvoir ayant servi à l'élaboration de la Constitution de 1967.

Il faut aussi noter que cette Constitution dite révolutionnaire, est intervenue dans le cadre de l'histoire sociopolitique du Congo sous la colonisation modelée par un combiné de deux facteurs : la situation économique interne et le contexte international. Le Congo sous la deuxième République n'a pas échappé à cette loi. La prise du pouvoir par l'armée montre que le contexte international est toujours dominé par la guerre froide, les tensions politiques entre l'Est et l'Ouest. L'Occident place ses hommes forts, les militaires à la tête des États pour les contrôler.

On comprend alors aisément le retour de Mobutu au pouvoir. L'armée sera un instrument puissant de sa politique. Les structures de gestion refléteront le modèle militaire, qu'il s'agisse de l'administration ou du parti politique concernés au processus de centralisation administrative et d'institutionnalisation du MPR...

---

1. *Idem*, p. 476.

L'institutionnalisation du présidentialisme s'accompagnera progressivement de la fragilisation des institutions et l'instabilité gouvernementale pour affaiblir davantage les hommes et affermir l'autorité de MOBUTU[1]. C'est dans ce contexte que va naître la Constitution à l'étude. Celle-ci entre dans le cadre des Constitutions élaborées dans un esprit qui a marqué le constitutionnalisme d'après 1960, partant de la distorsion entre le formalisme constitutionnel démocratique et la gestion autocratique dans presque tous les pays africains qui vont connaître des régimes de monocratie constitutionnelle et monopartisme, culminant dans le règne du parti État.

Partant du fait que la Constitution de Luluabourg avait été conçue dans un esprit démocratique, elle ne pouvait pas répondre à cet impératif, c'est ainsi qu'après l'avoir vidée de sa substance, elle est abrogée dans le souci d'adapter les institutions à la consolidation de la personnification du pouvoir. Car, non seulement la Constitution de Luluabourg a été abrogée pour ce faire, mais également les institutions qu'elle organisait notamment les chambres parlementaires. Ce qui, du reste, paraît juridiquement se justifier.

Cette abrogation s'est faite de manière progressive. Car, dès sa prise du pouvoir, Mobutu annonce tout d'abord qu'il va gouverner par ordonnance présidentielle, d'application jusqu'à son annulation par le parlement. C'est donc, en principe, laisser aux parlementaires le soin de contrôler la gestion. D'ailleurs beaucoup de dictateurs ont agi de la sorte.

Le 22 mars 1966, Mobutu s'attribue le pouvoir législatif, le parlement ne sera plus consulté, il sera simplement informé. Interviewé par le rédacteur de Spiegel le 28 novembre 1966, Mobutu s'explique : *« Au début, nous avons déposé ces décrets devant le parlement pour délibération et décision. Mais les députés ne voulurent pas accepter certains décrets. Pour éviter une épreuve de force entre le parlement et moi-même, j'ai décidé que ces décrets ne seraient plus soumis à l'avis du parlement. Mais, en même temps, j'ai fixé par un mémorandum ce que le parlement devait faire pendant les cinq prochaines années... J'ai dit aux députés et aux sénateurs : reposez-vous d'abord, faites une pause de cinq ans »*[2]. *Le Président Mobutu finit par mettre les politiciens en congé pour une période de cinq ans en déclarant : « Les politiciens ont fait du tort au pays pendant cinq ans qu'on puisse leur permettre de nuire encore. Pendant cinq ans, il n'y aura pas de partis politiques en RDC ».*[3]

---

1. MULAMBU M'VULUYA, F., « L'Etat et sa structure : quête permanente de la stabilité », in *CODESRIA*, Paris, 1992, pp. 48-87.
2. CHOME, J., *Op. Cit.*, pp.160-161.
3. MUSAO KALOMBO, C., *Histoire politique et administrative de la RDC. Manuel*

Abondant presque dans le même sens, Musulay Mukonde relève que la prise du pouvoir par les militaires le 24 novembre 1965 eut pour effet de modifier fondamentalement la structure et les conditions de fonctionnement des institutions étatiques. Sur le plan constitutionnel, cette prise de pouvoir entraîna un certain nombre de changements[1] :

1. Le parlement issu des élections législatives de mai-juin 1965, au sein duquel la convention nationale congolaise (CONACO) que présidait M. Tshombe avait la majorité absolue de députés avec 122 sur les 167 élus nationaux, fut mis définitivement en vacances par le général Mobutu. Celui-ci forma un gouvernement dirigé par le colonel Mulamba, sur base d'un ministre par province ;
2. Le Général Mobutu s'attribua les fonctions de Président de la République et Commandant en Chef de l'armée ;
3. Il opta d'exercer le pouvoir législatif par voie d'ordonnances-lois ;
4. En octobre 1966, le Général Mobutu révoqua le Colonel Mulamba et s'appropria la fonction du chef du gouvernement[2].

Mukoka N'senda écrira qu'il s'est agi de la consolidation de la *gouvernementabilité* de la violence. En effet, l'avènement de la deuxième République coïncide avec l'avènement d'un État de type totalitaire, dictatorial et néocolonial. La Constitution a été révisée 17 fois. Certaines de ces révisions se sont révélées comme de véritables fraudes constitutionnelles. C'est notamment le cas de la révision de 1974 et celle de 1990[3].

## SECTION 3. L'ORGANISATION TERRITORIALE DURANT LA DEUXIÈME RÉPUBLIQUE

Nous avons indiqué, rappelez-vous, que cette période est celle de la concentration des pouvoirs, ce qui ne pouvait aucunement permettre l'instauration d'une forme de l'État qui autonomiserait les provinces. C'est ainsi que la Constitution sous étude a mis en place un État unitaire centralisé. Elle a réduit à huit le nombre des provinces d'abord des 21 à 14, puis de 14 à 12, de 12 à 8 et de 8 à 11 avec l'éclatement du Kivu en 1988. Elle a supprimé tous les mécanismes fédéralistes. Le rôle des gouverneurs considérés comme des hauts fonctionnaires est devenu purement administratif.

---

*d'enseignement*, UNIKIN, FSSPA, $G_1$ SPA & RI, année académique 2011-2012, p. 127.

1. MUSULAY MUKONDE, P., *Un Congo en paix, une opportunité de prospérité et d'équité pour tous*, Kinshasa, éd. EDUPC, Décembre 2008, p. 107.

2. *Idem*, p. 108.

3. *Ibidem*, p. 117.

Partant de ce qui précède et nous fondant sur les écrits de Lumanu Buana N'sefu et Shikayi[1], nous nous proposons de retracer de manière brève l'évolution de cette centralisation avec les tentatives peu rassurantes de la décentralisation enclenchée en 1982 et même un peu avant.

### 3.1. L'ordonnance-loi n°67-177 du 10 avril 1967

Cette ordonnance met un frein au fédéralisme naissant. Elle réduit le nombre des Provinces de 21 à 12, puis à 8. Les gouverneurs de Province deviennent de simples fonctionnaires de carrière, des Commissaires de région susceptibles d'être permutés en raison des besoins de l'État.[2] Les Assemblées Provinciales sont transformées en Conseils consultatifs et la suppression en conséquence des fonctions des membres du gouvernement provincial.

Dans l'ordre des choses, on voit bien que cette Ordonnance-loi entérine une structure étatique fortement centralisée avec la préoccupation majeure de doter le gouvernement Central d'instruments puissants capables de rendre son autorité et son action efficaces jusque dans les coins les plus reculés du pays.

Remarquons, d'ores et déjà, que la province ne jouit plus d'une personnalité juridique distincte de celle de l'État. Les dirigeants provinciaux sont nommés par le pouvoir central et soumis à son pouvoir hiérarchique ; l'Assemblée provinciale n'exerce plus le pouvoir législatif ; le District et le Territoire deviennent, comme la Province, de simples circonscriptions administratives ; l'organisation des structures administratives locales échappe désormais aux autorités provinciales.

### 3.2. La Constitution du 24 juin 1967

Au regard de l'article 5 de la Constitution du 1er août 1964 les Provinces étaient autonomes et dotées de la personnalité juridique. Par conséquent, les dispositions de l'Ordonnance-loi n°67-177 du 10 avril 1967 étaient anticonstitutionnelles. La Constitution du 24 juin 1967 vient régulariser une situation préexistante.

Cela est remarquable au niveau de la structure étatique. La Constitution de 1967 veut répondre aux impasses et faiblesses des Constitutions anté-

---

1. LUMANU MULENDA BUANA N'SEFU et SHIKAYI LUBOYA, A., « Décentralisation en RDC (Lecture du parcours institutionnel) », In *Analysis*, CRUPN, Presse de l'UPN (PUPN), V1, n°001 2009, pp.134-138.

2. NDAYWEL è NZIEM, I., *Histoire du Congo. Des origines à nos jours*, éd. le Cri Afrique, Bruxelles, 2010, p. 201.

rieures notamment, la Loi fondamentale et la Constitution de Luluabourg. Elle pose avec le maximum d'efficacité les principes d'un État fort, unitaire, centralisé et stable. Le gouvernement Central est le seul centre de décision et d'impulsion. Les provinces ainsi que les autres collectivités régionales et locales de l'État sont organisées par une loi.

## 3.3. La réforme du 21 mars 1969

Cette réforme est initiée par l'Ordonnance-loi n°69-012 du 12 mars 1969 qui apporte deux grandes innovations. Le Ministère de l'Intérieur se voit conférer le pouvoir de nomination et de reconnaissance des Chefs de Secteurs, des Cités et des Chefferies sur proposition des autorités provinciales.

Après cette réforme, les circonscriptions territoriales du Congo pouvaient être classées en deux catégories : les Circonscriptions administratives déconcentrées, dépourvues de la personnalité juridique (Province, District, Territoire, Communes des Villes autres que la Ville de Kinshasa) et les Entités territoriales décentralisées : Ville de Kinshasa, les Villes, les Communes de la Ville de Kinshasa et les Collectivités locales.

## 3.4. La réforme du 05 Janvier 1973

Cherchant les voies et moyens d'asseoir durablement son pouvoir, le régime politique de la deuxième République issu du coup d'État de 1965 va se réajuster continuellement. Il entame une série d'autres réformes dont notamment celle de 1973 qui intègre la structure au modèle du Parti unique le MPR. Elle met en place clairement une organisation territoriale dont les structures sont hiérarchisées et centralisées. Les circonscriptions territoriales de l'État ont changé leur appellation pour ne porter que les appellations des structures du Parti unique ; les agglomérations urbaines sont des administrations de la même manière que les milieux ruraux. On assista à la suppression de l'autorité coutumière et les Chefs coutumiers qui sont devenus de simples fonctionnaires de l'État, susceptibles d'être permutés. Ce qui souleva des protestations de ces derniers, surtout ceux du centre et de l'Est. Mobutu se fut proclamé et intronisé grand chef coutumier des Bangala. Malgré l'opposition des Chefs coutumiers de l'Est, il institutionnalisa le 'DJALELO' hymne du MULOPWE (Grand Chef Luba du KATANGA).

### 3.5. La réforme du 20 Janvier 1978

La loi n°78-008 du 20 Janvier 1978 a réalisé l'intégration des Sous-régions et des Zones Urbaines dans la nomenclature des structures territoriales.

### 3.6. La réforme administrative de 1982

La loi n°82-006 du 25 février 1982 est mise en place dans le contexte politique et économique de cette période marquée par un retour à la vision de la décentralisation. Le pays est en crise et l'on accuse l'architecture politico-administrative d'en être l'une des multiples causes. Une volonté de changement est exprimée par les instances du MPR.

Cette loi marque la volonté de rendre effective la décentralisation et de l'étendre même aux entités régionales et locales. Il y a instauration des Assemblées délibérantes dans toutes les entités décentralisées. On assiste à la création de nouvelles entités administratives déconcentrées (cité, quartier,...) avec suppression des Sous Régions et des Collectivités urbaines. L'appellation « Sous-région urbaine » est remplacée par celle de Ville. La répartition est claire et nette entre les compétences du Gouvernement et des entités décentralisées.

Toutefois, le pouvoir central garde la prérogative de la nomination et de la révocation des présidents des assemblées régionales et de toutes les autorités des entités décentralisées et le droit de contrôle ; ce qui est incompatible avec la décentralisation (cas du contrôle hiérarchique,...). L'ambivalence créée par la présence à la tête des organes délibérants des autorités locales chargées d'exécuter leurs décisions est patente. Les autorités de l'époque au lieu de mûrir le processus de la décentralisation, se sont par contre lancées dans un autre chantier : celui d'un découpage territorial inachevé en commençant par le Kivu en 1988.

En guise de conclusion, il s'avère pertinent de souligner que le système politique mis en place par Mobutu était incompatible avec la reconnaissance de l'autonomie des provinces ou régions ni sous la forme fédérale ou unitaire décentralisée ni encore moins régionalisée. C'est ainsi que l'analyse du régime et de son organisation territoriale, ne nous a pas permis de lire l'instauration des institutions politiques provinciales qui, du reste, appellent la démocratisation et l'autonomisation. Or, ici, il était question d'une simple personnification doublée de centralisation du pouvoir. Bref d'un pouvoir autoritaire dont les mécanismes de fonctionnement et d'organisation divergent avec le fédéralisme, la décentralisation administrative et politique qui marche de pair avec la démocratie impliquant ainsi la participation effective du peuple. Notons seulement que les organes provinciaux (régionaux) pendant toute la deuxième République étaient régis par de simples lois comme indiqué ci-haut et non dans la Constitution à l'instar de la première République (loi fondamentale et Constitution de Luluabourg).

C'est ainsi que la nécessité de liberté et de bonne gouvernance va pousser le pouvoir à s'ouvrir pour l'instauration d'un système démocratique ; d'où le combat pour l'avènement de la troisième République en passant par les différentes transitions.

Mais, que peut-on vraiment retenir de la deuxième République en termes des pouvoirs accordés aux provinces ?

Le bilan de la deuxième République en la matière peut sembler, à première vue, facile à dresser. En effet, au cours de cette période, cet inventaire peut se résumer comme suit : premièrement, les acquis de la phase précédente furent déconseillés; ensuite, le régime qui se mit en place alla à contre-courant de tout processus de décentralisation ; finalement, sous la pression des événements, des réformes censées instaurer une certaine décentralisation furent adoptées, mais elles ne furent en fait que pures forme[1].

Toutefois, à l'analyse de la situation, un tel bilan s'avère réducteur et d'autres enseignements peuvent être tirés de cette période. En fait, en dépit des formes autocratiques du pouvoir qui furent imposées, les aspirations à une plus grande autonomie ne purent être totalement étouffées. Le jeu des forces centre-périphérie se solda certes, en toutes circonstances, par la victoire du centre étant donné qu'il disposait des ressources publiques, des réseaux clientélistes et des forces armées, alors qu'en face de lui, l'opposition, qu'elle soit latente ou qu'elle s'exprimât publiquement, était divisée, ce dont il ne manqua pas de tirer profit. Or, malgré ce vaste espace d'imperium que détenait le pouvoir central, la mouvance fédéraliste réapparut dès qu'il lui fut permis de sortir du silence, comme en témoignent certaines options défendues pendant la période de transition. Non que les autorités au niveau central de l'État n'aient pas perçu, après un certain laps de temps et en certaines circonstances, le bénéfice qu'elles pouvaient tirer d'un processus de décentralisation.

Mais, elles n'envisagèrent jamais cette option que comme un palliatif, une thérapie à ce qu'elles considéraient comme un accident de parcours ou comme une conjoncture particulièrement difficile. Il en résulta une évolution de forme sinusoïdale, les phases de rassemblement de l'autorité présidentielle succédant à des phases de relative ouverture. Ce dont il

1. BOUVIER, P., *Op. Cit.*, p. 102.

apparaît aussi que les événements déclencheurs de divers épisodes de ces mouvements cycliques façonnèrent à chaque fois la façon d'y répondre. Cependant, au travers de ces différentes séquences, il s'agit d'une même et immuable finalité : se maintenir au pouvoir[1].

En effet, il s'agit de l'ouverture en faveur d'un système décentralisé qui a été envisagé par le pouvoir central, non lorsqu'il était en position de force, mais au contraire alors qu'il se trouve confronté à des difficultés, et donc à la situation de faiblesse. C'est ainsi que, durant la Première République, il s'agissait de lutter contre le danger des sécessionnistes qui menaçaient gravement l'unité du pays et affaiblissant la capacité et l'espace de gestion du pouvoir central. Pendant la deuxième République, c'est la banqueroute économique qu'il faillait résorber, ou tout au moins camoufler aux yeux de l'opinion publique. Ce qui témoigne de ce que l'option en faveur de la décentralisation n'était pas considérée comme une alternative au régime en place mais comme un antidote à des ennuis risquant d'affaiblir l'autorité de l'État.

Un autre constat est le légalisme qui a accompagné les changements opérés par le pouvoir Mobutu en ce qui concerne les structures de l'État. Qu'il s'agisse, par exemple, de l'instauration d'un système de plus en plus totalitaire personnifié par le Chef de l'État, ou des réformes vers plus d'autonomie totale, ces décisions furent coulées en termes juridiques. Or l'absolutisme du régime, son caractère autocentré en la personne du Président de la République et du MPR, parti État, lui permettait d'imposer les mesures qu'il entendait faire appliquer sans passer nécessairement par le biais de réformes constitutionnelles. Cette coupole juridique représentait, la symbolique du facteur de légitimation à ne pas négliger. D'autant plus que la fiction du peuple, sur laquelle se fondait l'idéologie mystificatrice du MPR, servait à justifier la nature dictatoriale du régime et à la maquiller en système démocratique.

La décentralisation n'a, de fait, pas de place dans un tel dispositif et les textes législatifs ou d'autonomie régionale ne sont que des leurres. Ils ne peuvent donc qu'être ignorés, contournés, bafoués. Un tel processus illustre, comme l'observent Gauthier de Villers et Jean OMASOMBO TSHONDA, *« le divorce profond au Zaïre entre les discours et les pratiques, entre le cadre juridico-institutionnel officiel et les normes qui régissent les comportements, entre le formel et l'informel ».*[2] Nous clôturons cette deuxième partie en nous résumant comme ceci : pendant

1. *Ibidem.*
2. DE VILLERS, G., et OMASOMBO, T., « Zaïre, la transition manquée 1990-1997 », in *Cahiers africains 27, 28, 29*, Tervuren-Paris, CEDAF-l'Harmattan, 1997, pp. 14-15.

la première République beaucoup de pouvoirs et de compétences furent accordés à la base, c'est-à-dire, les provinces mais les résultats ont été très faibles à cause surtout des problèmes liés aux ressources humaines, à l'inexpérience et aux troubles politiques.

Pendant la deuxième République par contre, les institutions politiques provinciales sont vidées de leur subsistance et désormais c'est le pouvoir central qui s'occupe de tout. C'est la centralisation et la dictature. C'est donc un régime qui n'a pas promu le développement à la base car ceux qui y étaient n'avaient pas suffisamment de manœuvres à prendre des initiatives. Ils exécutaient en effet les instructions de la hiérarchie et que par voie de conséquence il n'y avait pas de résultat sur le développement local.

Bref, pour la première et la deuxième République, la grande faiblesse liée aux problèmes de l'instabilité politique, des difficultés financières et surtout de la gouvernance (pas de plan d'action) ont réduit l'efficacité des institutions provinciales. Ceci nous permet d'analyser la partie qui concerne la troisième République, surtout dans ses articulations pratiques à travers trois provinces à savoir : l'Équateur, le Kasaï occidental et le Maniema.

# TROISIÈME PARTIE

# FONCTIONNEMENT DES INSTITUTIONS POLITIQUES PROVINCIALES SOUS LA CONSTITUTION DU 18/02/2006 FACE AU DÉFI DU DÉVELOPPEMENT LOCAL

CARTE ADMINISTRATIVE DE LA R.D.C.

*La République Démocratique du Congo comporte 11 provinces, dont les noms sont indiqués avec les lettres capitales les plus grandes.*

*Les provinces sont subdivisées en villes (21 avec Kinshasa) et territoires (145). Les noms des villes autres que Kinshasa sont indiqués en capitales maigres, ceux des territoires en minuscules maigres.*

*Les anciens districts étaient des regroupements de territoires, qui sont en général appelés, selon la constitution de 2006, à devenir des provinces. Ils sont indiqués en capitales grasses, mais ils ne sont plus une subdivision systématique de l'espace national.*

Source : Léon de SAINT MOULIN, *Atlas de l'organisation administrative de la République Démocratique du Congo*, 2e éd. CEPAS, Kinshasa, 2011, p. 8.

Cette partie porte essentiellement sur le fonctionnement en termes de bilan[1] des institutions politiques de trois provinces retenues : l'Équateur, le Kasaï occidental et le Maniema. Les institutions politiques provinciales qui seront examinées sont celles issues de la Constitution promulguée le 18 Février 2006 après le référendum du 18 au 19 décembre 2005.

Mais, avant d'aborder la question sur le fonctionnement des institutions elles-mêmes, il est indiqué de résumer les considérations sur l'avènement de la Constitution en vigueur en République Démocratique du Congo et les motivations profondes ayant milité pour son adoption. Nous présentons également une courte synthèse des dispositions constitutionnelles qui réglementent les provinces en termes d'institutions politiques. Un petit commentaire sera donné sur notre compréhension de certaines dispositions constitutionnelles formant l'armature du régime politique lui-même. Ceci constitue le condensé du cinquième chapitre de notre dissertation.

1. Cette partie est le bilan sur le fonctionnement des institutions de ces trois provinces.

# CHAPITRE V

## La constitution du 18 février 2006

L'intitulé de ce chapitre ne signifie pas que nous allons examiner toutes les dispositions constitutionnelles dans leurs aspects politico-juridiques. Ce sont plutôt les dispositions constitutionnelles en rapport avec le travail qui seront abordées.

### SECTION 1. AVÈNEMENT DE LA CONSTITUTION DU 18 FÉVRIER 2006 ET SES PROFONDES MOTIVATIONS

Avant toute chose, il sied de signaler que la démarche consistant à tenter de catégoriser la Constitution du 18 Février 2006 sur base d'une typologie de droit public ou à la lumière des modèles théoriques ou encore par comparaison avec d'autres systèmes fédéraux, est dépourvue de tout intérêt scientifique. La Constitution fait d'ailleurs allusion à l'histoire de la RD Congo depuis son accession à l'indépendance. Et dans son préambule, il est souligné ce qui suit : *« Considérant que l'injustice avec ses corollaires, l'impunité, le népotisme, le régionalisme, le tribalisme, le clanisme et le clientélisme, par leurs multiples vicissitudes, sont à l'origine de l'inversion générale des valeurs et de la ruine du pays... »*. Et de poursuivre : *« Réaffirmant notre droit inaliénable et imprescriptible de nous organiser librement et de développer notre vie politique, économique, sociale et culturelle, selon notre génie propre »*.[1] Tous ces dispositifs montrent que l'établissement de la Constitution de la RD Congo est une conséquence de sa propre histoire et de son génie créateur. On peut le démontrer davantage.

L'évolution politique de la RD Congo porte l'empreinte de l'héritage culturel et de l'environnement international. Les crises, les sécessions, la faillite économique, la dictature, les effets de la guerre froide, l'échec des transitions, les rébellions, la pauvreté... ont caractérisé la vie politique et sociale de la RD Congo. La transition dite « *1+4* »[2] issue de la belligérance a été gérée avec beaucoup de sagesse et de tact politique. À l'époque

1. *Constitution du 18 Février 2006*, préambule, alinéas 3 et 8.
2. Gouvernement 1+4, c'est le Gouvernement issu de l'Accord Global et Inclusif en Afrique du Sud, signé à Sun City, dont l'espace présidentiel était composé d'un président et de 4 vice-présidents.

de « *1+4* », deux dangers se profilaient à l'horizon et il fallait à tout prix les éviter : d'une part le retour à la dictature, et d'autre part le risque de démantèlement de l'État congolais. Par ailleurs, les conflits qui ont persisté à l'Est continuaient à assombrir le paysage politique et à entretenir un climat malsain d'insécurité. Les influences extérieures n'ont pas manqué de s'exercer, d'autant plus que le gouvernement dit (1+4) n'était pas libre de son action. L'accord global et inclusif l'organisant avait créé, en effet, le Comité International d'Accompagnement de la Transition (CIAT).

Comme on peut le constater, il s'agissait donc, pour les constituants, de concilier des finalités contradictoires : préserver l'unité tout en répondant aux aspirations régionales, garantir la souveraineté de l'État en limitant l'aire de l'exercice de l'autorité centrale, vivifier le pouvoir des provinces en les dotant des compétences et des ressources importantes tout en veillant à ne pas approfondir les inégalités les caractérisant.[1] La plupart de ces préoccupations s'expriment d'ailleurs dans l'exposé des motifs de la Constitution. On y lit : *« Dans le but, d'une part de consolider l'unité nationale mise à mal par les guerres successives et, d'autre part, de créer des centres d'impulsion et de développement à la base, le constituant a structuré administrativement l'État Congolais en 25 provinces plus la ville de Kinshasa, dotée de la personnalité juridique et exerçant des compétences de proximité... En sus de ces compétences, de provinces en exercent d'autres concurremment avec le pouvoir central... ».*[2]

*Parmi les diverses finalités soulevées par les constituants figure également celle visant à contrer toute tentative de dérive dictatoriale, à« lutter contre l'impunité, assurer l'alternance démocratique ».*[3]

Pour des questions relatives à la forme de l'État, deux mots sont tabous devant le constituant : « unitaire » et fédéral ». Compte tenu de cet impératif, la Constitution se borne à stipuler que la RD Congo est un État uni. Par ailleurs la loi organique du 31 juillet 2008 relative à la libre administration des provinces institue dans son exposé des motifs le *« régionalisme politique »*. Le vocabulaire retenu et celui qui a été évité témoignent le degré de susceptibilité existant en ce moment sur ce problème dans la classe politique congolaise. Dans ce même contexte, la Constitution du 1er Août 1964, malgré son importance, est largement passée sous silence, effet sans doute de l'opprobre jeté sur elle du fait de l'arrivée au pouvoir du Président Mobutu.

Dans tous les cas, l'avènement de la Constitution en vigueur est le produit de notre histoire politique très mouvementée et de notre propre

1. BOUVIER, P., *Op. Cit.*, p. 136.
2. *Constitution du 18 Février 2006*, éxposé des motifs, alinéa 7.
3. *Idem*, alinéa, 3-5.

génie. Les motivations qui ont présidé à son élaboration tiennent surtout compte de l'unité à préserver mais aussi du souci de permettre aux provinces de devenir de nouvelles sources d'impulsion pour le développement à la base, le tout dans une démarche démocratique. Mais, Munayi Muntu Monji, note que la plus grande préoccupation pour la classe politique congolaise était la création de plusieurs institutions provinciales. On a résolu le problème des députés en multipliant le nombre des circonscriptions électorales, à savoir les territoires. Mais, pour les Sénateurs qui représentent les provinces, il faut nécessairement multiplier le nombre des provinces et donc des Assemblées provinciales afin d'avoir plusieurs Sénateurs, la province étant la circonscription électorale.[1]

Quelles sont par ailleurs, les institutions politiques provinciales retenues dans la Constitution ? Comment sont-elles composées et quelles sont leurs compétences ? Ceci fait l'objet de la section 2 du présent chapitre.

## SECTION 2. LES INSTITUTIONS POLITIQUES PROVINCIALES SOUS LA CONSTITUTION DU 18 FÉVRIER 2006

La présente section examine les différentes institutions politiques, leur composition et leurs compétences. Leur organisation et leur fonctionnement seront examinés province par province dans les chapitres qui suivent.

Les institutions politiques provinciales sous la Constitution en vigueur sont annoncées à l'article 195 qui dispose : « *Les institutions provinciales sont :*

1. L'Assemblée provinciale ;
2. Le Gouvernement provincial ».

### 2.1. L'Assemblée provinciale

L'Assemblée provinciale est l'organe délibérant de la province et du contrôle du Gouvernement provincial ainsi que des services publics provinciaux et locaux.

Comme organe de contrôle, elle détient le pouvoir de voter une motion de censure contre le gouvernement provincial ou une motion de défiance contre un membre de celui-ci en vertu de l'article 197 de la Constitution. L'Assemblée provinciale comprend des députés provinciaux élus au suffrage universel direct, au nombre duquel s'ajoutent les députés provin-

1. MUNAYI MUNTU-MONJI, T, *Genèse et évolution des circonscriptions administratives et des entités politico-administratives congolaises (1888-2009)*, Kinshasa, EDUPC, 2010, p. 385.

ciaux cooptés qui sont des chefs coutumiers. L'Assemblée provinciale légifère par voie d'édit. Les députés provinciaux élus ou cooptés ont un mandant de 5 ans renouvelable. L'assemblée provinciale délibère dans le domaine des compétences réservées à la province.

Le nombre de députés provinciaux cooptés ne peut dépasser le dixième des membres qui composent l'Assemblée provinciale. Chaque député provincial est élu avec deux suppléants. Le député provincial représente la province.

Tout congolais âgé de 25 ans au moins, jouissant de la plénitude de ses droits civils et politiques, ne se trouvant pas dans un cas d'exclusion prévu par la loi électorale peut être candidat aux élections provinciales. L'article 103 de la Constitution stipule que le mandat du député provincial commence à la validation des pouvoirs par l'Assemblée provinciale et expire à l'installation de la nouvelle Assemblée. Les articles 107 et 108 de la Constitution mettent les députés provinciaux dans les mêmes régimes des immunités et des incompatibilités que les députés nationaux, mutatis mutandis. Il en est de même de la libre circulation dans le territoire national et de la fin de leur mandat ainsi que du droit du retour à l'assemblée après une fonction politique incompatible (art 109 et 110).

L'Assemblée provinciale a plusieurs compétences notamment :

- Coopter les chefs coutumiers comme députés provinciaux;
- Valider les mandats des députés provinciaux ;
- Élire son bureau qui comprend un président, un vice-président, un rapporteur, un rapporteur adjoint et un questeur.
- Élire les sénateurs de leurs provinces respectives à raison de 4 sénateurs par province constitutionnelle;
- Élire le gouverneur et le vice-gouverneur de province ;
- Voter les édits ;
- Approuver le programme du gouvernement provincial ;
- Investir le gouvernement provincial ;
- Contrôler le gouvernement provincial et les services publics de la province ;
- Voter une motion de censure ou une motion de défiance ;
- Donner un avis favorable pour la création de nouvelles villes et communes.

Mais, en dépit de toutes ces compétences accordées à l'Assemblée provinciale, lorsqu'une crise politique grave et persistante menace d'interrompre le fonctionnement régulier des institutions provinciales, le

Président de la République peut, par ordonnance délibérée en Conseil des ministres et après concertation avec les Bureaux de l'Assemblée nationale et du Sénat, dissoudre l'Assemblée provinciale.

Dans ce cas, la CENI organise les élections provinciales dans un délai de 60 jours, délai qui peut être prolongé à 120 jours en cas de force majeure.[1]

## 2.2. Le Gouvernement provincial

En vertu des articles 198 de la Constitution et 23 de la loi sur la libre administration des provinces, le Gouvernement provincial est l'organe exécutif de la province. Il est composé d'un Gouverneur et d'un Vice-gouverneur de province élus sur une même liste à la majorité absolue pour un mandat de 5 ans renouvelable une seule fois par les députés provinciaux au sein ou en dehors de l'Assemblée provinciale. Ils sont investis par ordonnance du Président de la République.

Le Gouvernement provincial est en outre composé des Ministres provinciaux, dont le nombre ne peut dépasser dix. Ceux-ci sont nommés par le Gouverneur de Province.

Le Gouvernement provincial dispose des services publics provinciaux et de la fonction publique provinciale. Il est pleinement responsable de la gestion de la province et répond devant l'Assemblée provinciale. Il se réunit en conseil des Ministres et délibère sur toutes les questions relevant de la compétence concurrente du pouvoir central et des provinces.

Le Gouverneur de province est le chef de l'exécutif provincial. Il représente la province en justice et auprès des tiers. Il promulgue les édits. Il est détenteur du pouvoir réglementaire général de la province et statue par voie d'arrêté provincial délibéré en conseil des ministres. Il est membre de la conférence des gouverneurs. Le ministre provincial, quant à lui, est responsable de son département et applique le programme du Gouvernement provincial dans son ministère, sous la direction du Gouverneur de province.

Les membres du Gouvernement provincial peuvent être relevés de leurs fonctions, collectivement par le vote d'une motion de censure ou individuellement par le vote d'une motion de défiance de l'assemblée provinciale. Toutefois, en cas de crise politique grave et persistante menaçant d'interrompre le fonctionnement régulier des institutions provinciales, le Président de la République peut, par une ordonnance délibérée en conseil des ministres et après concertation avec les bureaux de l'Assemblée nationale et du Sénat, relever de ses fonctions le Gouverneur de Province.

1. Article 197 de la *Constitution du 18 Février 2006.*

En conclusion, concernant les institutions politiques provinciales, on constate la ferme volonté des constituants d'accorder un éventail des compétences aux provinces. Elles sont désormais, selon la Constitution, entièrement responsables, entre autres, de leur programme de développement et en particulier des programmes miniers, pétroliers, agricoles, forestiers, de leurs finances publiques dont les impôts, les taxes et les droits provinciaux et locaux, de leurs services, entreprises et établissements publics, de la fonction publique provinciale et locale, de certaines activités culturelles et sportives.

Cette volonté se trouve concrétisée également par la disposition constitutionnelle prévoyant qu'à l'effet de doter les provinces de la capacité de gestion suffisante pour effectivement dynamiser, redémarrer, faire décoller leur économie, renforcer et reconstruire les infrastructures sociales, les recettes nationales sont partagées entre elles et le pouvoir central. Ce partage s'élève à 40% et 60% respectivement aux provinces et au pouvoir central. De plus, afin de donner potentiellement à cette mesure toute son efficacité, il est prévu que cette part des ressources nationales sera*« retenue à la source »*.[1]

Les risques d'approfondissement des écarts de développement entre les provinces n'ont pas été ignorés et une caisse nationale de péréquation a été créée avec pour mission de corriger le déséquilibre de développement entre les provinces et les autres entités territoriales décentralisées grâce à des programmes d'investissement public. Son budget sera alimenté par le trésor public à raison de 10% des recettes nationales[2]. La conférence des gouverneurs permet une meilleure concertation entre pouvoir central et les provinces.

Pour confirmer l'importance accordée aux provinces, le constituant a interdit la révision des dispositions constitutionnelles tendant à réduire les prérogatives des provinces et des entités territoriales décentralisées. Somme toute, le constituant a donné les atouts nécessaires aux provinces afin qu'elles deviennent de véritables moteurs du développement local.

Après avoir présenté les dispositions constitutionnelles qui fondent les institutions provinciales et leurs motivations, il est nécessaire dans cette étude de lancer notre regard critique sur la Constitution avant de passer à la pratique dans les provinces.

À notre avis, la Constitution elle-même est à la base des problèmes que nous avons difficile à régler. Il nous semble évident que le régionalisme institué sur le plan politique ne règle pas les problèmes essentiels

---

1. *Constitution du 18 Février 2006*, art. 175, alinéa 2.
2. *Idem*, alinéa 3.

de développement. En ce qui concerne les relations centre-périphérie, si la loi fondamentale a fait une synthèse entre l'unitarisme et le fédéralisme, cela résulte des réclamations et discussions à la table ronde. Et, la conséquence, elle, est bien connue :les institutions provinciales ont fonctionné et cela a affaibli le pouvoir central. L'on peut aussi se poser la question de l'importance d'un Gouvernement provincial dans la mesure où les identités étouffées à l'époque du régime du Président Mobutu peuvent toujours se réorganiser. Nous observons que chacun a quasiment son parti et son leader. Même la question de répartition des compétences pose problème par le fait qu'elle est organisée dans la Constitution ; et aussi pourquoi organiser le Sénat à partir des provinces qui n'existent que de nom ?

D'où proviennent les moyens financiers pour l'action politique du gouvernement provincial et de l'Assemblée provinciale ? Pourquoi les créer alors qu'elles n'ont pas de moyens ? Tout ceci montre qu'il y a beaucoup d'ambiguïté dans notre Constitution. Cela n'indique-t-il pas que nous sommes dans un État fédéral masqué ?

Voyons alors comment ces institutions provinciales ont fonctionné ? Quel est en réalité leur bilan après près de 7 ans d'existence ? Telle est la matière consacrée aux chapitres qui suivent.

# CHAPITRE VI

# Bilan du fonctionnement des institutions politiques de la province du kasaï occidental

## SECTION 1. SITUATION GÉOGRAPHIQUE ET POTENTIALITÉS

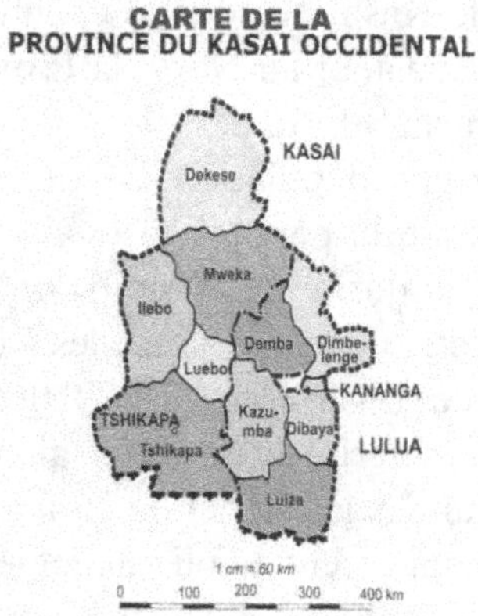


| Page Unités administratives | Villes | Communes | Territoires | Chefferies | Secteurs | Total | Groupements |
|---|---|---|---|---|---|---|---|
| 203 **Ville de Kananga** | 1 | 5 | | | | | |
| 200 **Ville de Tshikapa** | 1 | 5 | | | | | |
| 197 Territoire de Dekese | | | 1 | 2 | - | 2 | 14 |
| 198 Territoire de Ilebo | | | 1 | - | 4 | 4 | 34 |
| 200 Territoire de Kamonia (Tshikapa) | | | 1 | - | 9 | 9 | 92 |
| 199 Territoire de Luebo | | | 1 | - | 4 | 4 | 47 |
| 202 Territoire de Mweka | | | 1 | 1 | - | 1 | 28 |
| **District du Kasai** | | | **5** | **3** | **17** | **20** | **216** |
| 204 Territoire de Demba | | | 1 | - | 7 | 7 | 56 |
| 203 Territoire de Dibaya | | | 1 | - | 5 | 5 | 46 |
| 206 Territoire de Dimbelenge | | | 1 | - | 5 | 5 | 67 |
| 208 Territoire de Kazumba | | | 1 | - | 9 | 9 | 66 |
| 210 Territoire de Luiza | | | 1 | - | 7 | 7 | 79 |
| **District de la Lulua** | | | **5** | - | **33** | **33** | **314** |
| **Province du Kasai Occidental** | **2** | **10** | **10** | **3** | **50** | **53** | **530** |
| TOTAL RDC (avec Kinshasa, sans les groupements incorporés dans les villes) | 21 | 97 | 145 | 259 | 474 | 733 | 5675 |

Source : Léon de SAINT-MOULIN, *Op. Cit.*, p. 196.

## 1.1. SITUATION GÉOGRAPHIQUE

La province du Kasaï occidental s'étend, en la grande partie entre 2$^{e}$ et 8$^{e}$ latitudes Sud et 20$^{e}$ et 24$^{e}$ de longitude Est. Elle est au cœur de la RD Congo qui, elle-même est au cœur de l'Afrique. Sa superficie est de 156.967 Km$^2$, soit 6,6% du territoire national[1]. Elle occupe la 6$^{e}$ place après le Katanga, la Province orientale, l'Équateur, le Bandundu et le Kasaï Oriental. Le Kasaï occidental est six fois plus étendu que le Rwanda et cinq fois plus vaste que la Belgique.

Le Kasaï occidental partage une frontière de plus de 410 Km avec la province angolaise de Lunda Norte dans les territoires de Luiza et de Tshikapa. À l'interne, le Kasaï occidental est entouré par la province de Bandundu à l'Ouest, l'Équateur au Nord, la Province du Kasaï oriental à l'Est et celle du Katanga au Sud-Est.

Elle compte environ une population estimée à 7 millions d'habitants soit plus ou moins 10% de la population totale du pays. Le Tshiluba est la langue parlée par la majorité des populations Ouest-Kasaïennes. Les principales ethnies de cette province sont : les Lulua, Kete, Luntu, Bindi, Salampasu, Mbala, Pende, Bashilele, Kuba, Tshokwe et Ndengese[2].

Elle est également caractérisée par deux saisons : la saison des pluies qui s'étend du 15/Août au 15/Janvier et du 15 février au 15 mai et la petite saison sèche (mais le changement de climat actuel est en train de modifier ces dates de sorte que la petite saison sèche *Tshiongo wa Minanga* intervient en février et non janvier) qui va du 15 Janvier au 15 Février et du 15 Mai au 15 Août, avec une température moyenne entre 16°C et 31°C[3].

L'hydrographie de la province est principalement constituée de 4 rivières : le Kasaï, la Lulua, le Sankuru et la Loange avec de petites rivières comme Kaluebo et Tshikapa. Ces rivières sont alimentées par plusieurs affluents[4]. Trois types de formations végétales couvrent la province, à savoir : au nord la forêt équatoriale, dense et humide ; au centre la forêt subéquatoriale et au sud, la savane.

Sur le plan administratif et territorial, la province du Kasaï occidental est composée de deux districts : district de la Lulua, Chef-lieu Tshimbulu, et district du Kasaï dont Chef-lieu Luebo. Chaque district compte 5 terri-

1. KASONGO NUMBI, K., *L'Afrique se recolonise, une relecture du demi-siècle de l'indépendance du Congo-Kinshasa*, l'Harmattan, Paris, 2008, p. 55.
2. KANDE MUPOMPA, A., *Gouvernorat du Kasaï occidental, programme du gouvernement*, déc. 2012, p.7.
3. *Ibid.*, p.7.
4. *Idem*, p. 8.

toires. Les territoires de Demba, Dibaya, Dimbelenge, Kazumba et Luiza forment le district de la Lulua, tandis que les territoires de Dekese, Ilebo, Kamonia, Luebo et Mweka constituent le district du Kasaï. La Province compte deux villes, la ville de Kananga, chef-lieu de la Province, et la ville de Tshikapa. Ces villes comptent chacune cinq communes subdivisées en 64 quartiers. Notons que dans ce travail nous ne parlons que des villes qui sont fonctionnelles car il en a d'autres qui viennent d'être créées par décret du Premier Ministre.

### 1.2. Potentialités du Kasaï occidental

En plus de sa population dynamique, la province du Kasaï occidental est très connue pour ses diamants de joaillerie exploités à Tshikapa.

Vers 1980, la province était la première productrice de soja, la 2e productrice du tabac et des porcins du pays. Un chemin de fer (SNCC) relie le Kasaï occidental du port fluvial d'Ilebo à l'Afrique du Sud via le Katanga et la Zambie.[1]

Les principales productions agricoles du Kasaï occidental sont le manioc, le maïs, le soja, l'arachide, le riz, le haricot, l'huile de palme, le tabac et le café. L'impraticabilité des routes, la vétusté de la voie ferrée et le manque des crédits agricoles ont découragé les planteurs dont les produits invendus pourrissent sous les intempéries[2]. Les cultures vivrières, principalement le maïs et le manioc, destinées au circuit commercial sont difficilement évacuées vers les centres de consommation, par manque de moyens de transport adéquats et à cause du délabrement total des routes de desserte agricole.[3]

Dans le domaine de l'élevage, au Kasaï occidental, l'on signale les caprins et les ovins. Les eaux du Kasaï occidental sont poissonneuses et les réserves halieutiques importantes, mais peu exploitées.

En ce qui concerne les ressources forestières, la partie nord de la province est couverte des forêts d'espèces de première et deuxième classes. Le Kambala (chlorophora excelsa) tire son nom vernaculaire d'une langue locale du Kasaï occidental. Le territoire où le bois est le plus exploité est celui de Dekese. Le parc national de la Salonga couvre l'extrême Nord de la forêt du Kasaï occidental et il s'étend dans les provinces voisines de Bandundu, Équateur et Kasaï Oriental. Pour l'essentiel, la forêt n'est quasiment pas exploitée, sauf pour la production artisanale

---

1. KASONGO, N., *Op. Cit.*, p.55.
2. KAPUKU NGOY, *Programme du Gouvernement provincial 2007-2012*, p. 14.
3. Propos recueillis auprès de Monsieur KANDE Alex, Gouverneur du Kasaï occidental, Novembre 2013.

du charbon de bois à usage domestique. En plus de diamant, on signale des réserves inexploitées de fer, d'or, d'argent et d'étain. La province du Kasaï occidental souffre cruellement de la pénurie d'électricité. La Ville de Kananga n'est desservie par une centrale thermique que lorsqu'elle est alimentée en gasoil.

Trois aéroports desservent la Province, celui de Kananga en dur et ceux d'Ilebo et de Tshikapa. C'est ce dernier qui enregistre le plus de vols, en moyenne 10 par jour en petits porteurs.

Épine dorsale de la Province, les chemins de fer s'étendent sur 613 Km, mais sont en mauvais état et provoquent des déraillements fréquents.

Ce passage en revue des potentialités de la province nous permet de dégager les éléments nécessaires pour le décollage du développement de la province suite aux dispositions arrêtées par le constituant. Voyons à présent les données sociopolitiques de la Province avant de passer aux institutions et leur configuration.

## SECTION 2. LES FORCES SOCIOPOLITIQUES DU KASAÏ OCCIDENTAL

Au Kasaï Occidental, depuis 1962 jusqu'à ce jour, il est admis que *« seules les forces ethno-politiques ont joué et jouent un rôle déterminant dans toutes les tractations politiques de la province »*[1]. *Historiquement, étudier le Kasaï occidental appelle en réalité la prise en compte des données sociologiques de la province du Kasaï oriental, dont les deux peuples Luba et Lulua ont une histoire et tirent leurs origines d'un ancêtre commun.*

*Avant l'indépendance, les Baluba, ressortissants de Mbuji-Mayi au Kasaï oriental ont dominé les Lulua et les autres tribus dans l'ancienne province du Kasaï. Les Baluba étaient des alliés des colonisateurs. Toutes les communes actuelles de la ville de Kananga étaient habitées par un nombre impressionnant des Baluba. Jouant à la stratégie de diviser pour mieux régner, vers 1958 et 1959, les Belges réveillent la conscience des Lulua en présentant les Baluba comme des étrangers sur le sol Lulua*[2]. *Les Lulua ont pris les armes contre les Baluba et les ont chassés vers Bakwanga, actuelle Mbuji-Mayi, leur milieu d'origine.*

---

1. WILLAME, J.C., et VERHAEGEN, B., « Les provinces du Congo : structures et fonctionnement », in *Cahiers économiques et sociaux*, CEP, n° 1, Kinshasa, 1964, p. 77.
2. Propos recueillis auprès de l'honorable Omer MIJIMBU, Président de l'Assemblée provinciale du Kasaï occidental, Novembre 2013.

*Après le départ des Baluba, les Lulua ont à leur tour dominé toutes les autres tribus du Kasaï occidental ; et ainsi la quasi-totalité de la vie politique de cette province sera, à partir de ce moment-là, un jeu d'alliances d'ethnies et des tribus avant les partis politiques et les notables qui sont les leaders politiques et économiques.*

2.1. La configuration ethnique au Kasaï occidental

Le positionnement politique dans cette province a toujours été le résultat des rapports de force entre la tribu Lulua contre une dizaine d'autres tribus. Ces tribus se sont coalisées en ce qui est connu sous le nom de l'Unité Kasaïenne, qui est sans conteste une réalité politique. Au Kasaï occidental toute action politique soulève ce sentiment d'appartenance Lulua ou celle de l'Unité Kasaïenne.

Par définition, l'Unité Kasaïenne est l'ensemble des tribus du Kasaï occidental autres que les Lulua ; ces derniers considérés comme dominateurs. Aundu[1] appelle quant à lui, cette constellation des tribus sous le nom de la *« périphérie kasaïenne »*. Actuellement, l'Unité Kasaïenne est là, elle est vivante[2].

Géographiquement, nous pouvons indiquer l'espace culturel Lulua et celui de l'Unité Kasaïenne de la manière suivante :

- Territoire de Demba : les Lulua à 100%, (avec une très faible minorité des Luntu qui habitent aussi Demba) ;
- Territoire de Dimbelenge : constitué des Bindi Bankusu qui sont de l'Unité Kasaïenne et des Luntu ;
- Territoire de Dibaya : les Lulua et une partie de Bakete qui sont de l'Unité Kasaïenne ;
- Territoire de Luiza : Unité Kasaïenne (Basalampasu, et Bakete...) ;
- Territoire de Kazumba : les Lulua dans six secteurs et le Bindi (Unité Kasaïenne) dans trois secteurs ;
- Territoire de Luebo : il y a les Lulua et les Bakete, les Kuba de l'Unité Kasaïenne ;
- Territoire de Dekesse : les Ndengesse de l'Unité Kasaïenne à 100%.
- Territoire de Mweka : 100% Unité Kasaïenne avec les Kuba, Kete, etc. ;
- Territoire d'Ilebo : 100% Unité Kasaïenne (Bakwaluntu et Bashilele) avec une minorité Luba et Tshokwe ;

---

1. AUNDU MASANZA, G., *Etat et partis au Congo Kinshasa. L'ethnicité pour légitimité*, L'Harmattan, Paris, 2010, p.70.
2. Propos recueillis auprès de l'honorable Omer MIJIMBU, Novembre 2013.

- Territoire de Kamonia et la ville de Tshikapa : c'est l'Unité Kasaïenne avec les Pende, Kete, Bindi, Tshokwe et les Nyambi. Ces derniers ne sont ni Lulua ni Unité Kasaïenne mais font partie de l'espace culturel lubaphone;
- La ville de Kananga est cosmopolite mais c'est l'aire culturelle Lulua avec les Bakwa Katawa (minoritaire) comme autochtones qui constituent ce que l'on appelle la ceinture verte.

Comme on peut le constater, les tribus de l'Unité Kasaïenne sont confinées dans le District du Kasaï, alors que les Lulua sont dans le district de la Lulua, sauf le territoire de Luiza (Bakete et Basalampasu), le territoire de Dimbelenge (Babindi et luntu) et une partie de Kazumba (Babindi) et Dibaya, très peu des Bakete.

La description ci-dessus nous permet de confirmer que les luttes politiques dans cette province s'effectuent entre le district de la Lulua contre le district du Kasaï, généralement les Lulua contre les autres tribus. Dans cette perspective des rivalités, plusieurs députés et notables interrogés notent que le régime du Président Mobutu avait négligé la réalité « unité kasaïenne » en favorisant largement les Lulua. D'autres disent à leur tour que le pouvoir en place est soutenu par l'Unité Kasaïenne, comparativement au score réalisé par le candidat Kabila en 2006 et 2011 dans les deux districts.

Politiquement, nous remarquerons que la répartition des postes politiques dans cette province s'opère par un dosage subtil entre les Lulua et les autres tribus de l'Unité Kasaïenne, dosage permettant d'avoir par exemple un Gouverneur Lulua et un Vice-gouverneur de l'Unité Kasaïenne. À l'intérieur de ces deux entités sociopolitiques s'observent d'autres réalités telles que les rivalités entre Mutombo et Katawa chez les Lulua et une certaine dominance des Pende dans l'Unité Kasaïenne[1].

La force la plus déterminante dans la répartition des responsabilités est l'ethnie. Ceci est capital. La composante ethnique permet la répartition des responsabilités en termes géopolitiques bien que formellement ça soit le jeu démocratique à travers la loi de la majorité qui détermine ceux qui doivent gouverner. C'est ainsi qu'actuellement un accord tacite a été observé au Kasaï Occidental. Le Président de l'Assemblée provinciale est un Pende alors que le Gouverneur est Lulua et le Vice-gouverneur est un Pende. Cette configuration est restée intacte depuis 2007 malgré les changements intervenus au niveau de l'Exécutif et de l'Assemblée durant la législature.

---

1. Cette réalité est partagée par la quasi-totalité des notables de la province.

## 2.2. Les partis politiques

Ici, il sied de noter que nous allons parler des partis politiques qui se sont présentés aux élections provinciales de 2007, l'UDPS pourtant très bien implantée les ayant boycottées.

Les partis politiques qui se sont imposés durant cette législature à l'Assemblée provinciale et qui jouent un rôle déterminant au niveau de la province sont les suivants :

**Tableau n° 1 : Nombre des sièges par parti politique à l'Assemblée provinciale du Kasaï occidental.**

| N° | Parti Politique | Sièges |
|---|---|---|
| 1 | ADEL/Radical | 01 |
| 2 | ARC | 01 |
| 3 | Force du Futur | 01 |
| 4 | FRODELO | 01 |
| 5 | MLC | 12 |
| 6 | MRC | 01 |
| 7 | PALU | 01 |
| 8 | PDC | 01 |
| 9 | PDS | 02 |
| 10 | PPRD | 14 |
| 11 | RCD | 07 |
| 12 | UCOBES | 02 |
| 13 | ULDC | 01 |
| 14 | UMER | 02 |
| Total | | 54 |

Source : Répertoire de députés provinciaux du Kasaï Occidental (archives 2009).

Les uns, ont été élus indépendants (2) et les autres cooptés parmi les Chefs coutumiers (5). Les partis UMER, PDS, UCOBES, ADEL/Radical, FRODECO, MRC ne sont implantés qu'au Kasaï occidental.

Ainsi, l'Assemblée provinciale s'est constituée en deux forces : opposition et majorité. Au départ c'est le camp MLC et alliés qui avaient la majorité, mais sous l'influence des forces politiques nationales et l'élection de Kapuku Trésor du RCD comme Gouverneur de province, la balance majoritaire s'est penchée du côté du PPRD.

L'influence des forces politiques nationales se manifeste notamment par les injonctions et les lignes de conduite à observer par les animateurs des institutions provinciales lors des enjeux politiques importants.

### 2.3. La notabilité comme force politique au Kasaï occidental

Pour ce qui est de la notabilité politique comme force politique, il faut souligner que chaque Député national, Sénateur, Ministre national... au regard de son réseau des relations avec le pouvoir en place joue un rôle aussi déterminant dans la vie politique de la Province du Kasaï occidental.

C'est, notamment, au-dessus du lot de toutes les personnalités du Kasaï occidental, le cas du professeur Évariste Boshab proche collaborateur du Chef de l'État et Secrétaire Général du parti présidentiel, ancien Président de l'Assemblée Nationale et Directeur du cabinet honoraire du Chef de l'État. Il est très consulté et très écouté.

Certains chercheurs n'hésitent pas à déclarer que les notables présentent des attitudes peu favorables à la démocratie et au développement de la province, alors que, rétorquent certains notables : toute démocratie dans un pays en voie de développement doit être encadrée.

Après avoir examiné les différentes forces politiques au Kasaï occidental (ethnies, partis politiques et notabilités), venons-en à présent aux considérations sur la morphologie des institutions en vue de découvrir la réalité sur leur fonctionnement.

## SECTION 3. MORPHOLOGIE DES INSTITUTIONS DU KASAÏ OCCIDENTAL ET BILAN DE L'ORGANISATION ET DU FONCTIONNEMENT

### 3.1. L'Assemblée Provinciale du Kasaï occidental

La morphologie et le fonctionnement de l'Assemblée provinciale du Kasaï occidental respectent le jeu des forces politiques en présence que nous avons analysé dans la section précédente. Il s'agit des ethnies, des partis politiques et de l'influence des leaders nationaux.

Pour rappel, comme toutes les provinces du pays, suite à la convocation par la CEI le 18 Décembre 2006 des sessions extraordinaires, au Kasaï occidental, l'organe délibérant a de ce fait :

- Constitué et validé son bureau provisoire dirigé par le doyen d'âge l'honorable Albert MBWESHI MULENDA, actuellement Sénateur ;
- Validé les pouvoirs de ses membres ;

- Coopté les chefs coutumiers ;
- Élaboré et adopté son règlement intérieur ;
- Élu et installé les membres de son Bureau définitif.

Il faut noter que l'adoption du règlement intérieur a été facilitée par l'envoi à toutes les provinces par le Ministre de l'Intérieur d'un projet de règlement intérieur type inspiré des règlements intérieurs de deux chambres du Parlement congolais. Pour l'essentiel, ce projet type du règlement intérieur détermine le nombre, le mode de désignation, la composition, le rôle et la compétence des commissions permanentes, ainsi que la création et le fonctionnement des commissions spéciales et temporaires, l'organisation des services administratifs, sans oublier les prérogatives du bureau et de la plénière.

### *3.1.1. Constitution du bureau*

L'Assemblée provinciale du Kasaï Occidental comprend 54 députés provinciaux dont 4 cooptés en raison de 2 par districts. Son bureau a été élu et installé le 14 janvier 2007.

Pour élire ce bureau et en perspective de l'élection du Gouvernement de Province, un accord tacite respectant leur géopolitique a été conclu. En effet le Président de l'Assemblée devrait être du district du Kasaï, donc de l'Unité Kasaïenne et le Vice-président du district de la Lulua. Cet accord fut effectivement exécuté. Les deux candidats à ce poste Omer MIJIMBU et MIAKA étaient tous du district du Kasaï. Omer Mijimbu de l'ADEL/Radical a été élu Président de l'Assemblée provinciale.

Quelles sont les raisons qui ont milité à sa victoire ? Les uns argumentent que c'est en raison de sa tribu Pende qui compte 7 députés dans le district et son territoire de Kamonia (Tshikapa) compte à lui seul 17 députés, alors que le PPRD Miaka, élu de Mweka, se retrouve seul élu Kuba avec 3 Kete de son territoire. D'autres par contre insistent, sans réfuter l'argument ci-dessus, que c'est plutôt et avant tout le choix de l'Honorable Évariste Boshab qui a pesé. Il a choisi Omer MIJIMBU contre son propre frère Miaka faisant ainsi un clin d'œil à cette tribu majoritaire de Tshikapa en vue de garder son leadership sur la Province[1].

D'autres encore ont accordé beaucoup de chance à Omer Mijimbu en raison de son expérience politique[2]. Notons que Miaka aussi avait une

1. Entretien avec l'Honorable KAWINO Deller, actuel Vice-gouverneur, Novembre 2013.
2. Ancien Vice-ministre, membre de plusieurs cabinets ministériels nationaux et président national du parti ADEL/Radical.

longue expérience dans l'administration publique[1]. Mais, ce sont les jeux des alliances qui ont finalement gagné car comment comprendre qu'un élu d'un parti (ADEL/Radical) avec un seul siège sur 54 peut avoir le dessus sur un candidat d'un grand parti (PPRD) qui a 14 élus ? Ceci démontre tout le sens de notre analyse des pages précédentes.

**Tableau n° 2 : Composition du 1er Bureau de l'Assemblée provinciale du Kasaï occidental**

| N° | Fonction | Noms | Niveau d'études | District et ethnie | Parti politique | Territoire |
|---|---|---|---|---|---|---|
| 1. | Président | Omer MIJIMBU CHACAL | DES | KASAÏ/Pende | ADEL/R | TSHIKAPA |
| 2. | Vice-président | Valéry NTOLO KALONGA | D6 | LULUA/ Lulua | MLC | DIBAYA |
| 3. | Rapporteur | Manix KABWANGA | G3 | LULUA/ Musalampasu | MLC | LUIZA |
| 4. | Rapporteur-Adj. | Deller KAWINO NDONGO | L2 | KASAÏ/Pende | PPRD | TSHIKAPA |
| 5. | Questeur | Espérant NGINDU | L2 | KASAÏ/ Lulua | RCD, actuellement au Député National PPRD | LUEBO |

Source : *Le Trombinoscope et les échos de l'Assemblée provinciale du Kasaï occidental*, mensuel d'informations et d'analyses sociopolitiques n° 001/KNG/RDC/ 2011, pp. 2-4.

Le Bureau ainsi installé appelle un certain nombre des commentaires :

- Le niveau d'études des membres du Bureau est bon, presque tous sont universitaires en dehors du Vice-président ;
- Aucune femme n'est présente au Bureau ;
- Le poids des partis politiques ne joue pas un rôle majeur dans la distribution des postes ;

---

1. Médecin, il fut secrétaire général au Ministère de la Santé, décédé en Mars 2014.

- Le respect de l'alliance tacite Lulua-Kasaï (Unité Kasaïenne) est observé ;
- La variable Majorité-opposition est faiblement ressentie car deux opposants du MLC s'en sortent facilement avec deux postes non moins importants, celui du Vice-président et de Rapporteur.

Cette composition du Bureau n'a pas résisté aux différentes mutations qu'a connues la Province. Seul le Président de l'Assemblée est encore en poste, mais tous les autres membres du Bureau ont été remplacés.

Le 12 Mars 2009 le Vice-président Valery Ntolo du MLC est déchu de ses fonctions pour incompétence, détournement, absentéisme et insubordination après une plénière très agitée. Il est remplacé par l'Honorable Pauline Kamuandu du Mouvement Social pour le Renouveau mais du même district que Valery Ntolo (Lulua). Mme Pauline est une élue de Kananga.

En date du 4 Octobre 2010, l'Honorable Manix Kabwanga (MLC) a été remplacé par l'Honorable Kabeya Mulempumpu au poste du Rapporteur. Le nouveau Rapporteur est Lulua, élu de Demba dans le parti Force du Futur.

Aux élections du 28 Novembre 2011, l'Honorable Ngindu Shindany Espérant de Luebo, élu député national, a été remplacé au poste de questeur par l'Honorable David Pongo Mubambara le 19/05/2012. Il est d'Ilebo.

Le 13 Décembre 2013, Deller Kawino du PPRD, élu Vice-gouverneur, est remplacé à son poste de Rapporteur-Adjoint par Mandjwandjwa Lutumba (RCD/ADL). Le 13 Février 2013, la Vice-présidente Pauline Kamwandu du MSR démissionne. Elle est remplacée par l'Honorable Daniel Mbayi (Lulua) du RCD mais actuellement du PPRD. Ainsi la configuration actuelle du bureau de l'Assemblée provinciale se présente comme suit :

**Tableau n°3 : Composition actuelle du Bureau de l'Assemblée provinciale du Kasaï Occidental**

| N° | Fonction | Noms | Niveau d'études | District et ethnie | Parti politique | Territoire |
|---|---|---|---|---|---|---|
| 1. | Président | Omer MIJIMBU SHA-KALAU | DES | KASAÏ/ Pende | ADEL/R | TSHIKAPA |
| 2. | Vice-président | Daniel MBAYI | L2 | LULUA/ Lulua | RCD puis PPRD | DIBAYA élu à Kananga |
| 3. | Rapporteur | Thonny KABEYA | L2 | LULUA/ Lulua | Force du Futur | DEMBA |
| 4. | Rapporteur-Adjoint | Médard MANDJWANDJWA | L2 | KASAÏ/ Wongo | RCD puis ADL | ILEBO |
| 5. | Questeur | David PONGO | L2 | KASAÏ/Lele | PPRD | ILEBO |

Source : Le Trombinoscope, p. 4.

Comme on peut le constater, les crises observées au sein du Bureau de l'Assemblée provinciale sont le reflet des manœuvres politiciennes des acteurs pour leurs intérêts personnels au détriment de la province. La majorité s'est renforcée et aucun membre du MLC n'est au Bureau. Il y a lieu de rappeler que dans l'ensemble les Lulua et Luba du MLC ont pratiquement quitté ce parti après le refus des originaires de l'Équateur qui considèrent ce parti comme leur propriété et ont même empêché François Mwamba de le diriger.

Le district du Kasaï occupe trois postes contre deux pour celui de la Lulua. Le Territoire d'Ilebo occupe 2 postes (Rapporteur adjoint et Questeur). Le parti politique ne joue plus le rôle de la distribution des postes. L'on a constaté sur ce tableau qu'un PPRD est remplacé au bureau par un autre parti. Il en est de même de la Vice-présidente, élue MSR. Ce qui compte c'est l'ethnie ou le district. Ces crises ont eu des répercussions au niveau de l'exécutif provincial.

Le tableau ci-dessous présente la morphologie de l'Assemblée provinciale du Kasaï occidental.

**Tableau n° 4a : Liste des Députés provinciaux du Kasaï Occidental (Tribus, parti politique, territoire, district, études faites et observations)**

| N° | Noms & Post-noms | Tribus | Parti politique | Territoire | District | Études faites | OBSERVATIONS |
|---|---|---|---|---|---|---|---|
| 1. | Batumona Baya Benjamin | Lulua | RCD | Dibaya | Lulua | D6 | A remplacé Muamba Tshitshi invalidé pour mauvais comportement |
| 2. | Isya Isya Clovis | Bindi | PDS puis PPRD | Luiza | Lulua | G3 | Nommé Ministre provincial/G.Kande |
| 3. | Kabeya Mulempumpu Johnny | Lulua | Force du Futur | Demba | Lulua | L2 | Rapporteur de l'A.P. |
| 4. | Kabuanga Kabuanga Manix | Salampasu | MLC | Luiza | Lulua | G3 | Rapporteur honoraire de l'A.P. |
| 5. | Kamuandu Kamuandu Pauline | Lulua | MSR | Dibaya | Lulua | D6 | élue à Kananga, V.P. honoraire du Bureau. |
| 6. | Kamuaye Mupanga François-Xavier | Lulua | PPRD | Demba | Lulua | G3 | |

| | | | | | | | |
|---|---|---|---|---|---|---|---|
| 7. | Kamuitu Lubadi Augustin | Bindi | PPRD | Kazumba | Lulua | L2 | Prés. du G.P. PPRD. |
| 8. | Kanunduwi Kalamba Luse Hubert | Lulua | Coopté oppos. | Demba | Lulua | | |
| 9. | Kasonga Bilolo Raphaël | Lulua | Ind./ opp. | Demba | Lulua | L2 | Benjamin de l'A.P. |
| 10. | Katanga Kuanjikona André | Lualua | RCD | Demba | Lulua | D6 | Décédé, à remplacer. |
| 11. | Malumba Mbangula Jean-Marc | Lulua | MLC/ CAAC | Kananga | Lulua | L2 | Remplace A. Kande à l'A.N. et à remplacer à l'A.P. |
| 12 | Mambombo Sasad Assan | Kete | | Luiza | Lulua | G3 | A remplacé l'Hon. Mutuona nommé M.P./G. KAPUKU |
| 13. | Mangala Mbuyambemba Médard | Bindi | MLC | Kazumba | Lulua | PP4 | |
| 14. | Mashala Bambi Gaspard | Bindi | PPRD | Dimbelenge | Lulua | G3 | |
| 15. | Mbayi Bakatuyila Daniel | Lulua | RCD | Dibaya | Lulua | L2 | Élu à Kananga, adhésion au PPRD en 2011 et V.P. de l'AP |
| 16. | Muipatayi Kabundi Valentin | Luntu | PPRD | Dimbelenge | Lulua | D6 | |
| 17. | Mujangi Dibinga Ibrahim | Lulua | | Demba | Lulua | G3 | |
| 18. | Mukenge Masanka Ambroise | Lulua | ULDC | Dibaya | Lulua | L2 | |
| 19. | Ngalamulume Kadiebue Elie | Lulua | UMR | Demba | Lulua | D6 | |
| 20. | Ntenda Ntenda Martin | Lulua | INDEP | Kazumba | Lulua | L2 | Élu Député national en 2011, à remplacer. |
| 21. | Ntolo Kalonga Valérie | Lulua | MLC | Dibaya | Lulua | D6 | Vice-président honoraire du Bureau. |
| 22. | Tafu Shambuyi Hyppolite | Bindi | PDS | Kazumba | Lulua | PP2 | |
| 23. | Tshiazenga Kankunku Esperance | Bambala | PDC | Luiza | Lulua | L2 | Benjamine de l'Assemblée provinciale, Ministre / G./Kabasu Babo. |
| 24. | Tshikenda Ntambua Paul-Vincent | Kete | Coopté PPRD | Dibaya | Lulua | PP2 | |

Source : Bureau d'études de l'Assemblée provinciale du Kasaï occidental, service d'archives.
ND : non données

**Tableau n° 4b : Liste des Députes provinciaux du Kasai Occidental (Tribus, parti politique, territoire, district, études faites et observations)**

| N° | Noms & Post-noms | Tribus | Parti Politique | Territoire | District | Études faites | OBSERVATIONS |
|---|---|---|---|---|---|---|---|
| 1. | Bafuafua Kalala Muambayi Bakam | Luba/ Mbuji-Mayi | UMR | Luebo | Kasaï | PP4 | Décédé, à remplacer |
| 2. | Bukumba Makangu Tumba | Kete | PPRD | Mweka | Kasaï | L2 | |
| 3. | Djengo Kambembo Josée | Lele | MLC/ CAAC | Ilebo | Kasaï | L2 ISP | |
| 4. | Kakhotshi Bondo Romain | Pende | ARC | Tshikapa | Kasaï | L2 RI | |
| 5. | Kalemba Tshibuabua Réné | Nyambi/ Lul | MLC | Tshikapa | Kasaï | G3 | |
| 6. | Kawino Ndongo Deller | Pende | PPRD | Tshikapa | Kasaï | L2 | Élu V.G. à remplacer |
| 7. | Komuesa Kalunga Adolphe | Pende | PPRD | Tshikapa | Kasaï | Dr Théologie | Élu D.N., ancien V.G. à remplacer. |
| 8. | Kushidi Shamungamba Hubert | Tshokwe | PPRD/ Coopté | Tshikapa | Kasaï | G3 | |
| 9. | Kwanga Kanzombola Kajama | Pende | MLC | Tshikapa | Kasaï | PP2 | |
| 10. | Lukalu Kapinga Tshimbundu | Lulua | Coopté PPRD | Luebo | Kasaï | N'a pas étudié | |
| 11. | Lutonga Ntumba Dennis | Lulua | MLC | Luebo | Kasaï | D6 | |
| 12. | Madila Mabiayi Kalamba François | Nyambi/ Lulua | INDEP | Tshikapa | Kasaï | L2 | |
| 13. | Mandjuandjua Lutumba Médard | Wongo | RCD/ ADEL | Ilebo | Kasaï | L2 | |
| 14. | Mfutu Ncikala Futurus Jacques | Ndengese | UCOBS puis PPRD | Dekese | Kasaï | G3 | Membre de la Conférence des présidents en violation du règlement intérieur. |
| 15. | Mijimbu Tsha-Kalau Omer | Pende | ADEL/Rad. | Tshikapa | Kasaï | DES/ | Président de l'A.P. |
| 16. | Minga Shanga Zacharie | Kuba | PPRD | Mweka | Kasaï | L2 | A remplacé MIAKA exclu pour changement de parti |

| | | | | | | | |
|---|---|---|---|---|---|---|---|
| 17. | Mudilele Mayi Malomba Léon | Nyambi | MLC | Tshikapa | Kasaï | L2 | |
| 18. | Mukongo Kungu Zacharie | Lulua/Dem. | UCOBES | Tshikapa | Kasaï | D6 | Élu à Tshikapa |
| 19. | Mundayi Kishiko David | Pende | PPRD | Tshikapa | Kasaï | L2 Eco | A remplacé MBINGO élu V.G. en 2007 et D.N. 2011. |
| 20. | Mutombo Mona Tshiebe Clément | Nyambi/ Lulua | RCD | Tshikapa | Kasaï | D6 | |
| 21. | Mutu Mbula Benyi Victor | Badinga | PPRD | Tshikapa | Kasaï | PP4 | A remplacé TSHIHUDIA décédé. |
| 22. | Mutunda Kimuanga Emmanuel | Pende | PALU | Tshikapa | Kasaï | D6 | Remplace Mme Nono Kinona, MP/G. KAPUKU. |
| 23. | Nasha Kale Buana Hilaire | Nyambi/ Lulua | FRODECO | Tshikapa | Kasaï | G3 | Remplace MUKAYA déc. |
| 24. | Ngindu Shindani Espérant | Lulua | RCD puis PPRD | Luebo | Kasaï | L2 RI | Élu D.N.PPRD en 2011 |
| 25. | Nyimi Kakueye Perominenge | Lele | Coopté/ PPRD | Ilebo | Kasaï | Primaires | Chef coutumier |
| 26. | Pongo Mubambara David | Lele | PPRD | Ilebo | Kasaï | L2 | Questeur, a remplacé BULAMBO René décédé |
| 27. | Sanga Mashala Roger | Kete | RCD | Mweka | Kasaï | D6 | A remplacé MBWESHE Albert élu Sénateur en 2007. |
| 28. | Shamba Kwete Jonas | Kete | MLC | Mweka | Kasaï | G3 | |
| 29. | Tshikuayi Ntumba Abdallah | Nyambi/ Lulua | MLC | Tshikapa | Kasaï | L2 | Remplace NGOVE, élu Sén. en 2007 et D.N. en 2011 pour le PPRD. |
| 30. | Tshiminyi Kande Justin | Luba du Kas-orient. | UREC | Tshikapa | Kasaï | D6 | Élu à Tshikapa. |

Source : Bureau d'études de l'Assemblée provinciale du Kasaï occidental, service d'archives.

Comme commentaire, il faut noter qu'aucun parti politique n'a la majorité absolue de sièges pour former un Gouvernement cohérent, stable et soutenir son projet de société à travers un programme d'action. Il est en effet difficile d'avoir la majorité à cause du mode du scrutin contenu dans la loi électorale. Cette situation est aussi à la base des conflits et instabilité des institutions provinciales. Et puis, la grande tendance vers 2010, les députés de « petits partis » ont adhéré au PPRD, certes sous l'influence d'Évariste Boshab, Secrétaire Général du PPRD.

*3.1.2. Organisation et fonctionnement*

L'Assemblée provinciale du Kasaï occidental, comme toutes les autres du pays, fonctionne avec la plénière, le Bureau, les commissions permanentes, les groupes parlementaires et le comité des sages. La conférence des présidents qui est un organe important est composée des membres du bureau, des présidents des groupes parlementaires, des présidents des commissions permanentes et du comité des sages.

Cette institution du Kasaï occidental est composée de cinq commissions permanentes à savoir : la commission politique, administrative et juridique, la commission économique et financière, la commission socioculturelle, la commission d'aménagement de la Province et infrastructures et la commission genre et parité[1]. Contre tout respect de leur propre règlement, le nombre des groupes parlementaires va toujours croissant, parfois avec moins de quatre députés par groupe. Les députés provinciaux changent de groupe parlementaire à leur gré. À ce jour, la conférence des présidents compte 27 membres sur 54 députés provinciaux. Ce qui n'est pas normal. L'Assemblée provinciale du Kasaï occidental compte 17 groupes parlementaires dont les plus stables sont le PPRD, UN, et le RCD aujourd'hui en décomposition totale. La multiplication des groupes parlementaires est justifiée par le souci de se procurer des avantages reconnus aux groupes dans le règlement intérieur.

Sur les 54 élus du Kasaï occidental, il y a 3 femmes dont la plus jeune a été au bureau provisoire et l'autre la cinquantaine révolue a passé trois ans au bureau définitif comme Vice-présidente avant de démissionner. Sur les 54 députés provinciaux, un seul a un Diplôme d'Études Supérieures (DES), 20 ont un diplôme de licence, 11 gradués et 22 autres ont un profil non universitaire.[2]

Sur le plan de fonctionnement interne, il faut noter que l'assemblée provinciale du Kasaï occidental a abattu un travail parlementaire moyen au regard de différents recueils des procès-verbaux des sessions ordinaires et extraordinaires, même si le niveau de débat pose problème.

---

1. Règlement intérieur de l'Assemblée provinciale Kasaï occidental, art. 38. En 2009, la plénière a créé une cinquième Commission, celle des aménagements et Infrastructures de la Province.
2. Archives de l'Assemblée provinciale, 2008, inédit.

Il convient de signaler que sur le plan législatif de 2007 à 2014 l'Assemblée provinciale a adopté 22 édits[1]. Bien entendu, il y a des édits annuels relatifs à la loi des finances provinciales.

Quant au contrôle parlementaire, 182 initiatives ont été enregistrées[2]. Parmi celles-ci on cite des enquêtes parlementaires, des missions d'information, des questions orales avec ou sans débat, des questions écrites, 5 questions d'actualité, une motion de censure et trois mises en accusation des membres du bureau. L'Assemblée provinciale du Kasaï occidental a organisé 279 séances plénières pour dix sessions ordinaires et trois extraordinaires.

Ces statistiques témoignent que l'Assemblée provinciale a produit dans tous les cas un travail remarquable pendant sept ans. Mais, comme on l'indiquera plus loin, cette institution est l'objet des critiques au point de vue de la qualité du travail accompli.

En parcourant tous les édits adoptés, l'Assemblée provinciale a délibéré dans les domaines des compétences exclusives aux provinces, en contrôlant le gouvernement provincial et les services publics provinciaux parfois en se substituant à l'organe exécutif surtout que les provinces n'ont pas encore leurs services propres. Il faut noter que l'Assemblée n'a pas même contrôlé la tranche annuelle de programme du Gouvernement sur base duquel il a été investi en 2007 par elle. Le contrôle politique proprement dit visait généralement les intérêts personnels et les règlements de compte. (Lire en annexe quelques initiatives de contrôle parlementaire).

En ce qui concerne les ressources humaines, il y a des députés et le personnel de l'Administration provinciale. Les députés élus viennent de tous les cercles : enseignement, administration publique et de tous les corps de métiers. Les cooptés sont des chefs coutumiers. Leurs origines diverses posent problème comme nous aurons à le démontrer plus loin.

Quant aux finances, l'Assemblée provinciale dépend à 100% de rétrocessions qui viennent du pouvoir central. Dans l'enveloppe globale allouée à la Province du Kasaï occidental, ainsi que l'indique le tableau n° 9, l'Assemblée provinciale reçoit près de 35% de celle-ci.

C'est sur cette subvention qu'on paye les émoluments des députés, les frais des missions, le fonctionnement de l'Assemblée en général, les salaires des agents et cadres de l'administration de l'Assemblée provinciale, les commissions permanentes, les groupes parlementaires, etc. Quelques-uns nous ont été présentés[3] :

---

1. Statistiques, Bureau d'études, inédit, 2013.
2. Propos recueillis auprès du Président de l'Assemblée provinciale Kasaï Occidental, Novembre 2013.
3. Questeur de l'Assemblée provinciale Kasaï occidental, David Pongo, Novembre 2013.

- Émolument du député : 2.800.000 FC/ Mois ;
- Prime groupe parlementaire : 208.000 FC/Mois ;
- Prime commission permanente : 300.000 FC/Mois.

Comparativement à d'autres provinces, ces montants sont les plus bas du pays. Il faut noter que sept suppléants attendent d'être validés depuis plus d'une année pour certains. Ceci devient difficile car les fonds destinés à leur émolument sont incorporés comme bonus dans les émoluments de 47 députés qui siègent actuellement.[1]

Que peut-on conclure du fonctionnement de l'Assemblée provinciale du Kasaï occidental ?

Malgré la volonté apparente affichée par les députés à défendre les intérêts du peuple, toute l'instabilité observée au bureau est une conséquence de leurs ambitions personnelles. Des édits ont été votés et promulgués, le contrôle parlementaire a atteint un niveau moyen, mais le premier moteur du développement ; c'est l'Exécutif provincial.

## 3.2. Le Gouvernement provincial du Kasaï occidental

L'organisation du Gouvernement provincial de toutes les provinces du pays est régie par l'article 198 de la Constitution du 18 Février 2006 d'une part, et d'autre part par les articles 22 à 26 de la loi n° 08/012 DU 31 Juillet 2008 portant principes fondamentaux relatifs à la libre administration des provinces.

Les Gouverneurs et Vices-gouverneurs, après leur élection par l'Assemblée provinciale, sont investis par ordonnance du Président de la République.

Quelle est la situation propre au Kasaï occidental ?

### *3.2.1. Crise et instabilité au Gouvernement du Kasaï occidental*

Le Kasaï Occidental est parmi les provinces ayant connu plus de crises et d'instabilité gouvernementales par rapport à d'autres. La province est à son troisième gouverneur, Monsieur Alex KANDE qui a remplacé Hubert KABASU BABU, venu au pouvoir en remplacement de Trésor KAPUKU NGOY. L'on ne peut pas parler de l'exécutif provincial sans faire référence de temps en temps à l'organe délibérant. Les institutions provinciales du Kasaï occidental rencontrent des difficultés pour trouver un rythme leur permettant de fonctionner efficacement.[2]

---

1. Idem, Nov. 2013.
2. BOUVIER, P., *Op. Cit.*, p. 268.

Dès les premiers temps de leur installation, les relations entre le législatif et l'exécutif s'avèrent très difficiles. En Mai 2011, le gouverneur de Province Hubert Kabasu Babu, nouvellement élu, avait déclaré lui-même que : le Kasaï occidental est mal vu de l'extérieur, à cause de l'instabilité des institutions issues des élections démocratiques de 2006[1]. Analysons pour plus de clarté les différents épisodes des gouvernements provinciaux qui se sont succédé au Kasaï occidental depuis 2007.

3.2.1.1. L'épisode du Gouverneur Trésor KAPUKU

Notons de prime à bord que la liste des candidats Gouverneurs et Vice-gouverneur de l'AMP[2], était composée de Kapuku (RCD) et de Mbingho (PPRD). C'est en réalité l'alliance entre PPRD et RCD au Kasaï occidental, alors qu'au niveau national le RCD est dans l'opposition. Mais, comme nous l'avons souligné ci-haut, c'est un arrangement tacite entre ethnies : Kapuku est Lulua et Mbingho est Pende du District du Kasaï.

Déjà le 4 janvier 2007, l'Assemblée provinciale dépose une motion de défiance contre le Gouverneur KAPUKU pour avoir violé la Constitution et manque de collaboration avec l'Assemblée provinciale[3]. Il s'agissait vraisemblablement d'un conflit entre le Gouverneur et l'Assemblée, à cause du refus du Gouverneur à céder les clés de la résidence officielle du Président de l'Assemblée provinciale. Devant la motion, le Gouverneur saisit la Cour Suprême de Justice en annulation de ladite motion pour violation de la Constitution, étant donné, entre autres, qu'elle avait été soumise au suffrage des députés alors que le programme d'action du Gouvernement provincial n'avait pas encore été reçu, le Gouvernement pas encore investi. Dès lors, il n'existait pas encore des liens juridiques entre lui et l'Assemblée provinciale. Par l'arrêt du 31 juillet 2007, la Cour Suprême de Justice déclara inconstitutionnelle la décision de l'Assemblée provinciale.[4]

Le problème étant le plus souvent abordé sous l'angle juridique plutôt que sur le fond, la situation provoqua pas mal d'émoi et de commentaires à Kananga et même à Kinshasa. Considérer qu'un Gouverneur élu et investi par le président de la République ne serait pas entré en fonction parce que son programme n'aurait pas été approuvé par l'Assemblée Provinciale et inférer qu'une motion dirigée contre cette autorité est prématurée ne

---

1. *Idem*, p. 268.
2. AMP : Alliance de la Majorité Présidentielle.
3. Propos recueillis auprès de l'honorable MBINGHO Hubert, Député National élu de Kamonia et ancien Vice-gouverneur du Kasaï occidental, Juin 2013.
4. Arrêt n° R. Const. 51/TSR du 31 juillet 2007.

semble pas traduire la volonté du constituant. Par sa décision, la Cour Suprême de Justice donne l'impression de prédisposer ses arrêts à des critiques.[1]

Mais, les rapports entre le Gouvernement KAPUKU et l'Assemblée provinciale n'allaient pas tarder à achopper sur d'autres griefs qui conduisirent en fin de compte à son éviction. Le premier qui fit scandale est un incident protocolaire. En effet, l'épouse du Gouverneur a protesté de l'accueil qui lui fût réservé à bord de l'avion de la Compagnie CAA[2] le 10 novembre 2007 à l'aéroport de Kananga. Elle voulait en effet s'asseoir à une place qui ne lui était pas réservée. Faisant suite à cela, le Gouverneur ordonna l'arrestation immédiate du Chef d'escale de CAA, mesure considérée comme abus de pouvoir.

Un autre dossier est l'incident sécuritaire survenu le 15 Août 2010 dans le village de Luandanda à 20 Km de Kananga. Les échauffourées entre la garde rapprochée du Gouverneur et les villageois partisans du chef de groupement de Luandanda, que le Gouverneur avait l'intention de destituer se soldèrent par la mort du garde du corps du Gouverneur et trois blessés.[3] Deux jours après, un incendie éclata dans une partie de la résidence du Gouverneur à Kananga.

Enfin, une dernière affaire est celle qui fit l'objet d'une plainte déposée auprès du Parquet Général de la République par le réceptionniste des établissements Kin Med. Celui-ci était victime en décembre 2010 d'un passage à tabac[4] par les gardes du Gouverneur KAPUKU sur les ordres de celui-ci. Le motif avancé était le refus du gérant de l'hôtel Kin Med de loger un hôte du Gouverneur. La conséquence de ces événements était attendue. L'Assemblée provinciale avait à se prononcer sur la réponse à donner au réquisitoire que lui avait adressé le PGR, Flory Kabange Numbi, aux fins de lever l'immunité du gouverneur et pouvoir entamer les poursuites contre lui.

Le 11 Février, le Vice-premier ministre, Ministre de l'intérieur et sécurité de l'époque, Adolphe Lumanu arrive à Kananga en mission de service. D'après lui, il est à Kananga pour trouver des solutions tout à

---

1. ESAMBO KANGASHE, J.L., *La Constitution congolaise du 18 Février 2006 à l'épreuve du constitutionnalisme. Contraintes pratiques et perspectives*, Collection Bibliothèque de droit africain, Academia Bruyant, Belgique, 2010, p. 133.
2. Propos recueillis auprès de l'honorable Pauline KAMWANDU, alors Vice-présidente de l'Assemblée provinciale, Février 2013.
3. Propos recueillis auprès de l'honorable KAWINO, actuel Vice-gouverneur du Kasaï occidental, Nov. 2013.
4. Le réceptionniste de KIN MED a été frappé et son bras cassé (sic !).

fait consensuelles… en évitant que l'ordre public soit troublé.[1] Son arrivée a été perturbée par des incidents entre la police et des jeunes manifestants pro-Kapuku, dont le bilan fut de deux blessés. Les députés provinciaux refusèrent de lever l'immunité de Kapuku. Mais, ce dernier ayant perdu la confiance de certaines autorités du pouvoir central, sera retenu à Kinshasa et contraint à démissionner. C'est en fin de compte la démission de Kapuku lui-même par lettre adressée au Président de la République, le 3 Février 2011, et acceptée le 1er Mars 2011 par ce dernier, que prit fin le feuilleton politico-juridique et administratif de Kapuku. L'intérim fut assuré par le Vice gouverneur Hubert Mbingho. Kapuku a quitté le RCD pour l'UCP[2].

Beaucoup d'observateurs avertis notent que le pouvoir central pèse lourdement sur les décisions et autres considérations au niveau provincial.

#### 3.2.1.2. L'épisode du Gouverneur KABASU BABU

L'élection du successeur de Trésor KAPUKU, le 18 Avril 2011 ne s'est pas déroulée dans un climat apaisé. Une délégation du PPRD et MP composée du Président de l'Assemblée nationale, Évariste Boshab, du Vice premier ministre Lumanu et du Secrétaire Exécutif adjoint de la MP Koyagialo arrive à Kananga pour faire gagner le candidat Kabasu Babu (RCD) à l'élection du Gouverneur et ramener l'apaisement dans la ville. La campagne se déroula dans un environnement politique très particulier. Plusieurs observateurs ont parlé d'un scrutin truffé de bizarreries. D'autres rapportent les propos du candidat Patrice SESANGA qui, après avoir accepté démocratiquement les résultats, estime néanmoins avoir été victime d'une machination de corruption montée contre lui. Notons que le score était très serré 27/25.

Le nouveau Gouverneur élu, Hubert KABASUBABO KATULONDI, candidat de la Majorité présidentielle, fut à un moment donné, secrétaire général du RCD, poste qu'il quitta pour rejoindre le PPRD. Kabasubabo est un Lulua, son colistier, Monsieur Adolphe Komuesa est originaire du district du Kasaï, et est Pende. Comme pour dire que la logique de 2007 était toujours d'actualité entre les ethnies de ces deux districts. Actuellement Monsieur Kabasubabo est à l'Union des Congolais pour le Progrès (UCP), parti politique membre de la Majorité Présidentielle.

Comme annoncé, le parcours de l'Assemblée provinciale face aux problèmes de l'Exécutif, fut très agité. Dès 2008, l'Assemblée provinciale

1. BOUVIER, P., *Op. Cit.*, p.269.
2. UPC : Union des Congolais pour le progrès, parti politique présidé par l'Honorable Eugène SERUFULI, ancien membre du RCD/Goma.

fut accusée de mauvaise gestion. Une délégation de députés provinciaux de l'opposition séjournant à Kinshasa avait dénoncé les dysfonctionnements de leurs institutions en accusant le Président Omer MIJIMBU, d'être responsable de la paralysie de celle-ci du fait de son comportement autocratique. Utilisant son droit de réponse, Mijimbu réfuta point par point les affirmations considérées comme mensongères et dénuées de preuves portées à son égard par les députés provinciaux de l'opposition cherchant, selon lui, à déstabiliser les institutions politiques de la province afin de renverser la majorité parlementaire.

Le 20 Février 2009, la société civile qualifia d'irresponsable l'éternel conflit entre l'exécutif et le législatif de cette province à cause, d'après elle, de l'amateurisme et de l'immaturité politique de certains acteurs politiques provinciaux. Dans son discours d'ouverture de la session ordinaire de juillet 2011, le Président de l'assemblée signalait que 4 édits votés en commission n'étaient pas adoptés en plénière pour des raisons techniques. Il demanda au gouverneur de libérer les Ministres des finances et des infrastructures pour leur permettre de participer aux débats. Il évoquait aussi le fait que l'Assemblée provinciale faisait l'objet d'attaques sur ces réalisations et sur le nombre des plénières tenues, critiques qu'il s'efforça de désamorcer.

En juin 2009, un sénateur honoraire, membre de l'AMP déclara aussi ceci : l'imposant accueil réservé par la population à la délégation du MLC traduit le ras-le-bol des populations locales à l'endroit des politiciens de la Province accusés d'assouvissement de leurs intérêts égoïstes, de pécher par le tribalisme, l'exclusion et la vengeance. Cet accueil constitue enfin un cinglant démenti à tous les rapports complaisants envoyés à l'AMP et à son autorité morale[1].

Mais, une nouvelle vague de complications attendait l'Assemblée provinciale début 2011 car une guerre larvée a éclaté entre la majorité et l'opposition. Suite au départ inopiné du bureau de l'assemblée provinciale et à son absence persistante, les députés de l'opposition s'élevèrent contre l'arrêt des activités de l'assemblée alors en pleine session et menacèrent d'installer « un bureau de crise » si les activités ne reprenaient pas. Ce qu'aucune disposition légale n'autorise, estima le président de l'assemblée. En fait, le dossier Kapuku provoquait des dissensions au sein de l'assemblée. Le président de celle-ci se déclarait favorable au retour du gouverneur pour permettre de répondre au réquisitoire du PGR, tandis que

1. Il s'agit du Sénateur de transition (1+4), Monsieur TSHIMANGA.

les députés PPRD et ceux de l'opposition, en accord surprenant, s'y opposaient.

Le 3 Mars, 32 députés votent un acte motivé de mise en accusation de quatre membres sur cinq du bureau de l'organe délibérant de la province. Il s'est agi du Président, du Vice-président, du Rapporteur et du Questeur qui sont reprochés d'avoir mis à l'écart le dossier Kapuku, les missions intempestives et budgétivores de la quasi-totalité des membres du bureau et le refus obstiné du contrôle interne des finances de l'Assemblée provinciale au début de la session ordinaire de janvier 2011.

Le 19 Mars un nouveau bureau est mis en place présidé par l'Honorable Miaka Miabilenge. L'élection s'est déroulée dans le local du cercle privé de la SNCC, la salle habituelle des réunions étant fermée et sous surveillance de la police. Et l'Assemblée était dans l'impasse avec 2 bureaux et la session s'est clôturée sur fond de crise. Deux cérémonies de clôture ont été organisées par deux bureaux parallèles. Ce n'est qu'après que Mijimbu sera rétabli dans ses fonctions et a appelé les frondeurs au respect de la légalité.

3.2.1.3. Déchéance du Gouverneur KABASU BABU et élection de Monsieur Alex KANDE

Le 2 Juin 2012, 25 députés provinciaux déposent une motion de censure à l'endroit du Gouvernement provincial du Kasaï occidental. (Voir annexe n° 5).

Les raisons qui militent en faveur de cette motion contre le Gouvernement Kabasu Babu sont nombreuses. C'est notamment, la violation de l'édit portant création de la Brigade de mobilisation des recettes, l'incapacité d'activer des impôts cédés à la province, l'absence criante des données statistiques indicatrices de la mobilisation des recettes, l'incapacité manifeste de rétrocéder aux ETD les 40%, la dilapidation des ressources de la province en effectuant des voyages à l'étranger, l'incapacité d'exécution du programme minimum lui remis par l'Assemblée provinciale pour 100 jours et l'exécution des projets d'investissement sur l'ensemble de la Province, etc.

Le Gouverneur Kabasu Babu est déchu de ses fonctions et du coup il y a un vide à la tête de la province étant donné que son Vice gouverneur Adolphe Komwesa a été élu député national aux élections de novembre 2011. Bref, Il est reproché à Kabasu Babu une mauvaise gestion des deniers publics et des voyages intempestifs en dehors de la province et du pays.

En l'absence du Gouverneur (déchu) et du Vice-gouverneur (élu à l'Assemblée nationale), c'est le Ministre provincial de l'intérieur (pré séant) qui assumera les fonctions du Gouverneur intérimaire de juin à décembre 2012 sans aucun programme. Le Gouverneur intérimaire Mr KATU KANJILA a continué le travail jusqu'en février 2013 car il fallait attendre que le programme du Gouverneur Alex Kande (élu en décembre 2012) soit approuvé par l'Assemblée provinciale. L'accord tacite conclu entre les acteurs politiques en présence a été respecté.

En effet, Alex Kande (Gouverneur) est Lulua, et son Vice-gouverneur PPRD, Deller Kawino est Pende du district de Kasaï. Alex Kande a été élu massivement, soit 41 voix sur 44 députés ayant voté. Son élection a été facilitée par le fait qu'il n'existait plus une majorité basée sur les partis politiques. Les députés (toutes tendances confondues) se sont réorganisés dans une « dynamique » pour la chute de Kabasu et l'élection d'un nouveau Gouverneur. L'ordre serait donné à partir de Kinshasa[1]. La nouvelle dynamique est composée des membres de l'opposition et de la majorité et comprend 33 députés. Après une mission de l'honorable Ramazani Shadary à Kananga du 4 au 5 Novembre 2012 pour détecter les candidats ayant plus d'atouts, Kande et Kawino (Lulua et Kasaï) ont été élus Gouverneur et Vice gouverneur du Kasaï Occidental.

La formation du gouvernement provincial a respecté le principe d'un Ministre par territoire. Voici, pour ce faire, les différents Ministres provinciaux depuis 2007 au Kasaï occidental.

1. Propos recueillis auprès d'un député provincial (anonymat).

**Tableau n° 5 : Gouvernement du Kasaï occidental sous le Gouverneur Trésor KAPUKU**

| N° | Noms et prénom | Fonction | Territoire | Parti Politique |
|---|---|---|---|---|
| 1. | KAPUKU Trésor | Gouverneur | Kananga | RCD |
| 2. | MBINGHO Hubert | Vice-gouverneur | Tshikapa | PPRD |
| 3. | BOKELE Serge | Min. Intérieur | Dekesse | PPRD |
| 4. | MAYI | Min. Agriculture & Développement Rural | Dibaya | PPRD |
| 5. | MUNTU Jérôme | Min. Aménagement | Luiza | RCD |
| 6. | BASHIYA | Min. Fonction Publique | Dimbelenge | Notable |
| 7. | NTUMBA TSHITOKA | Min. Santé | Luebo | RCD |
| 8. | TSHIABA Chantal | Min. Transport, Communication & Finances. | Demba | MSR |
| 9. | MBENGELE | EPSP | Mweka | PPRD |
| 10. | LELE MPANDA MABWE | Min. Information & Presse | Ilebo | ADEL/Radical |
| 11. | KANDE | Min. Mines | Kazumba | |

Source : Archives /Cabinet du Gouverneur, Octobre 2007.

**Tableau n° 6 : Gouvernement du Kasaï occidental sous le Gouverneur KABASU BABO**

| N° | Noms et prénom | Fonction | Territoire | Parti Politique |
|---|---|---|---|---|
| 1. | KABASU BABO | Gouverneur | DIBAYA | RCD/PPRD/UCP |
| 2. | KOMUESA KALUNGA | Vice gouverneur | TSHIKAPA | PPRD |
| 3. | KATUKANJILA | Min. Intérieur | DIBAYA | PPRD |
| 4. | IMBOYO | Min. Mines | ILEBO | ADEL |
| 5. | KAKOTSHI | Min. Transports | TSHIKAPA | ARC |
| 6. | KAMASONO | Min. Aménagement | KAZUMBA | PPRD |
| 7. | MBENGELE | Min. EPSP | MWEKA | PPRD |
| 8. | MAKENGA MANDE | Min. Santé | LUEBO | RCD |
| 9. | BASHIYA | Min. Fonction publique | DIMBE-LENGE | RCD |
| 10. | TSHIAZENGA KANKUNKU Espérance | Min. Aff. Sociales, genre et famille | LUIZA | PDC |
| 11. | KATANA KWANJI KONA André | Min. Finances et Économie | DEMBA | RCD |
| 12. | Fabien BAMPEMBE | Min. Agriculture et Développement Rural | DEKESE | PPRD |

Source: Éléments recueillis auprès des honorables députés Ngindu, Mandjwandjwa, Vetshi et Kalau, Avril 2014.

**Tableau n° 7 : Gouvernement du Kasaï occidental sous le Gouverneur Alex KANDE**

| N° | Noms et prénom | Fonction | Territoire | Parti Politique |
|---|---|---|---|---|
| 1. | KANDE Alex | Gouverneur | Tshikapa | CAAC/ Ancien MLC |
| 2. | KAWINO Deller | Vice-gouverneur | Tshikapa | PPRD |
| 3. | KAMBALA KAMBALA Faustin | Intérieur | TSHIKAPA | CAAC/ Ancien MLC |
| 4. | Mme KANKOLONGO NDAYE | EPSP | KAZUMBA | CAAC/ Ancien MLC |
| 5. | KABANGU MPUTU | Transport | LUEBO | PPRD |
| 6. | ISIA ISIA Clovis | Aménagement du territoire | LWIZA | PPRD/ Ancien PDC |
| 7. | KANYONGA | Santé | DEMBA | UDPS |
| 8. | KAZUMBA William | Finances | DIBAYA | PPRD |
| 9. | IYOLO KONGO | Mines | ILEBO | CAAC |
| 10. | LUKUSA | Affaires foncières | DIMBELENGE | ARC |
| 11. | BOKELE DJEMA Adrien | Agriculture | DEKESE | PPRD |
| 12. | BILENGE | Justice | MWEKA | PPRD |

Source : Constitué par nous-mêmes après entretien avec les Honorables KAWINO (Vice-gouverneur), NGINDU, TSHITOKA et KALAU.

Depuis 2007, l'exécutif a connu plusieurs remaniements ministériels et pour illustrer le désastre, lors du remaniement du 8 Février 2009, le Ministre provincial des finances Monsieur Mutambayi a été arrêté et mis en prison à Kananga pour détournement de fonds dont les salaires des enseignants et autres fonctionnaires. Plusieurs députés accusent les différents Gouverneurs qui se sont succédé de mauvaise gestion des ressources financières. Au Kasaï occidental, le taux d'exécution du budget dépasse rarement les 30%.

**Tableau n° 8 : Barème officiel des émoluments et salaires des membres des institutions du Kasaï occidental :**

| **a. Exécutif provincial** | |
|---|---|
| - Gouverneur | : 5.370.000 FC |
| - Vice-gouverneur | : 4.280.000 FC |
| - Ministre | : 2.750.000 FC |
| - Directeur de cabinet | : 1.750.000 FC |
| - Conseiller | : 1.000.000 FC |
| **b. Assemblée provinciale** | |
| - Président | : 4.500.000 FC |
| - Vice-président | : 4.140.000 FC |
| - Autres membres | : 3.870.000 FC |
| - Députés | : 2.880.000 FC |

Source : Gouvernorat et Assemblée provinciale du Kasaï occidental, Novembre 2013.
Ce barème ne donne pas d'autres avantages.

En conclusion, l'on remarque que les institutions politiques du Kasaï occidental ont fonctionné sur fond des crises aiguës et d'instabilité permanente. L'on s'accorde à affirmer que les animateurs de ces institutions et les interférences de Kinshasa sont parmi les premiers responsables de ce dysfonctionnement à bien d'égards.

L'on peut aussi retenir que les textes légaux et la loi électorale, notamment ne peuvent pas permettre à un parti de s'imposer avec une majorité absolue et soutenir son programme d'action. Les gouvernements sont composés de manière hétérogène avec toutes les conséquences politiques et d'organisation qui en découlent.

## SECTION 4. APPRÉCIATION DES RÉALISATIONS DU GOUVERNEMENT PROVINCIAL EN TERMES DES POLITIQUES PUBLIQUES

L'appréciation des réalisations du Gouvernement doit se fonder sur le programme d'action du Gouvernement pour le mandat 2007-2012.

En parcourant les programmes d'actions présentés par les trois Gouverneurs qui se sont succédé à la tête de cette province, on se rend compte que tous, ont pris le relais des cinq chantiers programmés par le Chef de l'État, à savoir :

- La santé et l'éducation ;
- Le logement ;
- L'emploi ;
- Les routes et les infrastructures ;
- L'eau et l'électricité.

Bien entendu les problèmes sécuritaires figurent dans leurs programmes. Il faut noter que le soutien des députés provinciaux aux programmes d'actions présentés par les différents Gouverneurs s'arrête au jour du vote du programme. Après le vote, ce soutien n'était plus au rendez-vous du fait de la compétition politique entre partis politiques. D'après plusieurs députés contactés, soutenir les actions du Gouverneur c'est accompagner son parti à la victoire électorale prochaine.

Dans cette étude, afin de ne pas éparpiller les efforts, nous apprécierons seulement les secteurs des routes, de l'éducation, de la santé, de l'eau et de l'électricité qui nous semblent très prioritaires pour le développement d'une entité et l'épanouissement de l'homme.

La réalisation de tous ces axes de développement dépend de la mobilisation des recettes provinciales et de la bonne gestion des rétrocessions du pouvoir central accordées aux provinces. Pour le Kasaï occidental, cette rétrocession mensuelle avoisine le un million de dollars américains.

### 4.1. Les Routes

Il convient de rappeler que les routes du Kasaï occidental constituées de 15.461 Km de routes d'intérêt général et des routes de desserte agricole, sont réparties comme suit :

- 1.907 Km de routes nationales ;
- 1.230 Km de routes régionales prioritaires ;
- 859 Km de routes régionales secondaires ;
- 400 Km de routes de desserte agricole.

Dans le(s) programme(s) du Gouvernement provincial, voici les routes d'intérêt général prévues pour la réhabilitation :

- RN 1 Kananga-Tshikapa : 265 Km ;
- RN 39 Kananga-Luiza-Mwenyambulu : 250 Km ;
- RN 1 Kananga-Lac Mukamba : 90 Km ;
- RN 42 Lac Mukamba-Dimbelenge : 72 Km ;
- RN 41 Kananga-Mweka-Ilebo : 379 Km;
- RN 20 Bif RN 1 (Bulungu)-Luebo-Mweka : 181 Km;
- Tshikapa-Kandjadi : 331 Km;
- RR 1 701 Domiongo-Lodi-Dekesse : 341 Km.
- RR 1 706 Luebo-Tshikapa-Mwakanangu : 331 Km;
- RR 1 707 Shashinzo-Luiza: 23 Km;
- RR1 709 Matamba-Mwangala Nkadi: 160 Km.[1]

L'on peut lire à l'annexe n°4 dans le programme d'action du Gouverneur du Kasaï occidental que la province s'est engagée à réhabiliter (même) les routes d'intérêt général qui est de la compétence du pouvoir central. Le Gouverneur parle de l'accompagnement du pouvoir central par la Province. En réalité la province devra fournir des efforts pour la réhabilitation des routes provinciales prioritaires et secondaires, ainsi que des routes de desserte agricole.

Le coût estimatif pour couvrir la réhabilitation de ces routes s'élève à 31.000.000 $ US. Après échanges avec certains notables de la Province et notre constat dans les territoires de Demba et Kazumba, seuls les axes Kananga-Lac Mukamba et Dimbelenge, long de 162 Km ont été réhabilités par le Gouvernement central. Tous les autres sont dans une situation d'impraticabilité totale, voire l'axe Kananga-Tshikapa pourtant confié au CTB.

Le Gouvernement provincial avait également mis dans son programme, la réhabilitation des axes prioritaires de desserte agricole, à raison de 200 Km (seulement) par territoire, mais jusqu'à ce jour, rien n'a commencé. Il en est de même de différents ponts de la Province.

Bref, en termes de réalisations sur le plan des infrastructures routières, malgré l'autonomie des Provinces et l'existence des institutions publiques, aucune avancée n'a été observée à telle enseigne qu'au Kasaï occidental, faute de routes réhabilitées, le phénomène *« Bayanda »* est en essor. Il s'agit des commerçants ambulants qui utilisent le vélo comme moyen de transport.

---

1. Province du Kasaï occidental, Rapport sur l'état des lieux de la Province, Mars 2009.

## 4.2. L'ÉDUCATION ET LA SANTÉ

Dans le secteur de l'éducation l'objectif du Gouvernement provincial est d'améliorer le taux de scolarisation par la réhabilitation des infrastructures de base en partenariat avec les organisations communautaires, les ONG, les églises et la coordination de la société civile[1].

La province compte deux divisions de l'EPSP, l'une à Kananga et l'autre à Tshikapa. Toutes les 3.030[2] écoles sont dans un état de délabrement très avancé. Les élèves étudient souvent à même le sol ou dans les hangars qui ne les protègent pas suffisamment contre les intempéries.[3] Les manuels scolaires sont des intrants rares et les enseignants eux-mêmes considèrent leur métier comme un passe-temps. Les écoles privées qui tentent de prendre la relève de l'État dans ce domaine, fonctionnent en violation de la législation en vigueur : les promoteurs étant plus préoccupés par le lucre que la qualité de l'éducation et de la formation intellectuelle[4].

Dans cette province, c'est le gouvernement central qui matérialise son projet de construction des écoles primaires ; au moins deux écoles par territoire et donc 63 écoles sont construites et 17 réhabilitées sur les 3.030 écoles. La province elle, se limite à livrer des bancs pupitres évalués à ce jour à 20.000 bancs pupitres.

L'enseignement supérieur pose le problème des bâtiments et des professeurs permanents pour les 18 établissements que compte la province. Même si l'enseignement supérieur et universitaire est de la compétence exclusive du pouvoir central, le Gouverneur a promis au travers son programme d'action (en annexe n° 4) de construire des infrastructures pour l'enseignement supérieur.

En ce qui concerne la santé, le Gouvernement provincial a projeté essentiellement d'améliorer le taux d'accès aux soins de santé de base ainsi que la réduction de la mortalité maternelle et la réduction du taux de la malnutrition et du SIDA par les moyens propres à la province.

La province est organisée en 44 zones de santé rurales réparties en 5 districts sanitaires, 46 hôpitaux généraux de référence et 679 centres de santé. Ces structures sont sous-équipées non seulement en personnel mais aussi en médicaments et autres matériels, notamment les kits chirurgicaux de maternité et literies.

---

1. Propos recueillis auprès du Chef de Division de l'EPSP, Kananga, Novembre 2013, confirmés par la Ministre provinciale de l'EPSP dans son rapport annuel de 2013.
2. Propos recueillis auprès du Chef de division de l'EPSP, Kananga, Novembre 2013
3. Il s'agit des écoles primaires et secondaires.
4. Rapport annuel de la Ministre EPSP. Kasaï occidental, Décembre 2013.

L'organisation et la promotion des soins de santé primaires relèvent des compétences des provinces alors que les institutions médicales et philanthropiques relèvent, elles, de la compétence concurrente entre le pouvoir central et les provinces.

La population n'est prise en charge que par 185 médecins dont 16 spécialistes alors que le standard OMS exige un médecin pour 10.000 habitants. Par contre les infirmiers sont pléthoriques : soit 5199 parmi lesquels seulement 75 laborantins. Et, il n'y a pratiquement pas de techniciens radiologues et kinésithérapeutes.

Comme pour l'éducation, c'est le gouvernement central qui s'emploie à équiper et à construire les centres de santé et hôpitaux. Le gouvernement provincial fournit peu d'efforts pour améliorer ce secteur de santé qui n'est guère reluisant.

### 4.3. L'eau et l'électricité

Le Gouvernement provincial reconnaît que le secteur de l'énergie électrique demeure le tendon d'Achille de la Province. Le développement du Kasaï occidental dépend de la mise en chantier des politiques devant concrétiser les projets d'électrification ad hoc !

Pour améliorer le taux d'accès des populations à l'eau et à l'énergie électrique qui est des 5 %, le gouvernement provincial y participe trop faiblement. Les seuls milieux où l'on peut être desservi en courant électrique et en eau potable c'est la ville de Kananga, soit quatre heures par jour et la ville de Tshikapa. Les 10 autres territoires sont abandonnés à leur triste sort. C'est ainsi que le Gouvernement provincial soutient les actions du Gouvernement central pour accélérer la construction du barrage de Katende et renforcer les capacités énergétiques des infrastructures existantes à Kananga Tshikapa, Ilebo et Dekesse. La REGIDESO et la SNEL dépendent du Gouvernement central, mais le Gouvernement provincial doit appuyer leurs efforts en province pour que ces dernières donnent satisfaction à un nombre considérable des concitoyens.

Pour plus de précision au sujet des réalisations de l'exécutif provincial sur le terrain, les interventions des députés provinciaux sont éloquentes quant à ce, nous présentons en annexe quelques extraits de la séance plénière du jeudi 30 Juillet 2009 lors de la présentation du budget de la province pour l'exercice 2010.

Après lecture de ce débat parlementaire, on retiendra que les recettes et les rétrocessions se limitent au Chef-lieu de la Province où les institutions politiques se les répartissent alors que l'arrière-pays est quasiment oublié. Cela pose un problème dans l'ensemble des systèmes politiques africains dans lesquels le centre s'octroie la part du lion et la périphérie est souvent marginalisée.

Concernant justement les rétrocessions aux entités territoriales décentralisées, leurs animateurs contactés ont été on ne peut plus clairs. Ils pensent que l'exécutif provincial devrait donner plus que ce qui est réservé mensuellement aux ETD, soit 4.000.000 FC, à peu près 3.600$. La ville de Kananga, elle, avec ses 5 communes reçoit 39.000.000 FC par mois, soit 42.000$.

Le Chef de Secteur de Matamba, dans le territoire de Kazumba, nous indique qu'il reçoit une rétrocession mensuelle de 1.300.000 FC seulement, montant réparti comme suit :

- 300.000 FC : Fonctionnement du secteur ;
- 200.000 FC : Rémunération des agents ;
- 800.000 FC soit 900 $ : investissement local (projet).

Notons que le Gouvernement central rétrocède mensuellement près de 914.374.760 FC, soit 1.015.971 Dollars.

Ce chef de secteur confirme ainsi les difficultés financières, le manque des infrastructures adéquates pour abriter les bureaux de l'État, le manque de moyens de transport officiel, etc....

Face à toutes ces difficultés, le Gouvernement provincial actuel (Alex KANDE) a demandé aux ETD de cibler les projets qui seront financés par la province au lieu de remettre de modiques sommes d'argent. Actuellement les Chefs des entités ne reçoivent que les frais de fonctionnement et primes à titre de rémunération.

Le tableau ci-dessous présente les moyens financiers rétrocédés par le Gouvernement central depuis 2007, même s'ils ne répondent pas à toutes les attentes en termes des besoins réels de la province. Par contre, nonobstant ces rétrocessions les indices de développement se font attendre.

**Tableau n° 9 : Évolution des rétrocessions de recettes à caractère national accordées à la Province du Kasaï occidental (2007-Août 2014)**

| Année | En Franc congolais | Équivalence en Dollar américain |
|---|---|---|
| 2007 | 2.043.106.407 | 2.270.118,20 |
| 2008 | 8.925.162.880 | 9.916.847,60 |
| 2009 | 10.058.122.369 | 11.175.691,50 |
| 2010 | 7.074.385.266 | 7.860.428,00 |
| 2011 | 6.800.107.963 | 7.555.675,50 |
| 2012 | 6.302.163.033 | 7.002.403,30 |
| 2013 | 8.679.924.538 | 9.644.360,50 |
| 2014 | 6.115.810.888 | 6.795.345,40 |
| **Total** | **55.998.783.344** | **62.220.870,30** |

Source : Ministère des finances 2014.

En plus de ces rétrocessions, la province bénéficie de ses recettes propres ainsi que de 287.879.536 FC payés automatiquement à la Banque Centrale du Congo le dixième jour de chaque mois. Comment est géré cet argent des contribuables ? Qui contrôle l'utilisation de ces rétrocessions ? Ces questions constituent des problèmes véritables pour le décollage de la Province du Kasaï occidental. Qu'en est-il alors des autres provinces qui font l'objet de cette étude.

# CHAPITRE VII

## Bilan du fonctionnement des institutions politiques de l'équateur

Ce chapitre examine les questions suivantes :

- La présentation générale de la Province de l'Équateur ;
- La Morphologie et le fonctionnement des institutions politiques ainsi que le bilan sur l'organisation et le fonctionnement de ces institutions.

## SECTION 1. PRÉSENTATION GÉNÉRALE DE LA PROVINCE DE L'ÉQUATEUR

### 1.1. SITUATION GÉOGRAPHIQUE ET ADMINISTRATIVE[1]

La Province de l'Équateur est située entre 5$^{e}$ de latitude Nord et 2$^{e}$ de latitude Sud et entre 16$^{e}$ et 25$^{e}$ de longitude Est. Elle occupe la partie nord-ouest de la RDC et partage ses frontières avec la République du Congo à l'Ouest. Il y a au Nord la République Centrafricaine, à l'Est la province Orientale, au Sud-Est les deux provinces du Kasaï et le Bandundu au Sud-Ouest. La superficie de la Province de l'Équateur est de 403.292 Km$^2$, soit 17,2% du territoire national. L'Équateur occupe ainsi la troisième place après la Province Orientale et le Katanga qui ont respectivement 503.239 Km$^2$ et 496.877 Km$^2$.

Sur le plan administratif la province de l'Équateur est constituée de trois villes et cinq districts. Les villes sont Mbandaka qui est le Chef-lieu de la province, Gbadolite et Zongo. Les districts sont : l'Équateur et la Tshuapa dans la partie sud ; la Mongala, le Nord-Ubangi et le Sud-Ubangi dans la partie nord. Ces districts sont les cinq nouvelles provinces de l'Équateur aux termes de l'article 2 de la Constitution. La Province de l'Équateur comprend 24 territoires, 85 secteurs et 2 chefferies seulement, l'une dans le territoire de Bolomba et l'autre à Bokungu. L'on comprend le faible nombre de Chefferie car l'Équateur est une société segmentaire. Il y a 896 groupements.

---

1. MONTEBE AGALEA, *L'Assemblée Provinciale de l'Équateur face aux défis de la Province*, Mémoire de licence SPA, UCCM, 2012-2013, Kinshasa, pp. 26-28.

## PROVINCE DE L'EQUATEUR

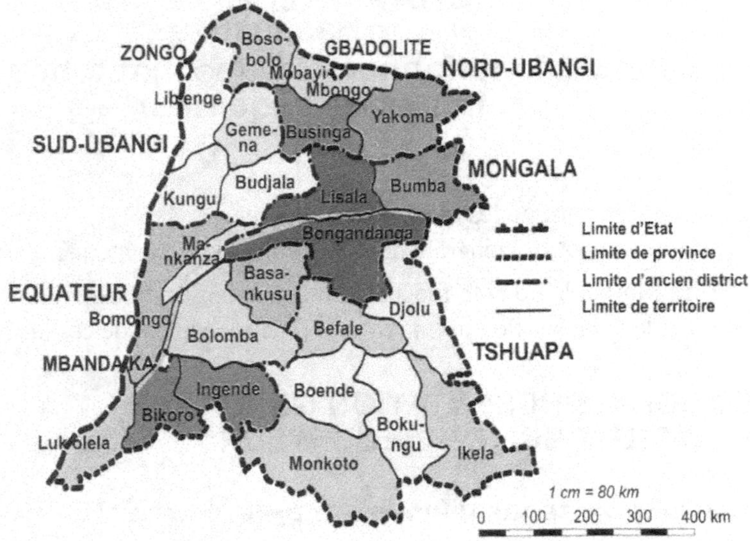


| Page Unités administratives | Villes | Communes | Territoires | Chefferies | Secteurs | Total | Groupements |
|---|---|---|---|---|---|---|---|
| 65 **Ville de Mbandaka** | 1 | 2 | | | | | |
| 77 **Ville de Gbadolite** | 1 | 3 | | | | | |
| 85 **Ville de Zongo** | 1 | 2 | | | | | |
| 64 Territoire de Basankusu | | | 1 | - | 3 | 3 | 39 |
| 65 Territoire de Bikoro | | | 1 | - | 3 | 3 | 17 |
| 66 Territoire de Bolomba | | | 1 | 1 | 4 | 6 | 25 |
| 68 Territoire de Bomongo | | | 1 | - | 2 | 2 | 21 |
| 67 Territoire de Ingende | | | 1 | - | 3 | 3 | 15 |
| 70 Territoire de Lukolela | | | 1 | - | 3 | 3 | 4 |
| 69 Territoire de Mankanza | | | 1 | - | 3 | 3 | 11 |
| **District de l'Equateur** | | | **7** | **1** | **21** | **22** | **132** |
| 72 Territoire de Bongandanga | | | 1 | - | 4 | 4 | 70 |
| 74 Territoire de Bumba | | | 1 | - | 6 | 6 | 61 |
| 71 Territoire de Lisala | | | 1 | - | 3 | 3 | 43 |
| **District de la Mongala** | | | **3** | - | **13** | **13** | **174** |
| 76 Territoire de Bosobolo | | | 1 | - | 3 | 3 | 23 |
| 78 Territoire de Businga | | | 1 | - | 3 | 3 | 41 |
| 77 Territoire de Mobayi-Mbongo | | | 1 | - | 2 | 2 | 27 |
| 80 Territoire de Yakoma | | | 1 | - | 3 | 3 | 34 |
| **District du Nord-Ubangi** | | | **4** | - | **11** | **11** | **125** |
| 82 Territoire de Budjala | | | 1 | - | 5 | 5 | 70 |
| 81 Territoire de Gemena | | | 1 | - | 4 | 4 | 40 |
| 84 Territoire de Kungu | | | 1 | - | 5 | 5 | 65 |
| 85 Territoire de Libenge | | | 1 | - | 3 | 3 | 25 |
| **District du Sud-Ubangi** | | | **4** | - | **17** | **17** | **200** |
| 90 Territoire de Befale | | | 1 | - | 3 | 3 | 29 |
| 86 Territoire de Boende | | | 1 | - | 4 | 4 | 43 |
| 88 Territoire de Bokungu | | | 1 | 1 | 4 | 5 | 25 |
| 91 Territoire de Djolu | | | 1 | - | 4 | 4 | 30 |
| 89 Territoire de Ikela | | | 1 | - | 5 | 5 | 29 |
| 92 Territoire de Monkoto | | | 1 | - | 3 | 3 | 28 |
| **District de la Tshuapa** | | | **6** | **1** | **23** | **24** | **184** |
| **Province de l'Equateur** | **3** | **7** | **24** | **2** | **85** | **87** | **815** |

Source : de SAINT MOULIN Léon, *Op. Cit.*, p. 63.

## 1.2. Démographie et atouts économiques de l'Équateur

D'après les statistiques du Ministère de l'intérieur (2006), la population de l'Équateur est estimée à 8.668.666 habitants avec une densité de 21 habitants au Km2. Le taux annuel de croissance démographique est de 3 %. Ce rapide accroissement démographique est dû à une fécondité élevée qui s'explique par une structure de la population et de la proportion des filles-mères estimées à 20,8%.

Cette population est essentiellement composée de trois principaux groupes ethniques à savoir : les Ngbandi, les Ngbaka, les Budja, Libinza, Ngombe ainsi que diverses minorités au Nord, on les appelle parfois à tort les Bangala du Nord ; les Mongo au Sud et les minorités Batswa (Balumbe) ou pygmées. Le taux de mortalité infantile est de 146 pour mille, et c'est le plus élevé du pays. L'espérance de vie se situe à 42 ans.

À cheval sur la ligne de l'Équateur, la Province de l'Équateur présente des conditions climatiques favorables au développement d'une gamme variée des cultures tant vivrières qu'industrielles. La grande forêt ombrophile du sud offre des possibilités énormes en matière d'exploitations forestières tandis que le fleuve Congo, le lac Tumba et leurs affluents très riches en poissons, constituent un gage certain pour le développement de la pêche. Les vastes plaines et savanes du Nord sont une opportunité pour l'élevage du gros bétail. Le bois est aussi une grande richesse de l'Équateur.

À côté de ces atouts naturels, la Province de l'Équateur dispose d'un certain nombre d'autres potentialités pour son développement, on peut citer, entre autres :

- La présence d'une population laborieuse ; 20% de la population en milieu rural s'adonne aux travaux agricoles et est ouverte aux innovations.
- L'existence d'un important réseau hydrographique offrant des possibilités de relier les différents districts de la Province avec les provinces voisines et l'extérieur du pays.
- L'existence d'un réseau routier long de 14.313 Km. S'il est bien entretenu il permettra la circulation des biens et des personnes à travers la province.[1]
- La présence des ONG tant nationales qu'internationales, des quelques agences de coopération et des agences du système des Nations-Unies et de plusieurs projets de développement ; qui sont des soutiens importants à toute action en développement.[2]

---

1. MONTEBE, *Op. Cit.*, p. 29.
2. *Idem*

## 1.3. LES DONNÉES ETHNIQUES DE L'ÉQUATEUR

Des mouvements migratoires, des refoulements et de perpétuels combats, ont amené les peuplades de races différentes à coexister sur le sol de la Province de l'Équateur. L'on retient généralement trois grands groupes de races : les négrilles, les Bantous et les Soudanais.

Burssens[1] fait remarquer que les termes soudanais et bantous bien que couramment employés, ne se rapportent qu'à la langue parlée par ces diverses peuplades. Du point de vue anthropologique, il y a peu ou pas de distinction entre Bantous et Soudanais.

### *1.3.1. Les négrilles ou Batswa*

Refoulés par les envahisseurs bantous, ces hommes de petite taille sont disséminés entre la Ruki et le Lac Léopold II. Ils sont d'excellents chasseurs et guerriers. Leur domaine privilégié est la forêt. Vivant en marge de sociétés bantoues ou soudanaises, ils ne s'y intègrent pas. Mais sous la pression de l'Administration coloniale, ils ont adopté certaines techniques, (surtout agricoles) des populations avoisinantes. Ils ont une langue qui n'est pas très répandue, on ne leur connaît aucun art. Ils n'ont jamais constitué une organisation politique proprement dite. En général, ils occupent un rang inférieur dans le statut social des populations bantoues et soudanaises.

Actuellement, les batswa sont concentrés essentiellement dans les territoires de BIKORO et d'INGENDE. L'on peut retrouver d'autres en nombre insignifiant dans les territoires de MONKOTO dans le district de la Tshuapa. Les Ekonda de Bikoro sont une variante des Mongo.

### *1.3.2. Les Bantous*

Les populations bantoues de la Province de l'Équateur sont divisées en trois principales peuplades : les Mongo, les Ngombe et les gens de rivière. On y ajoute souvent les Budja.

#### 1.3.2.1. Les Mongo[2]

Le peuple Mongo occupe la plupart des territoires des districts de l'Équateur et de la Tshuapa. D'autres groupes se trouvent aux environs de Lisala, et Bongandanga dans le district de la Mongala. Il existe une unité culturelle et linguistique du peuple Mongo qui a formé, déjà depuis

1. BURSSENS, *Peuplades de l'entre Congo Ubangi*, Bruxelles, éd. Evaren, 1958, p. 13.
2. Entretien avec les députés willy Bakonga et ILONGA BOFOLO, Novembre 2013 à Mbandaka.

les années 1960, une association des ressortissants Mongo à Kinshasa et un parti politique UNIMO[1]. La société Mongo est basée sur une stratification sociale des classes d'âges. Pratiquement les Mongo sont patriarcats et généralement ils sont polygames. Plusieurs auteurs estiment que les Mongo sont plus souples et plus diplomates que les Ngombe. Cela expliquerait la fierté qu'ils ont à narrer leurs époques.

C'est la domination européenne qui a délivré les Mongo des attaques féroces des Ngombe, des Mazzia, des esclavagistes arabes et des guerres interminables. Les Mongo présentent une image complexe ; d'un côté ils sont épris de liberté individuelle au point de se soumettre difficilement à une discipline et d'un autre côté leur conduite appelle le paternalisme[2]. Au Nord il y a aussi des Mongo, le Libinza apparentés au Mongo se trouvant à Bomongo.

1.3.2.2. Les Ngombe

Les Ngombe sont répandus dans le district de la Mongala à Lisala et Bongandanga. D'autres sont à Bolomba dans le district de l'Équateur et à Libenge dans la région au Nord de Dongo. Les Ngombe ont constitué dans le temps des clercs et groupements soudanais dégénérés. Peuple puissant, aux guerriers rusés et farouches à la fois, les Ngombe ont des traditions rigoureuses et fermes, ce qui le contraste avec la légèreté aimable des Mongo.[3]

Les Ngombe ont une langue propre et la plupart des éléments du Kingombe sont entrés dans la *lingua franca* du fleuve, le lingala. Les institutions ngombe se rapprochent de celles des Mongo.

1.3.2.3. Les gens de rivière[4]

Quand on parle de *gens de rivière* ou gens d'eau, on désigne généralement la population qui s'est fixée principalement dans la région marécageuse située entre le Bas Ubangi et le fleuve Congo. Elle constitue un groupe considérable d'hommes qui vivent essentiellement de la pêche, du commerce et de l'agriculture. On les appelle les *Bangala.*

1.3.2.4. Les Budja (Mbuza)

Ils sont concentrés à l'Est du district de Mongala à Bumba. Les Budja sont de véritables guerriers. Selon la tradition, ils ont gardé la réputation

1. UNIMO : Union des Mongo, parti politique.
2. VAN DER KERKEN, *Les anciens royaumes de savane*, étude sociologique, 1965, p. 35.
3. Idem., p. 44.
4. Les gens de rivière ou gens d'eau ou encore gens des marais, c'est la population habitant principalement la région marécageuse située entre le « Bas-Ubangi et le fleuve Congo ».

d'une époque où ils se révoltèrent contre l'occupation commerciale de leur terrain. Leur organisation sociale est identique à celle des Mongo.

#### *1.3.3. Les Soudanais*

Les populations *soudanaises* sont disséminées dans l'Ubangi. Ce sont les Ngbandi, les Ngbaka et les Mbandja.

##### 1.3.3.1. Les Ngbandi

Les Ngbandi constituent un groupe ethnique assez homogène, distinct des peuplades environnantes. Mais, en dehors de Ngbandi proprement dits, il existe des individus acculturés parlant le Ngbandi qui est une langue qui fait autorité ; c'est la langue du Chef[1]. Les Ngbandi sont de bons commerçants et n'hésitent pas à émigrer ou à voyager pour gagner de l'argent par la pêche et la chasse. Ils sont plus nombreux au Nord-Ubangi qu'au Sud-Ubangi.

##### 1.3.3.2. Les Ngbaka

Les Ngbaka constituent le groupe ethnique le plus important au Sud-Ubangi, bien qu'ils soient également présents dans le territoire de Businga au Nord-Ubangi. Ils sont à Gemena, Libenge, Kungu et même à Zongo. Ils constituent une population aux mœurs austères, très attachés à leurs coutumes ancestrales. Ils sont très politiques et de ce fait, envahissants pour leurs voisins.

##### 1.3.3.3. Les Mbandja

Ils constituent une partie du grand groupe ethnique et linguistique de Banda résidant en majorité dans l'Ubangi. Ils sont travailleurs et intelligents, mais mauvais guerriers, et ceci explique leur anthropologie coloniale assujettissement par d'autres peuples de l'Ubangi.

De toutes les peuplades de la région de l'Ubangi, les Ngbandi, qui ne sont certainement pas les plus nombreux, sont par contre les plus importants politiquement et leur autorité est facilement admise par les autres peuplades. Les Ngbaka, sont les plus nombreux et les seuls à former un bloc immense des Banda dont la plus grande partie habite dans plusieurs pays africains colonisés par la France notamment la RCA, le Tchad, le Gabon, le Congo, etc.

Les Ngombe sont des terriens, perméables à la civilisation tandis que les gens d'eau sont des riverains et ont subi assez tôt cette influence euro-

---

1. MONTEBE AGALEA, F., *Op. Cit.*, p. 34.

péenne. Les gens d'eau, grands pêcheurs et marchands d'huile sont parmi les plus riches de la province malgré leurs perpétuels mouvements. Les Mongo occupent presque tout le sud de la Province et constituent l'ethnie la plus importante en termes démographiques. Un élément d'unité de tous ces peuples de la province de l'Équateur, c'est une langue commune : le lingala.

Après cette brève présentation de la Province de l'Équateur, examinons dans les lignes qui suivent la morphologie et le fonctionnement des institutions politiques de la province de l'Équateur avant de présenter un bilan en termes de développement.

## SECTION 2. MORPHOLOGIE ET FONCTIONNEMENT DES INSTITUTIONS POLITIQUES DE LA PROVINCE DE L'ÉQUATEUR

### 2.1. Morphologie de l'Assemblée provinciale

Comme toutes les provinces de la RDC, la Province de l'Équateur fonctionne avec deux institutions politiques, à savoir l'Assemblée provinciale et le Gouvernement provincial.

L'Assemblée provinciale de l'Équateur compte 108 députés provinciaux dont 100 sont élus au suffrage universel direct dans les territoires et villes et 8 sont cooptés parmi les Chefs coutumiers. Sept femmes seulement font partie de cette institution. Le siège de l'Assemblée provinciale est établi à Mbandaka, Chef-lieu de la Province de l'Équateur. Les organes de l'Assemblée provinciale de l'Équateur sont : l'assemblée plénière, le bureau, la conférence des Présidents, les commissions permanentes et les groupes parlementaires.

Le Bureau comprend cinq membres qui sont : le Président, le Vice-président, le Rapporteur, le Rapporteur adjoint et le Questeur.

Il a été créé au sein de l'Assemblée provinciale de l'Équateur six commissions permanentes qui sont : la commission politique, administrative et juridique ; la commission économique et financière ; la commission des relations extérieures et interprovinciales ; la commission socioculturelle, genre et famille ; la commission reconstruction et développement et la commission environnement, eau et forêt. Il y a au sein de cette institution sept groupes parlementaires, qui comprend chacun au moins 15 Députés provinciaux[1].

Pour bien apprécier la morphologie de l'Assemblée provinciale de l'Équateur, nous présentons dans les tableaux ci-après les listes des

1. Règlement Intérieur de l'Assemblée provinciale de l'Équateur, art. 54.

députés provinciaux par district, parti, territoires et ethnies, avant d'en faire une analyse des forces politiques.

**Tableau n° 10 : Liste des Députés provinciaux du District de l'Équateur (Parti politique, circonscription, ethnie, études faites et observations).**

| N° | Noms, Post noms et Prénoms | Parti | Circonscription | Ethnie | Niveau d'Études | Observations |
|---|---|---|---|---|---|---|
| 1. | BADJOKO MBOKA MONENE Léopold | Coopté | BASANKUSU | Ngombe | L2 | Chef coutumier. |
| 2. | BAENDE IYETSHI Ronsard | PCB | MBANDAKA | Mongo | L2 | |
| 3. | BOFOTO LOMBOTO Madeleine | MLC | BASANKUSU | Mongo | Primaires | |
| 4. | BOKONGA NDELE Willy | MLC | LUKOLELA | Losakana | D6 | |
| 5. | BOSENDE BOKELI Jérôme | MLC | INGENDE | Pygmée | ND | N'a pas étudié. |
| 6. | BOSENGE MABONGA Jean-Louis | RCD | BOLOMBA | Ngombe | ND | |
| 7. | BOTEYI PUTELA Arthur | DCF COFEDEC | BIKORO | Ntomba/ Mongo | ND | |
| 8. | BUKA LOMPULO | CCD | BIKORO | Ekonda/ Mongo | L2 | |
| 9. | ENGONGE BOFATSHI Marie-José | MLC | BASANKUSU | Mongo | A3 | Décédée en 2014 |
| 10. | ESUKE ISAKO Polard | PDC | INGENDE | Mongo | A3 | |
| 11. | EVOLOKO LOTANGA Didier | PPRD | BOLOMBA | Ngombe | ND | |
| 12. | ISOMBO MONDA Henriette | PDC | BASANKUSU | Mongo | A3 | |
| 13. | ISSIA BOLEKELA Dieudonné | MLC | INGENDE | Mongo | A1 | |
| 14 | KUMU ISANGOLA Alexis | MPR fait privé | LUKOLELA | | L2 | Président Commission socioculturelle. |
| 15. | LOFANZE ESANGYA KULUBE | ADH | MBANDAKA | Mongo | L2 | Rapporteur adjoint du Bureau. |
| 16. | MANGBONDO BOPETO Jean-Michel | PPRD | BOMONGO | Libinza/ Mongo | A1 | |

| | | | | | | |
|---|---|---|---|---|---|---|
| 17. | MONDOMBO KANZE Edmond | MLC | MANDAKA | Ekonda/ Mongo | L2 | Président honoraire du Bureau. |
| 18. | MONDONGA BOTOKO Pius | MLC | BOLOMBA | Ngombe | ND | |
| 19. | MPUTU ELIMA José | MSR | MBANDAKA | Ekonda/ Mongo | L2 | V-P. Commission Environnement. |
| 20. | NGWELA BOKWELE Alain | MLC | MAKANZA | Libinza | G3 | |
| 21. | NKUMU BELELI | MLC | BOLOMBA | Ngombe | G3 | |
| 22. | NZOKO MWANAMBAYI Nadine | ADH | MBANDAKA | Ebuku/ Mongo | G3 | |
| 23. | ZANGAZAWA MANGOTA Garros | Coopté | MAKANZA | Libinza | Primaires | |
| 24. | Poste à pourvoir | MLC | | | | |

Source : Liste constituée par 3 Députés de ce district lors de nos recherches en Novembre 2013.

ND : Non donnée.

**Tableau n° 11 : Listes des Députés provinciaux du District de la Mongala (Parti politique, circonscription, ethnie, études faites et observations).**

| N° | Noms, Post noms et Prénoms | Parti | Circonscription | Ethnie | Niveau d'études | Observations |
|---|---|---|---|---|---|---|
| 1. | ATOMBO NDOMBO Raymond | CODECO | BUMBA | Mbudja | G3 | |
| 2. | BOKUNGU BUBU Aimé | MSR | BUMBA | Mbudja | A0 | |
| 3. | EBALU GBEDE Jean | RCD | BUMBA | Mbudja | ND | |
| 4. | EKUKA NGOMU Thomas Désiré | RCD/N | LISALA | Ngombe | D6 | |
| 5. | ELIA EBOTO Jean-marie | UNADEF | BONGANDANGA | Ngombe | ND | |
| 6. | ENTOKU EA LOKULI Samy | MLC | BONGANDANGA | Mongo | L2 | Vice-président PAJ |
| 7. | ESSIMBA BALUWA Bienvenu | MLC | LISALA | Ngombe | L2 | Président PAJ |
| 8. | KALONDA MONGA MABWA José | Coopté | BUMBA | Mbudja | G3 | |
| 9. | LINGONGO Oscar | Renaissance PE | LISALA | Ngombe | ND | Rapporteur ECOFIN |
| 10. | MADUA MALAMBA Jean-Pierre | MLC | LISALA | Ngombe | D6 | Vice-président Reconstruction. |
| 11. | MAFILI MASONGI FIMBO LIKOMBI Jean-Maurice | PDC | BUMBA | Mbudja | ND | |
| 12. | MAKENGO LIMBAYA Oumar | Coopté | BUMBA | Mbudja | Primaires | |
| 13. | MANZELA MOPENZI Désiré | Coopté | LISALA | Ngombe | Primaires | |
| 14. | MANZOMBA MOLENGI Louis | PPRD | BUMBA | Mbudja | L2 | |
| 15. | MOHANDE AKUMA Jean-Paul | MSR | BONGANDANGA | Ngombe | ND | |
| 16. | MOKAKO MOPILA Serges | MLC | BUMBA | Mbudja | L2 | |

| | | | | | | |
|---|---|---|---|---|---|---|
| 17. | MONDOMBO EGBOLO | MLC | LISALA | Ngombe | G3 | |
| 18. | MOTINGIA ELIMO Aimé | ADECO | LISALA | Ngombe | L2 | |
| 19. | MOTUMBE BODELE César | MLC | BUMBA | Mbudja | G3 | |
| 20. | MOTUTA | PDC | LISALA | Ngombe | ND | |
| 21. | MOYENGO ESABO Bienvenu | MLC | BONGANDANGA | Ngombe | D6 | |
| 22. | NGANI NGEPA Jackson | | BUMBA | Mbudja | D6 | |
| 23. | NGOMBO François | PDC | BONGANDANGA | Mongo | ND | |
| 24. | PAKA POTUMBE Jeff | UREC | BUMBA | Mbudja | L2 | |

Source : Liste constituée par nous-mêmes avec l'aide des élus provinciaux et nationaux du District, 2013.

**Tableau n° 12 : Liste des Députés provinciaux du District du Sud-Ubangi (Parti politique, circonscription, ethnie, études faites et observations).**

| N° | Noms, Post noms et Prénoms | Parti politique | Circonscription | Ethnie | Niveau d'études | Observation |
|---|---|---|---|---|---|---|
| 1. | ALENGE NANGALI Réginald | MLC | GEMENA | Ngbaka | D6 | Président Com. Reconstruction. |
| 2. | BAKAKOYO DENGA BONILEKA Jean | Renaissance/PE | KUNGU | Ngombe | L2 | |
| 3. | BATEYA MBIMENE Gaston | Coopté | LIBENGE | Ngbaka | ND | |
| 4. | BILI GBAMO Florent | MLC | GEMANA | Ngbaka | D6 | |
| 5. | BOSOKPALE MBOMA Vedastre | MLC | KUNGU | Ngbaka | PP4 | |
| 6. | DADUNGUNA MBONGA Jean-Bertin | MSR | GEMENA | Ngbaka | D6 | |
| 7. | DANA FIOLAWIGO Célestin | UREC | GEMENA | Ngbaka | G3 | Ancien prêtre. |
| 8. | DAPALA DEMONZA Emmanuel | PDC | GEMENA | Ngbaka | G3 | |
| 9. | GAYI WAZO Marcel | MLC | GEMENA | Ngbaka | ND | |
| 10. | IBAMBE DEMODETO Jean-Gontran | PPRD | KUNGU | Ngbaka | A1 | Président AP. |
| 11. | KESANGANA LENUI Jean-Pie | MLC | LIBENGE | Ngbaka | ND | |
| 12. | KONGO MBELEDANI Joseph | PDC | LIBENGE | Mbanza | ND | |
| 13. | KULUZA NEKO-NGBAIDI Camile-Faustin | MLC | ZONGO | Ngbaka | ND | |
| 14. | LOKANGA MINE Nestor | UCC | BUDJALA | Ngombe | G3 | Décédé en 2014. |
| 15. | MANY BAMOHO Vincent | PDC | BUDJALA | Ngombe | D6 | |
| 16. | MASIMO MOKESI | MLC | BUDJALA | Ngombe | D6 | |
| 17. | MBITAZOMA BILA Erroi | Renaissance/PE | BUDJALA | Ngbandi | D6 | |
| 18. | MILONGA NOLO NAKODO | UDEMO | GEMENA | Ngbaka | D6 | |
| 19. | MOLAMBO MAMETE Oscar | MLC | KUNGU | Lobala | L2 | V-P. G.P. MLC. |

| | | | | | | |
|---|---|---|---|---|---|---|
| 20. | MONZONGO ABENZALONDE Célestin | PDC | KUNGU | Ngombe | D6 | |
| 21. | MOTEBE AGALEA François | PPRD | GEMENA | Mbudja | L2 | |
| 22. | MOTEMA PAPE MOLENGA | COOPTÉ | KUNGU | Ngombe | G3 | |
| 23. | PENZE PELENDO Sido | INDEP | LIBENGE | Ngbaka | G3 | |
| 24. | WOTEWANGI NZAMBE Jean-Moke | Camp de la patrie | GEMENA | Ngbaka | L2 | |

Source : Archives du Cabinet du Président de l'Assemblée provinciale, 2013.

ND : Non donnée.

**Tableau n° 13 : Liste des Députés provinciaux du District du Nord-ubangi (Parti politique, circonscription, ethnie, études faites et observations).**

| N° | Noms, Post noms et Prénoms | Parti politique | Circonscription | Ethnie | Niveau d'études | Observations |
|---|---|---|---|---|---|---|
| 1. | BANGABIA SESE Roger | MLC | YAKOMA | Ngbandi | G3 | Questeur |
| 2. | DANGA IKIBO Apollinaire | MLC | BOSOBOLO | Ngombe | G3 | |
| 3. | DEU FANANZE Roger | CDC | MOBAYI MBONGO | Ngbandi | D6 | |
| 4. | GANGA VONGA AKELO André | UDEMO | BUSINGA | Ngbaka | G3 | |
| 5. | KAPALATA TE GEYERO André-Teddy | MLC | GBADOLITE | Ngbandi | L2 | Président Com. Environnement. |
| 6. | MALOBA NGOZOKA Liévin | PPRD | BOSOBOLO | Mbanza | G3 | |
| 7. | MBELEWA BALIFIO Jacob | MLC | BUSINGA | Ngbaka | G3 | |
| 8. | MBIO YAKOTAKE Constant | MLC | BUSINGA | Ngbaka | L2 | |
| 9. | NGBO YAMANGE LIBOTE Jeanne | INDEP | YAKOMA | Ngbandi | L2 | |
| 10. | NGBONGU NGBA Joseph | Coopté | MOBAYI MBONGO | Ngbandi | ND | Chef coutumier. |
| 11. | NYAMA NDONGULU Désiré | PDC | BUSINGA | Ngbaka | L2 | |
| 12. | NYPELE MOLOBO Donatien | MLC | MOBAYI MBONGO | Ngbandi | G3 | |
| 13. | SIKO ALVES Gabriel | PPRD | BUSINGA | Ngbaka | D6 | V.-P. ECOFIN |
| 14. | TESANGWANE ISUKI Jean-Willy | MSR | BUSINGA | Ngombe | L2 | |
| 15. | TETO TRADANGBA Jean-Matthieu | PPRD | YAKOMA | Ngbandi | D6 | |

| | | | | | | |
|---|---|---|---|---|---|---|
| 16. | WANZIA MUKE Jean-Moke | MLC | BUSINGA | Ngbaka | D6 | |
| 17. | YENGE TAGWE Jean-Pierre | ADH | BOSOBOLO | Ngombe | D6 | P.ECOFIN, décédé en 2014. |
| 18. | ZIANGBA BEGU Alpha | INDEP | YAKOMA | Ngbandi | L2 | |

Source : Archives / Cabinet du Président de l'Assemblée provinciale, 2013.

ND : Non donnée.

**Tableau n° 14 : Liste des Députés provinciaux du District de la Tshuapa (Parti politique, circonscription, ethnie, études faites et observations).**

| N° | Noms, Post noms et Prénoms | Parti | Circonscription | Ethnie | Niveau d'études | Âge | Observation |
|---|---|---|---|---|---|---|---|
| 1. | BATANGOMBE EKONGO Martin | PPRD | DJOLU | Mongo | L2 | 58 | |
| 2. | BODJOLO Bienvenu | RPC | BOKUNGU | Mongo | G3 | 39 | |
| 3. | BOIMBO MBELI DOMI François | Camp de la patrie | MONKOTO | Mongo | P.P. 5 | 57 | |
| 4. | BOKANGA BOKANGA René | MLC | DJOLU | Mongo | L2 | 52 | Décédé |
| 5. | BONYEME LOMBOTO John | Camp de la patrie | BOENDE | Mongo | L2 | 53 | Président Com. Relations/ Parlements. |
| 6. | BOSAMBA BOKUNGU Parisien | MLC | BOENDE | Mongo | D6 | 45 | Président G.P. MLC |
| 7. | EKOFO MBOY Bourreau | PDC | BOENDE | Mongo | D6 | 42 | |
| 8. | IFANZA BONGONGO Petrus | MLC | BOKUNGU | Mongo | P.P. 3 | 66 | |
| 9. | ILONGA BOFOLA André | UNADEC | DJOLU | Mongo | L2 | 56 | |
| 10. | IMPOMA LITELO Hyppolite | COOPTÉ | BEFALE | Mongo | D6 | 52 | |
| 11. | ITATE NGILI Mamie | PPRD | IKELA | Mongo | L2 | 36 | A remplacé LIKINDA, Ministre provincial et Député N. 2011 |
| 12. | LIKUNA LOKWA | PPRD | BOKUNGU | Mongo | | | |
| 13. | LOKOKA ISAKA François | PDC | BOKUNGU | Mongo | L2 | 54 | |
| 14. | LONGANDA NZANGI Pascal-Amani | PDC | BEFALE | Mongo | | 48 | |
| 15. | LOSONGO BONGOMBOLO Jean-Marcel | MLC | BEFALE | Mongo | L2 | 48 | V-P./AP |
| 16. | MATELA ETHEE Adrien | UDEMO | IKELA | Mongo | G3 | 45 | |
| 17. | MBOYO ILUKA Richard | CDC | BOENDE | Mongo | L2 | 46 | |
| 18. | NGAYO LIKINDA Ghislain | MLC | IKELA | Mongo | L2 | 40 | |

Source : Archives /Cabinet du Président de l'Assemblée provinciale, 2013.

## 2.2. Commentaires

Les forces sociopolitiques de la province de l'Équateur dans l'Assemblée provinciale tirent leur fondement dans la géopolitique de manière générale, mais plus singulièrement dans l'espace géographique, les ethnies ou les tribus, les partis politiques et l'interférence du pouvoir central.

### *2.2.1. Espace géographique*

Dans la province de l'Équateur, il s'observe le clivage Nord-Sud lors des enjeux sociopolitiques. Le Nord est constitué des districts du Nord-Ubangi, du Sud-Ubangi et de la Mongala.

Le sud comprend le district de l'Équateur et le district de la Tshuapa. Souvent les calculs politiques dans la Province de l'Équateur tiennent comptent de ce clivage Nord-Sud. Le sud est essentiellement peuplé des Mongo et le Nord des ethnies *soudanaises* et des Ngombe ainsi que des Mbudja de la Mongala. Les députés ressortissants du sud de l'Équateur sont au nombre de 42 sur un total de 108. Ceux du Nord sont au nombre de 66. Ceci démontre que si le district de la Mongala (qui est au centre-Nord) bascule vers l'Ubangi, le nord pourrait gagner tous les enjeux dans cette assemblée. Mais il faut noter aussi que dans la Mongala, il y a aussi les Mongo quoique très peu nombreux par rapport au Ngombe très majoritaire dans le territoire de Bongandanga.

### *2.2.2. Les ethnies*

La Province de l'Équateur ou son Assemblée est dominée par l'ethnie Mongo qui a 28 députés provinciaux (8 dans le district de l'Équateur, 2 dans la Mongala et 18 dans la Tshuapa). Si on ajoute les 3 Députés ekonda et un Député ntomba, les Mongo sont à 32 Députés et constituent la première force sociopolitique de cette institution.

Les Ngombe viennent en deuxième position avec 23 députés (3 à l'Équateur, 11 à la Mongala, 7 au Sud-Ubangi et 2 au Nord-Ubangi). Ils s'imposent surtout à la Mongala et au Sud-Ubangi. Les Ngbaka occupent la troisième place avec 19 députés dont 13 au Sud-Ubangui et 6 au Nord-Ubangi.

Viennent ensuite, les Mbudja avec 12 sièges dont un au Sud-Ubangi et les 11 dans la Mongala, alors que les Ngbandi ont recueilli 9 députés (8 au Nord-Ubangi et 1 au Sud-Ubangi).

Géographiquement, la grande ethnie Mongo est au Sud et les 4 autres grandes tribus (Ngombe, Ngbaka, Mbudja et Ngbandi) sont au Nord. Ceci finit par caractériser comment les alliances politiques peuvent se nouer entre les Nordiques et les Sudistes.

### *2.2.3. Les partis politiques*

Les élections de 2006-2007 dans la province de l'Équateur ont été gagnées par le Mouvement de libération du Congo (MLC), parti politique de Jean-Pierre Bemba, originaire de cette province dans le Sud-Ubangi. Le MLC obtient la majorité relative, soit 38 sièges sur 108 sans compter plusieurs indépendants proches du MLC et de son leader. Comme au Kasaï Occidental, n'ayant pas obtenu la majorité absolue des sièges, le MLC formera un gouvernement avec les alliés. Le MLC a des élus dans tous les districts, et le district de l'Équateur peuplé majoritairement de Mongo a recueilli 10 députés MLC, plus que le Sud-Ubangi où il y a plus de Ngbaka, ethnie du leader du MLC.

Le second parti qui se confirme par les élections est le Parti pour la Démocratie au Congo (PDC) dont le président est Monsieur José ENDUNDO BONONGE, originaire lui aussi de l'Équateur, district du même nom. Le PDC gagne 13 sièges dont 4 au Sud-Ubangi.

Le Parti du Peuple pour la Reconstruction et la Démocratie, le PPRD de Joseph KABILA originaire du Katanga est classé troisième avec 11 sièges seulement, dont 3 sièges à la Tshuapa, 3 dans le Nord-Ubangi, 2 au Sud-Ubangi, 2 dans l'Équateur et un à la Mongala.

Le Mouvement Social pour le Renouveau (MSR) créé par SAMBA KAPUTO,[1] alors Conseiller Spécial du Président Kabila s'en sort avec 5 sièges, devançant l'ADH et le Camp de la Patrie ayant obtenu 3 sièges chacun.

D'autres partis[2] ne gagnent que 1 siège chacun, dont l'UDEMO, le parti de ZANGA MOBUTU, le fils du feu président Mobutu Sese Seko. Est-ce, pour Zanga, un désaveu ou la sous-estimation des enjeux par lui ? Il ne convient pas à cet instant d'aligner l'UDPS/Tshisekedi, son président ayant boycotté ces élections.

Comme on le constate, par rapport à la famille politique du Chef de l'État qui a gagné dans plusieurs provinces, l'Assemblée provinciale de l'Équateur est majoritairement de l'opposition. Deux camps ou regroupements politiques s'étaient du coup constitués : l'AMP (Alliance pour la Majorité Présidentielle) et l'UN (Union pour la Nation). Pour la constitution du premier bureau de l'Assemblée provinciale et du premier

1. Actuellement, Monsieur LUMBI Pierre est présenté comme président du MSR.
2. Ces partis sont : CDC, Camp de la Patrie, UNADEC, R.P.C etc.

Gouvernement de l'Équateur, la morphologie ainsi présentée a fait pencher la balance dans un camp comme dans un autre.

Mais 3 ans après, le parti politique ne sera plus nécessairement un des éléments essentiels pour gagner un scrutin dans cette institution. Plus loin nous retiendrons que le PPRD ou l'ADH, non majoritaires ont gagné les élections des gouverneurs et Vices-gouverneurs. L'essentiel sera d'exploiter le clivage Nord-Sud ainsi que d'autres éléments sociologiques et motivationnels.

#### *2.2.4. Interférences du pouvoir central*

Ces interférences s'observent par l'attention suivie des enjeux politiques de la province de l'Équateur par les politiciens originaires de cette province se trouvant à Kinshasa. Il s'agit de Ministres du Gouvernement central, de Députés nationaux et de Sénateurs, ainsi que d'autres notables évoluant indirectement dans les arènes politiques. De toutes ces personnalités l'on peut évoquer le cas du Président du Sénat Léon Kengo wa Dondo dont l'influence n'est plus à démontrer. L'on cite également Lokondo, Endundo, Mokolo wa Mpombo, dont l'influence ne présente aucun doute.

### 2.3. Morphologie du Gouvernement provincial.

Concernant la morphologie de l'exécutif provincial, depuis 2007, trois Gouverneurs et 3 Vices-gouverneurs ont été élus dans cette province. Il s'agit de José Makila, de Jean-Claude Baende et de Louis Koyagialo[1]. Les Vices-gouverneurs sont : Baende, Mokako et Impeto. Chaque gouvernement provincial était composé de 10 Ministres, et un ou deux Secrétaires exécutifs du Gouvernement. Le Gouvernement provincial de Koyagialo est composé de 10 Ministres et des 6 Commissaires généraux qui ont rang de Ministre alors que ceci n'est pas prévu par la loi.

Pour l'élection de ces Gouverneurs, comme nous l'avons fait remarquer ci-haut, le principe qui a été respecté est celui d'élire un Gouverneur du Nord (66 députés) et un Vice-gouverneur du Sud (42 députés). Makila du Nord sera élu Gouverneur et Baende du Sud sera son Vice-gouverneur. Mais en 2009, après un conflit ouvert entre l'exécutif et le législatif comme indiqué plus loin, Baende du Sud sera élu Gouverneur et Mokako du Nord sera Vice-gouverneur. Après la démission de Baende en 2013,

1. Pendant que nous rédigeons ce mémoire, le Gouverneur KOYAGIALO est malade et interné dans un hôpital de la R.S.A, son Vice-gouverneur IMPETO assure l'intérim.

c'est Koyagialo du Nord qui est Gouverneur et Impeto du Sud Vice-gouverneur.

Dans tous les Gouvernements provinciaux, chaque district compte 2 Ministres provinciaux comme c'est indiqué dans les tableaux y relatifs.

## SECTION 3. LE FONCTIONNEMENT DES INSTITUTIONS PROVINCIALES DE L'ÉQUATEUR

### 3.1. Conflit entre l'Assemblée provinciale et le Gouverneur Makila

La province de l'Équateur, parfois qualifiée de province de *l'opposition*, se caractérise par d'importants dysfonctionnements des institutions, entraînant une instabilité récurrente.[1] Le MLC est majoritaire au sein de l'Assemblée provinciale et cela tout au moins dans les premiers temps de l'installation du nouveau dispositif constitutionnel. Les tensions au sein de l'Assemblée provinciale commencèrent à se manifester pratiquement dès son entrée en fonction. Mais, c'est au niveau des relations entre l'exécutif et le législatif qu'éclata la première crise aiguë suite au dépôt par onze députés provinciaux d'une motion de défiance à l'endroit du Gouverneur José Makila Sumanda pour détournement de fonds. La motion a été votée par 63 voix contre 35 le 24 Janvier 2009. Malgré l'appel de José Makila à la motion en question comme irrégulière et dès lors nulle et de nul effet, le Ministre de l'intérieur désigne le Vice-gouverneur Baende comme Gouverneur intérimaire.

Les sénateurs de l'Équateur dénoncent cette désignation, fustigent la fracture en deux camps de l'Assemblée provinciale paralysant ainsi son fonctionnement et condamnent les tergiversations ainsi que la lenteur de la justice de dire le droit. C'est seulement le 21 Septembre 2009 que la Cour Suprême de Justice déclare irrecevable, la requête en annulation introduite par Makila.

### 3.2. Élection du Gouverneur Baende, ses relations avec l'Assemblée provinciale et le Sénat

Le 13 novembre 2009, Jean-Claude Baende est élu Gouverneur avec 60 voix sur 108 votes exprimés.[2] Cette élection se réalise après 10 mois d'intérim du même Baende. Jean-Lucien Bussa du MLC, candidat malheureux de cette élection déclare à la presse plus tard que des faits de corruption

---

1. BOUVIER, P., *Op. Cit.*, p. 256.
2. Rapport de la CEI sur l'élection à l'Équateur, Décembre 2009.

et d'intimidation s'étaient produits lors de cette élection. Jeune Afrique[1] écrivait à ce sujet : « *La province vient d'échapper à l'opposition... Jean-Claude Baende a traversé la rue. En clair, il n'est pas présenté sous la bannière de l'UN ; il a rejoint Kabila...* » Lucien Bussa ajoute : « *La population a un double sentiment... que Kinshasa lui a imposé un pouvoir et que les députés provinciaux l'ont trahi* ».

Toutefois, la Province de l'Équateur ne quitta pas pour autant l'agenda des Sénateurs. Le rapport du 11 Novembre 2009 de la mission d'enquête créée par le sénat le 21 septembre, afin d'établir la traçabilité des fonds alloués par le Gouvernement central à la province de l'Équateur, fit la lumière sur plusieurs aspects de la façon dont la province avait été gérée jusqu'alors.[2] Il conclut, à propos de la désignation de Baende en qualité de gouverneur intérimaire que le Ministre de l'intérieur a constitué le point de départ du dysfonctionnement des institutions de la Province de l'Équateur. Cette désignation anarchique viole les prescrits de l'article 42 de la loi sur les provinces. In fine cet article dispose que lorsqu'une motion de défiance contre le Gouverneur est adoptée, le Gouvernement provincial est réputé démissionnaire.

En outre, l'Assemblée provinciale connaît un dysfonctionnement qui se manifeste au niveau de l'état moral de ses membres dans l'exercice de leur mandat.[3] Il s'est créé en effet un clivage au sein de cette institution, à travers la création d'un groupe des députés acquis au changement (favorable au Gouvernement Baende) et un groupe pour l'action et la défense des intérêts de la population. Ce clivage qui ne tenait plus compte des partis politiques a eu comme effet la paralysie et le dysfonctionnement de l'Assemblée provinciale, manipulée à souhait par le Gouverneur a.i. depuis son installation.

L'Assemblée provinciale de l'Équateur s'est illustrée par une production législative déficitaire, il en est de même de l'exercice de la fonction de contrôle[4]. Notons en passant qu'à la période où nous rédigeons ce travail l'Assemblée provinciale de l'Équateur est suspendue depuis le 20 Avril 2014. Du jamais vu. Un député provincial parle de la confusion politique à l'Équateur : le Gouverneur est malade et l'Assemblée est suspendue par le pouvoir central pour crise grave et récurrente. Le Vice-gouverneur est désigné Gouverneur ad intérim par le Ministre national de l'intérieur.

---

1. *Jeune Afrique*, 3 au 9 juillet 2011, éditorial.
2. Rapport de la mission d'enquête du Sénat octobre 2009.
3. BOUVIER, P., *Op. Cit.*, p. 266.
4. Propos recueillis auprès de l'Honorable MAKILA SUMANDA, ancien Gouverneur de la Province de l'Équateur, Décembre 2013.

À l'occasion de la mission du Sénat, il faut noter que la réaction de l'exécutif Baende fut des plus catégoriques. Le refus de collaboration du Gouverneur Baende (encore intérimaire à ce moment) et des services relevant du gouvernorat a été mentionné dans le rapport. En effet, sur son ordre, des bureaux de la chaîne financière furent fermés et leurs responsables instruits de ne pas répondre aux invitations de la mission. Il en était de même des Ministres provinciaux. La mission s'est adressée au Procureur général près la Cour d'Appel de Mbandaka pour obtenir l'ouverture des bureaux fermés et s'est vue débouter, le Procureur général s'étant déclaré incompétent.

Les relations entre le législatif et l'exécutif ne s'améliorent pas au fil du temps. Dans l'allocution tenue à l'occasion de la cérémonie d'échanges des vœux le 15 Janvier 2011, le Gouverneur de province signale que ses relations avec le législatif ne sont pas bonnes et ceci constitue un obstacle pour le développement de la Province.

À l'Assemblée provinciale, plusieurs séances plénières n'ont pas été tenues à cause justement des crises à répétition. Noël Obotela Rachidi note à ce sujet que *« l'Assemblée provinciale de l'Équateur est loin de retrouver la sérénité. Après la surchauffe enregistrée avant l'élection du nouveau gouverneur, les députés réclament la démission de leur président Edmond Mondombo Kanzu, un Ngombe ressortissant de la Mongala à Lisala »*[1]. Cette motion a été lancée par l'honorable Lofant, un Mongo, élu de Mbandaka. Il accusait le Président de l'Assemblée et les membres du bureau de s'attribuer les indemnités de sortie avant l'échéance constitutionnelle de leur mandat.

L'Assemblée était alors divisée en deux camps : les acquis au changement et les légalistes qui soutenaient le bureau. Dans cette ambiance des troubles en plénière, un policier tira en l'air pour disperser les protagonistes. Quelque temps après le Ministre national de l'intérieur ordonne de sceller les portes de l'institution jusqu'à nouvel ordre. Face à cette situation, la société civile de l'Équateur a sommé les députés provinciaux de mettre fin à leurs divergences. Joseph Efeno, président de cette société civile, a stigmatisé le comportement de ces élus qui n'ont effectué aucun contrôle sérieux et ont produit seulement deux édits non avalisés ! Ils privilégient plutôt leurs intérêts personnels et égoïstes. Un ultimatum de sept jours leur a été lancé à partir du 25 Février 2010. Rien ne s'étant produit, la société civile a initié une pétition en vue de solliciter de la hiérarchie la dissolution de cette institution conformément aux articles 19, 21 de la Loi portant principes de la libre administration des provinces. Réagissant à

---

1. OBOTELA, R., « Afrique-actualités », in *Congo-Afrique*, décembre 2009, p. 333.

cette pétition, le président de l'Assemblée provinciale a dénié à la société civile la qualité de demander la dissolution de l'Assemblée provinciale.

### 3.3. Élection d'un nouveau Président à l'Assemblée provinciale, l'Honorable KILIYO SETU

Des Députés du groupe des *« acquis au changement »,* dans une déclaration rendue publique le 9 mars 2010, demandaient aux membres du bureau de l'Assemblée de démissionner et de ne plus mettre pieds dans l'enceinte de celle-ci.[1] Le 1er avril 2010, 59 députés du même groupe sont arrivés au siège de l'Assemblée provinciale et cassèrent les portes de la salle de réunion, procédèrent à l'élection d'un nouveau bureau dont le président est Gaston KILIYO SETU, élu de Gemena. Ce bureau est élu par acclamation.

Un acteur politique de la République Démocratique du Congo fit des commentaires suivants dans la presse : *« Assemblée provinciale de l'Équateur ; la criminalité politique règne en bon maître à l'Équateur. Ce théâtre s'est produit jeudi dernier dans la province de l'Équateur où on a assisté à un banditisme politique forcé des 59 députés provinciaux qui ont envahi les portes de l'Assemblée provinciale en procédant à l'élection du nouveau bureau de leur institution ».* Lors d'un point de presse le 3 avril, Edmond Mondombo déplora le comportement des Députés dits *acquis au changement,* jugea illégales les modalités de l'élection et dénonça la complicité des services de l'État de la province dans cette affaire.

D'autres événements encore ont perturbé les travaux de l'Assemblée. Le 15 Mars 2010, le député Oscar Molambo Mamete, accusé de soutenir les rebelles Enyele, est arrêté et transféré à Kinshasa. Le MLC réagit immédiatement pour dénoncer cette arrestation jugée illégale étant donné les immunités dont jouissait l'élu.

Le 11 octobre 2010, la plénière prévoyant l'adoption d'un édit n'a pas eu lieu faute de quorum non atteint du fait que des délinquants équipés d'armes blanches ont fait irruption dans la cour de l'assemblée. Avant cet incident, un groupe de onze députés avait déposé une motion de défiance contre le gouverneur Baende.

À l'Assemblée provinciale de l'Équateur, la crise fut le principe de telle façon qu'un jour de la clôture de la cérémonie de la session de janvier 2009, les invités ne savaient plus où répondre car deux cérémonies s'effectuaient, l'une au parc Kabila et l'autre dans l'enceinte de l'assemblée provinciale.

---

1. MOTEBE AGALEA, F., Op. Cit., p. 64.

## 3.4. Élection d'un autre Président (le 3e) à l'Assemblée provinciale, l'Honorable IBAMBE et la démission du Gouverneur Baende

L'autre épisode à signaler est le départ du nouveau Président Kiliyo à la tête de l'institution. Élu en 2006 sur la liste MLC, Kiloyo se rapproche davantage du Gouverneur Baende si bien qu'il se présentera aux législatives nationales en Novembre 2011 sous la bannière ADH, parti cher à Baende.

Le MLC en profite pour le démettre arguant à juste titre qu'il a quitté délibérément le parti. Le 11 juin 2012, il suspend la plénière, mais 57 députés restent dans la salle et élisent un nouveau bureau. C'est l'avènement de l'actuel président de l'Assemblée provinciale, l'honorable Ibambe du PPRD, qui n'a pas autant de sièges que le MLC. Il a réussi ce coup suite à son opposition farouche au gouverneur Baende et à la création d'une nouvelle dynamique des députés toutes tendances confondues. C'est sous la présidence de l'honorable Ibambe que Monsieur Koyagialo sera élu après la démission du Gouverneur Baende.

Avant de parler des difficultés rencontrées dans la gestion du Gouverneur Baende, nous donnons quelques observations politiques concernant les différents Bureaux qui se sont formés.

**Tableau n° 15 : Premier Bureau de l'Assemblée provinciale de l'Équateur**

| Fonction | Noms | District | Territoire | Études | Parti | Tribu |
|---|---|---|---|---|---|---|
| 1. Président | MONDOMBO KANZO | Mongala | LISALA | L2 | MLC | NGOMBE |
| 2. V/Président | NGAYO LIKINDA | Tshuapa | IKELA | L2 | MLC | MONGO |
| 3. Rapporteur | MBELAWA BALIFIO | Nord-Ubangi | BUSINGA | G3 | MLC | NGBAKA |
| 4. Rapporteur Adjoint | YAMBO N'SANA | Sud-Ubangi | LIBENGE | L2 | MLC | NGBAKA |
| 5. Questeur | LIKINDA BOLOM' OLENGE | Tshuapa | IKELA | G3 | PPRD | MONGO |

Source : Mémoire MOTEBE, *op. cit.*, p. 54.

La composition de ce Bureau ressort les analyses ci-après :

1. Le Président est ressortissant du Nord et du district de la Mongala et le Gouverneur élu est du Nord aussi, mais du district du Sud-Ubangi.

Le Vice-président est du Sud dans le district de la Tshuapa et le Vice-gouverneur est aussi du Sud mais du District de l'Équateur.

2. Le Président de l'Assemblée est Ngombe alors que le Gouverneur est Ngbaka, tous du Nord.

Le Vice-président et le Vice-gouverneur tous du Sud sont des Mongo.

3. Le MLC et alliés majoritaires à l'Assemblée provinciale rafle 4 postes sur 5 au bureau, ceci étant le résultat de la bipolarisation de la vie politique au niveau national et provincial avec la constitution de deux plates-formes (UN et AMP).

4. Le PPRD prend le siège du questeur. En effet, le candidat Likinda du PPRD, bat la candidate Engonge du MLC car il bénéficie du soutien total de ses frères Mongo, surtout de la Tshuapa et celui des alliés du MLC déçus. Ces derniers misaient sur un poste au bureau.

Bref, à ce niveau, les règles démocratiques et de la géopolitique ont été respectées, sauf que la Tshuapa prend 2 postes et l'Équateur n'est pas représenté à ce bureau, mais obtient le Vice-gouverneur Baende.

**Tableau n° 16 : Deuxième bureau de l'Assemblée provinciale de l'Équateur**

| Fonction | Noms | District | Territoire | Études | Parti | Tribu |
|---|---|---|---|---|---|---|
| Président | KILIYO SETU | Sud-Ubangi | GEMENA | G3 | MLC | NGBAKA |
| V/Président | MBOYO ILUKA | Tshuapa | BOENDE | L2 | CDC | MONGO |
| Rapporteur | BOKUNGU BUBU | Mongala | BUMBA | G3 | MSR | MBUDJA |
| Rapporteur Adjoint | NSOMBOLA L. | Équateur | BOLOMBO | L2 | PPRD | MONGO |
| Questeur | DEU FANANZE | Nord-Ubangi | MOBAYI-MBONGO | L2 | CODECO | NGBANDI |

Source : mémoire MOTEBE, *op. cit.*, p. 55.

Ce bureau accède ou prend le pouvoir de façon particulière. Les députés se révoltent contre le premier bureau, dit bureau Mondombo, et sont appuyés totalement par le nouveau Gouverneur Baende. L'opposition est émiettée. Les députés AMP qui bénéficient du soutien de Baende créent le groupe des *Députés acquis au changement* et contrôlent désormais l'Assemblée provinciale. Tous les 5 membres du bureau sont proches du Gouverneur Baende et de son parti ADH. D'ailleurs, comme nous l'avons indiqué ci-haut, le Président Kiliyo s'était présenté candidat député national à Gemena pour le parti ADH. Le Vice-président Mboyo fut l'initiateur de la motion de défiance contre Makila et le Questeur Deu Fananze qui a quitté le Gouverneur Baende perdra son poste au profit de Zianga Alpha, un Ngbandi élu indépendant. Sur le plan de la représentativité, on remarque que chaque district a un membre dans ce nouveau Bureau. Les Mongo occupent 2 postes et on constate l'arrivée d'un Ngbandi et d'un Mbudja à ce bureau.

Le troisième Bureau, quant à lui, reflète une configuration *sui generis*. Dans sa composition, il renferme 2 membres du PPRD, 2 membres du MLC et un membre de l'ADH qui a pris une grande distance avec le président de son parti, le gouverneur Baende. En fait, c'est un bureau issu de la nouvelle dynamique qui tenait à tout prix au départ de Baende de la tête de la Province. La fronde contre Baende vient du MLC qui l'a considéré comme allié les ayant trahis. Pour réussir le coup, le MLC propose un député PPRD à la présidence afin d'avoir le soutien du pouvoir central et surtout des Sénateurs MLC.

Avec ce bureau, l'équilibre géopolitique est rompu avec la présence de 2 députés de la Tshuapa. Néanmoins, le rapporteur adjoint Lofondje est élu de Mbandaka mais il est originaire de Befale, district de la Tshuapa. Ceci confirme encore l'homogénéité des Mongo face aux enjeux électoraux.

**Tableau n° 17 : Troisième Bureau de l'Assemblée provinciale de l'Équateur.**

| Fonction | Noms | District | Territoire | Études | Parti | Tribu |
|---|---|---|---|---|---|---|
| Président | Ibambe Demo | Sud-Ubangi | Kungu | G3 | PPRD | Ngbaka |
| V/Président | Losongo Bongombolo | Tshuapa | Befale | L2 | MLC | Mongo |
| Rapporteur | Mazomba Molengi | Mongala | Bumba | L2 | PPRD | Mbudja |
| Rap. Adj. | Lofandje Kilube | Tshuapa | Befale | L2 | ADH | Mongo |
| Questeur | Bangagbia Sese | Nord-Ubangi | Yakoma | G3 | MLC | Ngbandi |

Source : Mémoire MOTEBE, *op. cit.*, p.56.

L'on peut remarquer aussi qu'après le départ du Gouverneur Makila, ses frères Ngbaka s'accrochent au poste du président de l'Assemblée qu'ils occupent à deux reprises. Les Mongo occupent le poste du Vice-président à 3 reprises. L'ascendance relative du Sud-Ubangi par rapport aux Mongo ne serait-elle pas un effet de la montée en puissance de leur fils le Sénateur Jean-Pierre Bemba, chef rebelle, Président du MLC, Vice-président de la République et candidat malheureux à l'élection présidentielle ?

En termes du bilan de l'Assemblée provinciale, après son installation le 14 Janvier 2007 jusqu'à 2013, elle a tenu 17 sessions dont 12 ordinaires et 5 extraordinaires. Durant la législature, huit propositions d'édits ont été examinées. Ils sont relatifs aux activités agricoles, au transport public, aux finances, aux concessions forestières et aux avantages sociaux des députés provinciaux de l'Équateur.

Pour les projets d'édits, en plus de l'édit des finances, l'Assemblée provinciale a examiné 4 projets d'édits se rapportant à l'électrification, aux marchés publics, aux ASBEL, etc.

Par contre, plus de 14 commissions d'enquêtes ont été créées et 3 motions de défiance ont été adoptées. Une adressée au Gouverneur et 2 contre deux ministres. D'autres questions de contrôle parlementaire sont signalées : questions d'actualité, questions orales avec ou sans débat, une douzaine, 7 interpellations. Voici par ailleurs comment l'honorable Motebe[1] évalue les différents Bureaux de l'Assemblée provinciale de l'Équateur :

- Direction de débat partiel et partial ;
- Mauvaise gestion des deniers publics ;
- Négligence des députés sur le plan social ;
- Refus de contrôler la gestion du Bureau et de présenter les rapports ad hoc ;
- L'inexpérience de la plupart des membres du Bureau ;
- Le Bureau est inféodé par l'exécutif provincial.

### 3.5. Gouvernement BAENDE : quelques difficultés rencontrées

Au niveau du Gouvernement provincial, le rapport du 11 novembre 2009 de la mission d'enquête créée par le Sénat soulignait que : *« L'attribution arbitraire des responsabilités aux membres de l'exécutif provincial viole les articles 198 de la Constitution et 2 de la loi sur les provinces. Dans ce contexte, elle constitue une circonstance aggravante dans le chef du Gouverneur a.i en ce qu'elle paralyse le fonctionnement normal de cette institution. Dans le même ordre d'idées, le principe de libre administration des ETD et celui de leur autonomie a été délibérément violé par le gouverneur a.i. de l'Équateur. Ce fait constitue un obstacle majeur à la réalisation de la démocratisation dans cette province ».*[2]

1. MOTEBE, *Op. Cit.*, p. 57
2. Rapport du Sénat, *Op. Cit.*, p. 44.

Les déboires au niveau ministériel furent aussi importants. Le 28 Juillet 2009, la Cour Suprême de Justice condamnait Dominique Mbongi, ministre provincial de l'agriculture à trois ans de servitude pénale et 20.000 FC d'amende. Il avait été arrêté par la sécurité de la MONUC en possession de 50.000 dollars américains. Ce fait provoqua les réactions de la société civile de l'Équateur qui, par la voix de son président, Joseph Efeno, s'exprima ainsi : *« On a l'impression que l'Équateur se distingue par la mafia, la corruption, la mésentente... Pourquoi la MONUC doit arrêter le Ministre en lieu et place de son service ? Nous avons l'impression que nos services ne font rien »*[1].

Depuis l'élection de Jean-Claude Baende comme Gouverneur, plusieurs remaniements ministériels eurent lieu. Le premier fut celui du Ministre provincial de l'intérieur et ordre public Jean-Baptiste Mena, démis de ses fonctions le 20 février 2010 par arrêté du Gouverneur, une semaine après sa prestation de serment, pour avoir divulgué le secret d'un conseil des Ministres. Le plus récent remaniement date du 18 Février 2011. Quatre Ministres conservèrent leur portefeuille, quatre d'entre eux furent permutés et deux nouveaux firent leur entrée. Enfin, en mars 2011, Thierry Mbuze Agwabi, Ministre des travaux publics, infrastructures, transport et affaires foncières, était appréhendé et transféré à la prison de Makala suite à un mandat d'arrêt délivré contre lui par le Procureur Général de la République. L'acte de dénonciation provenait du Gouverneur Jean-Claude Baende et portait sur les détournements d'équipements destinés à la province de l'Équateur dans le cadre de cinq chantiers de la République (*Congo indépendant*, 20 mars 2011).

Dans le domaine de la gestion financière, le dysfonctionnement constaté au niveau du législatif et de l'exécutif, s'est répercuté aussi sur ce secteur d'activité. L'ancien Gouverneur José Makila avait été *« épinglé comme chef d'orchestre du détournement de plus de 85 millions de FC représentant la paie complémentaire des enseignants du district du Sud-Ubangi »*[2].

La même source fait état de ce que, alors qu'il n'était encore que gouverneur a.i., Jean-Claude Baende a également été accusé de toute une série de détournements de fonds et du non-versement des rétrocessions à plusieurs ETD. Le rapport de la mission d'enquête du Sénat le 16 Novembre 2009, déjà cité, relevait au chapitre des difficultés financières de la province les points suivants :

1. Déclaration de Monsieur Joseph EFENGE, Président de Société Civile de l'Équateur, Août 2009.
2. Digital Congo net, 31 Août 2009.

1. La désorganisation de la gestion des ressources financières et matérielles allouées à la province par une signature unique de sortie des fonds de la BCC/Mbandaka quand il s'agit de grosses sommes ;
2. La centralisation de la gestion des ressources de l'État par le Gouverneur a.i. ;
3. Le détournement par le Gouverneur a.i. des fonds de la rétrocession destinés aux ETD et de deniers publics par l'instauration des circuits financiers irréguliers ;
4. La perception des fonds de l'État par des personnes non autrement identifiées ;
5. L'utilisation de l'Agence SOFICOM comme caisse des opérations irrégulières ;
6. L'absence de traçabilité dans l'utilisation des ressources matérielles allouées par le gouvernement, leur gestion étant centralisée par le gouverneur a.i. Jean-Claude Baende.

Comme pour authentifier ces constats, en Novembre 2010, l'on signalait en effet que le gouverneur Jean-Claude Baende et le ministre provincial des finances, économie, commerce et hydrocarbure, Willy Bombito Mbamba, avaient été pris *« la main dans le sac »*. Ce dernier avait perçu le 20 mai 2010, sur instruction du gouverneur, *« au titre d'avance sur les droits à percevoir par la province »,* la somme de 25.000 USD auprès de l'associé gérant de la société SOCMANT SPRL, Georges Economou.

La note de reconnaissance fut signée de la main du Ministre Bombito. Africanews en avait obtenu copie. Dans une étude de John Elam Kodoro Dasewa sur l'impact de la douane sur les finances publiques et le développement économique en province de l'Équateur, il est souligné : *« Si la province n'arrive pas à mobiliser d'abondantes recettes, cela est tributaire des problèmes liés à la taxation, au manque d'éthique, au développement du secteur informel, à la minorisation de la base taxable, à la fraude documentaire et douanière sous ses multiples formes, au problème d'hommes, à la démotivation des douaniers due par le retard de paiement de leur salaire et différents avantages sociaux, au manque de la culture fiscale dans le chef des opérateurs économiques, au manque des moyens matériels et logistiques modernes, à la non-taxation de bois de l'Équateur et de l'électricité produite par la centrale de Mobayi-Mbongo, consommée à Mobayi Bango (RCA), au transfert des produits pétroliers en volume et en fréquence, au manque de bâtiments propres de l'OFIDA à l'intérieur, à la fermeture de la frontière du côté de la RCA, à l'insécurité due à la guerre de Darfour au sud du Soudan et aux autres facteurs endogènes qu'a connus la province»*[1]. D'ailleurs, dans une lettre (n° 203/0047) de Mars 2011, le maire de Mbandaka, Constant Besau Nsomb'Ofola, s'insurgeait contre le fait que les autorités ministérielles provinciales ne transféraient pas les fonds auxquels la ville et les ETD avaient droit et déplorait également le fait que la nouvelle nomenclature le pénalisait. Voici par ailleurs la composition de différents Gouvernements provinciaux de l'Équateur.

1. KADORO SEDEWA, E., *L'impact de la douane sur les finances publiques et le développement socio-économique : Bilan et perspectives*, T.F.C/ISC/ Gbadolite, 2009, p. 31.

**Tableau n° 18 : Composition du Gouvernement provincial sous le Gouverneur MAKILA José**

| N° | Noms & Prénoms | Fonction | District | Territoire | Parti Politique | Période |
|---|---|---|---|---|---|---|
| 1. | MAKILA José | Gouverneur | Sud-Ubangi | GEMENA | MLC | 2007-2009 |
| 2. | BAENDE Jean-Claude | Vice-gouverneur | Équateur | BASANKU-SU, élu à Mbandaka | ADH | |
| 3. | EMENYE Henri | Ministre de l'Intérieur | Équateur | BEFALE | MLC | 2007-2009 |
| 4. | MOOLO MBONGI Dominique | Ministre de l'Agriculture | Sud-Ubangi | GEMENA | MLC | 2007-2009 |
| 5. | NGBONZA Roland | Ministre des Travaux Publics et Infrastructures | Nord-Ubangi | | MLC/ ADT | 2007-2009 |
| 6. | MBONGA MAGALU Louis | Ministre des Finances | Mongala | LISALA | Indépendant | 2007-2008 |
| 7. | ENDOTO Norbert | Ministre de l'Environnement | Mongala | BUMBA | MLC | 2007-2009 |
| 8. | AGBOKUMA BITA Joachin | Ministre du Budget | Sud-Ubangi | BUDJALA | MLC/ ADH | 2007-2009 |
| 9. | BINDAMBA Bruno | Ministre de Santé | Nord-Ubangi | | INDEP/ ADH | 2007-2009 |
| 10. | BOMBOLO | Ministre du PLAN | Tshuapa | BASANKUSU | MLC | 2007-2008 |
| 11. | IS'ILOKO Tagard | Ministre de la Jeunesse | Tshuapa | BOKUNGU | MLC | 2007-2009 |
| 12. | MOLEBO Marie-Josée | Ministre du Genre | Équateur | MAKANZA | MLC | 2007-2009 |
| 13. | KOYO Rose | Secrétaire Exécutif | Mongala | LISALA | MLC | |

Source : Archives du Gouvernorat, 2013.

N.b.

- Dans ce gouvernement provincial, Madame Rose KOYO a été désignée Secrétaire Exécutif avec rang de Ministre. Elle est de Lisala, dans le parti politique du MLC.
- 80 % des Ministres sont du MLC et les autres sont de l'ADH (BAENDE).

**Tableau n° 19 : Composition du Gouvernement provincial sous le Gouverneur BAENDE**

| N° | Noms & Prénoms | Fonction | District | Territoire | Parti Politique | Période |
|---|---|---|---|---|---|---|
| 1. | BAENDE Jean-Claude | Gouverneur | Équateur | Basankusu | ADH | |
| 2. | MOKAKO NZEGE | Vice-gouverneur | Mongala | Bumba | PPRD | |
| 3. | BRUNO BINDAMBA SENGE | Ministre près le Gouverneur | Nord-Ubangi | Yakoma | INDEP/ ADH | 2010-2013 |
| 4. | FIDELE LIKINDA | Ministre de l'intérieur | Tshuapa | Ikela | PPRD | 2010-2011 |
| 5. | MAURICE DANA MWA | Min. Agriculture | Nord-Ubangi | Businga | PPRD | 2010-2011 |
| 6. | MOKOMAMAZOBA | Min. Budget & plan | Sud-Ubangi | Kungu | PDC/ ADH | 2010-2013 |
| 7. | THIERRY MBUZE AGWABI | Min. T.P. I. | Sud-Ubangi | Gemana | INDEP. | 2010-2011 |
| 8. | WILLY BOMBITO MBOMBA | Min. Finances | Équateur | Bolobo | PPRD | 2011-2011 |
| 9. | REBECCA EBALE NGUMA | Min. Genre, famille | Mongala | Lisala | ADH | 2010-2012 |
| 10. | MIREILLE BETAY BONTAMBA | Min. Fonction publique | Tshuapa | Boende | ADH/ INDEP | 2010-2012 |
| 11. | ROGER MWAMBA | Min. Sante | Équateur | Bomongo | MLC/ ADH | 2010-2012 |
| 12. | RICHARD BAINGETO | Min. EPSP | Mongala | Bongandanga | UNADEF | 2012-2011 |

Source : Archives du Gouvernorat de Kinshasa, 2013.

N.b.

- Me MAGBENGU a été désigné Secrétaire Exécutif avec rang de Ministre. Il est de l'ADH, district de la Mongala, originaire de BUMBA

- Le PPRD occupe 4 postes ministériels et l'ADH et alliés en occupe 6. Le MLC ne se retrouve pas.

Après les élections de 2011, le Ministre provincial Likinda élu député national sera remplacé par Réné Bofala du PPRD. Mesdames Ndjoli et Lokumu entrent aussi au gouvernement Baende en 2012.

**Tableau n° 20 : Composition du Gouvernement provincial sous le Gouverneur KOYAGIALO**

| N° | Noms & Prénoms | Fonction | District | Territoire | Parti Politique |
|---|---|---|---|---|---|
| 1. | KOYAGIALO | Gouverneur | NORD-UBANGI | MOBAYI MBONGO | PPRD |
| 2. | IMPETO Sébastien | Vice-gouverneur | TSHUAPA | BOENDE | PDC |
| 3. | IYELI WA IYELI | Min. Intérieur | MONGALA | BONGANDANGA | PDC |
| 4. | EMMANUEL NGBALIGAZA | Min. Finances | NORD-UBANGI | BUSINGA | PPRD |
| 5. | PETSHI ELONGA | Min. Santé | TSHUAPA | BOKUNGU | |
| 6. | BEKANGA | Min. Budget et emploi | TSHUAPA | IKELA | PPRD |
| 7. | TENEMBETO | Min. T.P.I | NORD-UBANGI | MOBAYI MBONGO | |
| 8. | KUKUFA YVES | Min. Énergie | ÉQUATEUR | BIKORO | |
| 9. | HOTO | Min. Nouvelles technologies | MONGALA | LISALA | |
| 10. | MONGA ITONGI BENJAMIN | Min. Jeunesse et sport | ÉQUATEUR | BOLOMBA | |
| 11. | MBONGA LOUIS | Commissaires Plan | MONGALA | LISALA | MLC |
| 12. | JEANNE EBAMBA | Com. EPSP | ÉQUATEUR | BOMONGO | PPRD |
| 13. | BOMANA | Com. Environnement | | | UCR |
| 14. | YONDO | Com. aux affaires humanitaires. | | | PDC |
| 15. | LIKOKU | Com. à la Décentralisation | ÉQUATEUR | BASANKUSU | MLC |
| 16. | INONGA | Com. aux relations avec les organismes internationaux. | TSHUAPA | BEFALE | PPRD |

Source : Archives Gouvernorat, 2013.

N.b. - Le parti PPRD prend 5 postes, le PDC (ENDUNDU) en prend 3, suivis du MSR, MLC et UCR (de LOKONDO). Au demeurant, nous pouvons retenir que sous cette législature, les institutions politiques de l'Équateur ont fonctionné sur fond de crise et d'instabilité permanente. Les spécialistes parlent même de la confusion politique à l'Équateur[1].

1. Le Gouverneur étant malade, le Vice-gouverneur désigné Gouverneur a.i. tente sans succès de nommer ses Ministres et un nouveau cabinet. L'Assemblée provinciale est

L'Assemblée provinciale est en conflit quasi-permanent avec elle-même et avec l'exécutif à telle enseigne qu'un Gouverneur perdra son poste par le fait d'avoir retiré les avantages accordés indûment aux Députés. Il s'agit d'une prime appelée communément E13 et qui signifie «Émolument supplémentaire de 1.300.000 FC». L'autoritarisme du Gouverneur Makila fut à la base de son départ quand il oblige le Président de l'Assemblée à participer au Conseil provincial de sécurité. Mais, la donne tribale a joué un rôle crucial dans tous les conflits, sans oublier l'immixtion des autorités centrales, surtout les sénateurs avec le Président Kengo à la tête des tireurs des ficelles.

Le clivage entre le Nord et le Sud n'est pas encore un conflit ouvert mais c'est déjà un sentiment qui se manifeste clairement. Pour l'opinion générale, le pouvoir doit être équilibré, c'est-à-dire, si le Gouverneur est du Nord, le Président de l'Assemblée doit être du Sud et vice-versa. C'est fort probable qu'un jour ce conflit éclate au grand jour car actuellement, les deux institutions provinciales sont animées par les Nordistes.

Tous ces conflits ont pour conséquence l'instabilité et le mauvais fonctionnement de ces institutions et le faible rendement du travail des députés qui n'influe nullement sur le développement de la Province.

## SECTION 4. BILAN DES INSTITUTIONS POLITIQUES DE L'ÉQUATEUR FACE AU DÉVELOPPEMENT

Ce point analyse en réalité le bilan de l'action des institutions politiques de l'Équateur après sept ans de fonctionnement. Avant de parler de l'action de l'exécutif, rappelons que le bilan de l'Assemblée provinciale de l'Équateur en termes législatif et de contrôle parlementaire, est largement négatif. Peu d'édits seulement ont été adoptés ; et pour l'essentiel des édits qui ne sont nullement au cœur des actions du développement. Le contrôle parlementaire s'est limité à des rivalités et à la recherche des gains faciles, égoïstes et personnels des députés provinciaux.

Ce travail des députés provinciaux de l'Équateur n'a pas favorisé la présence d'un climat d'harmonie entre institutions, au contraire la quasi-totalité des conflits provenait des élus provinciaux. Pourquoi ?

L'exécutif provincial qui a la charge de gérer la province au quotidien a toujours, à travers ses trois gouvernements provinciaux, présenté des programmes d'actions très ambitieux. Ceci va du gouverneur Makila jusqu'à Koyagialo en passant par Baende. En termes de politiques

suspendue en Avril 2014, elle a rouvert ses portes en Septembre 2014 sur une décision du Gouvernement central.

publiques, tous les indicateurs essentiels sont retenus : la santé, l'éducation, les infrastructures, l'énergie etc.

## 4.1. INFRASTRUCTURES

Si l'on aborde la question des infrastructures routières, l'on ne constate que l'Équateur dispose d'un réseau de transport routier susceptible de relier toute la province. Pourtant, l'enclavement est parfait. Malgré les discours des différents gouverneurs qui se sont succédé à la tête de cette province, seulement 43 Km des routes sont asphaltées jusqu'à ce jour, et c'est sur un réseau de 14.314 Km dont 2.393 Km des routes d'intérêt national, 2.716 Km des routes d'intérêt provincial et 3.158 Km des routes secondaires et 5.500 Km des routes d'intérêt local.[1]

En 2013, l'ancien Gouverneur Makila tente de présenter ses réalisations à l'Assemblée provinciale pour être réélu gouverneur. Mais il ne convainc pas, quand il déclare : *« J'ai réhabilité les infrastructures urbaines, quelques ponts et quelques bacs »*[2]. De toutes les façons, il ne donne aucune précision ni sur les noms, ni sur les lieux. Le réseau ferroviaire long de 187 Km (AKETI-BUMBA) est complètement délabré. Seul l'hôtel du gouvernement, le Palais de Justice et les résidences du Gouverneur et Vice-gouverneur ont été réhabilités.

Actuellement la priorité est de réfectionner et réhabiliter les routes dont les axes sont : [3]

- Akula-Gemena-Libenge-Zongo
- Gemena-Karawa-Gbadolite
- Yakoma-Bumba
- Kalamba-Ingende-Djoa
- Boende-Ikela
- Avenues Bosomi et Révolution à Mbandaka (asphaltage).

Comme le Gouverneur Koyagialo a présenté les axes dans son programme d'action, la province devrait donner le ton pour être relayé par le pouvoir central.

Notons que les avenues Lukolela, Mukamba, condor et Ipeko ont été réhabilitées.

---

1. MOTEBE, A., *Op. Cit.*, p. 35.
2. Discours programme de Monsieur MAKILA devant les députés provinciaux pour briguer une seconde élection comme Gouverneur.
3. Programme d'action présenté par le Gouverneur KOYAGYALO en décembre 2013.

## 4.2. LA SANTÉ

Dans le domaine de la santé, la situation est aussi précaire. 104 enfants pour 1000 meurent à la naissance par an contre 97 au niveau national.[1]

Aussi, le ratio médecin-population est-il de 1 médecin pour 50.894 habitants contre 1 médecin pour 17.746 habitants au niveau national. Les hôpitaux et les centres de santé dans la province de l'Équateur ne sont pas couverts des distances normales, la population est obligée de parcourir de très longues distances en cas de nécessité.

## 4.3. L'ÉDUCATION

L'éducation, surtout l'EPSP, est du domaine quasi exclusif de la Province. Les Districts de l'Équateur, de la Tshuapa, de la Mongala et du Sud-Ubangi comptent environ 8.321 écoles maternelles, primaires, secondaires et professionnelles. Plusieurs écoles ont été réhabilitées ou construites. Très peu l'ont été par l'action de l'exécutif provincial, ni des actions propres à quelques Députés. Plus de 90% des écoles réhabilitées ou construites sont l'œuvre des partenaires comme : l'Unicef, Oxfam, Acted, Banque Mondiale, ADRA, Fonds Social, GTZ, CTB, BECECO, FOLECO, Vision mondiale et bien entendu du Gouvernement central. Mais malgré les efforts consentis dans ce domaine, 32% d'enfants de 6 à 11 ans ne fréquentent pas l'école.

## 4.4. L'ÉLECTRICITÉ ET L'EAU

En ce qui concerne l'électricité, il faut noter que 1% seulement de la population a accès à l'électricité et 12% à l'eau potable.[2] C'est pourquoi plusieurs opérateurs politiques insistent sur le centre hydroélectrique de Mobay-Mbongo qui doit être achevé dans sa dernière phase et de doter chaque ville, dans un premier temps, d'un groupe électrogène de + 500 KVA par la SNEL pour leur électrification. Il faut aussi doter la REGIDESO d'un château d'eau de 500 m$^3$ pour desservir la ville de Mbandaka avant de songer à d'autres entités.

En conclusion, on peut retenir que dans la Province de l'Équateur, d'après les données de la Banque Mondiale, tous les indicateurs de pauvreté sont réunis. La province de l'Équateur est la plus pauvre de

1. Programme d'action, présenté par le Gouverneur Koyagialo, décembre 2013.
2. Programme des Nations Unies pour le développement, unité de lutte contre la pauvreté, 2011.

toutes et reste confrontée à une crise multisectorielle ressentie durement au quotidien. Le diagnostic est sombre :

- La situation sociale y est des plus précaires, avec 93,6% du taux de pauvreté ;
- 1% seulement de la population a accès à l'électricité et 12% à l'eau potable ;
- Les agents et cadres des services publics de l'État sont clochardisés ;
- Des crises interinstitutionnelles sont récurrentes ;
- Le réseau routier est en état de délabrement continu ;
- Les écoles en ruine consacrent un taux élevé de déperdition ;
- Les maladies autrefois éradiquées ressurgissent ;
- Les institutions de microfinance sont inexistantes ;
- 5% seulement de terres arables sont cultivées sur les 33 millions d'hectares dont dispose la Province ;
- Le revenu annuel par habitant, très faible, est estimé à 300$ US. Etc.

Et pourtant, la province de l'Équateur possède d'immenses atouts pour son développement. Mais, aussi dans son histoire, c'est pendant cette législature que le Gouvernement central lui a rétrocédée le plus des moyens financiers conséquents pour le bien-être de la population. L'évolution des rétrocessions de la Province de l'Équateur se présente de 2007 à 2014 de la manière suivante.

**Tableau n° 21 : Évolution des rétrocessions de recettes à caractère national accordées à la Province de l'Équateur de 2007 à 2014.**

| Année | En Franc congolais | Équivalence en Dollar américain |
|---|---|---|
| 2007 | 2.979.781.968 | 3.310.868,00 |
| 2008 | 12.341.377.765 | 13.712.641,96 |
| 2009 | 13.804.168.699 | 15.337.965,22 |
| 2010 | 12.330.977.690 | 13.701.086,32 |
| 2011 | 11.973.069.258 | 13.303.410,28 |
| 2012 | 12.323.821.399 | 13.693.134,88 |
| 2013 | 13.077.061.956 | 14.530.968 ,84 |
| 2014 | 8.966.205.360 | 9.962.450,40 |
| Total | 87.976.464.095 | 97.551.626,70 |

Source : Ministère des finances, 2014.

Notons que chaque mois, en plus de cette rétrocession, ainsi que les recettes propres à la province, la Province de l'Équateur reçoit de la Banque Centrale un montant de 497.172.372 FC.

La contribution de la province de l'Équateur aux recettes à caractère national est inférieure à 1%, soit 0,20%, presque le même taux que le Bandundu (0,05 %), le Maniema (0,07%), le Kasaï occidental (0,23%) et le Kasaï oriental (0,25%). Les dépenses connues des institutions politiques de l'Équateur se présentent comme suit[1] :

- Gouverneur : 15.000$/ par mois plus d'autres avantages
- Vice-gouverneur : 10.000$
- Ministre : 7.000$
- Président assemblée provinciale : 11.000$
- Vice-président : 8.000$
- Députés : 4.000$ plus avantages.

La commission d'enquête parlementaire chargée de contrôler la gestion du Gouverneur intérimaire en 2013 recommande, conformément aux dispositions pertinentes des articles 167 et 169 du Règlement intérieur de l'Assemblée provinciale, de traduire en justice, l'ancien Ministre provincial de l'intérieur et Gouverneur intérimaire, Monsieur BOFAYA ainsi que trois autres Ministres provinciaux (finances, budget, sports) pour détournements des deniers publics. La même commission note que le barème de rémunération était revu à la hausse quasiment 4 à 5 fois l'an. Elle a enfin décrié la sortie des fonds publics sans le moindre respect des procédures de la chaîne des dépenses.

Tous ces actes et comportements des acteurs politiques ne permettent pas le redécollage de la province de l'Équateur, actes si l'on croit à la commission d'enquête sont restés impunis alors que le Ministre national de l'intérieur en est informé.

Nous terminons la présentation de l'échantillon des provinces par la Province du Maniema.

1. Source : Cabinet du Gouverneur de la province de l'Équateur, Décembre 2013.

# CHAPITRE VIII

## La province du Maniema et le fonctionnement de ses institutions politiques

Dans ce chapitre, nous présentons d'abord la province du Maniema à travers ses réalités géophysiques. Nous examinons ensuite le fonctionnement de ses institutions politiques avant de tirer les conséquences en termes de réalisations par rapport aux institutions issues de la Constitution en vigueur.

## SECTION 1. PRÉSENTATION DE LA PROVINCE DU MANIEMA

### 1.1. Aspects physique, administratif et économique de la Province

La Province du Maniema est l'une des onze provinces que compte la République Démocratique du Congo. Située presque au centre de celle-ci avec une superficie de 132.250 Km², elle représente 5,5 % de la superficie totale du pays. Elle est plus vaste que le Nord-Kivu et le Sud-Kivu réunis. Le Maniema partage sa frontière nord avec la Province Orientale, sud avec le Katanga, est avec le Sud-Kivu et le Nord-Kivu et enfin, l'ouest avec le Kasaï Oriental[1].

Avec une topographie dite de basse altitude, la Province du Maniema dans sa partie nord-ouest comprend les territoires de Lubutu et Punia qui sont entièrement dans la cuvette centrale à une altitude moyenne de 500 mètres et, plus vers le sud, dans le territoire de Kabambare, l'altitude varie progressivement jusqu'à atteindre 800 mètres. Caractérisée par un climat chaud et humide, son climat évolue du type équatorial au nord passant par une zone de transition au centre, au type soudanien au sud.

La partie sud de la province, qui compte notamment les territoires de Kasongo, Kibombo et Kabambare connaît un climat à deux saisons : une saison pluvieuse plus longue et une saison sèche qui varie entre trois et quatre mois, plus souvent entre mi-mai au mi-septembre.

---

1. Ministère du plan, *Monographie de la Province du Maniema*, Kinshasa, 2004, p. 10.

La partie centre est composée à son tour par les territoires de Kailo et Pangi y compris la ville de Kindu. Elle n'a que trois mois de saison sèche durant toute l'année. Et enfin, la partie nord du Maniema comprenant les territoires de Lubutu et Punia, située à proximité de l'Équateur ne connaît pas de saison sèche très marquée. La pluviométrie annuelle varie de 1.300 mm au sud à 2.300 mm au Nord[1].

Le sol est un édifice d'une extrême complexité. Il varie parfois assez considérablement dans une même zone écologique allant du sablonneux du territoire de Kibombo à l'argileux compact des territoires de grande forêt (Pangi, Kasongo). Ces sols argileux sont d'excellentes qualités agronomiques et sont caractérisés par une végétation spontanée plus luxuriante, une végétation plus aisée, une réserve en composés minéraux notamment en chaud. Ces sols sont en partie à Kailo, Kasongo, Pangi et Kibombo[2].

Le Maniema est couvert par une grande formation végétale que sont la forêt humide et la savane. La première couvre les territoires de Lubutu, Punia et Pangi ainsi qu'une partie de Kailo et Kibombo. Cette forêt est riche en essences forestières de valeur. Ces galeries forestières couvrent les territoires de Kabambare où la gallérie forestière s'appelle « NYEMA », d'où l'origine du nom MANIEMA[3].

La seconde composée des savanes herbeuses, arbustives et boisées se retrouve au sud vers le centre de la Province respectivement dans les territoires de Kibombo, Kasongo et Kailo.

L'hydrographie du Maniema est très riche. La province est arrosée par plusieurs cours d'eau et est traversée du sud au nord par le majestueux fleuve Congo drainant avec lui les eaux de plusieurs affluents dont quelques-uns sont : Lulindi, Musukuyi, Kunda, Lufubu, Lowe, Lweki, Elila, Kasuku, Ulindi, Lowa et Lwama.

1. *Ibid.*, p. 11.
2. *Idem*, p. 13.
3. OMASOMBO, J. et al, *Maniema, espace et vies*, édition le cri, Bruxelles, 2011, p. 40.

## CARTE DE LA PROVINCE DU MANIEMA

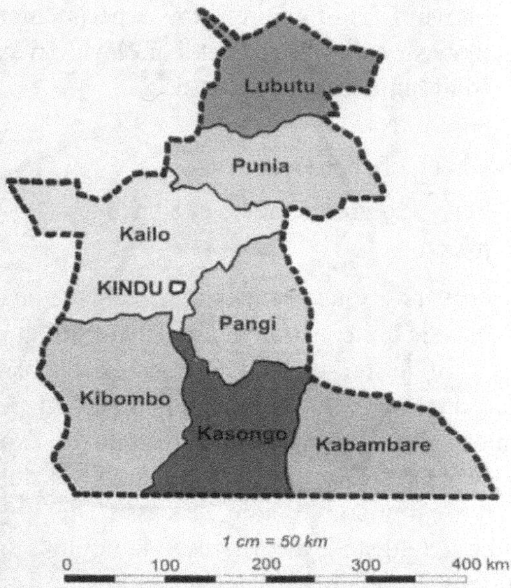


| Page | Unités administratives | Villes | Com-munes | Terri-toires | Chef-feries | Secteurs | Tota |
|---|---|---|---|---|---|---|---|
| 146 | **Ville de Kindu** | 1 | 3 | | | | |
| 143 | Territoire de Kabambare | | | 1 | - | 6 | 8 |
| 146 | Territoire de Kailo | | | 1 | 1 | 3 | 4 |
| 144 | Territoire de Kasongo | | | 1 | 6 | 4 | 10 |
| 147 | Territoire de Kibombo | | | 1 | 5 | 0 | 5 |
| 148 | Territoire de Lubutu | | | 1 | - | 2 | 2 |
| 150 | Territoire de Pangi | | | 1 | 1 | 3 | 4 |
| 149 | Territoire de Punia | | | 1 | - | 3 | 3 |
| | **Province du Maniema** | **1** | **3** | **7** | **13** | **21** | 34 |

Source : de SAINT MOULIN Léon, *Op. Cit.,* p. 142.

Sur le plan administratif, la Province du Maniema a été créée par l'ordonnance-loi n° 88-031 du 20 juillet 1988. Ce texte érigeait en provinces de trois districts de la Province du Kivu à savoir : le Maniema, le Nord-Kivu et le Sud-Kivu. C'était une réforme expérimentale (découpage test) qui visait la suppression des districts et leur élévation au rang de Province.

La province du Maniema est composée de :

- 7 territoires et trois communes ;
- 21 secteurs et 13 chefferies ;
- 35 quartiers, 320 groupements et 8 cités ;
- 2.861 villages.

Dans ses aspects physiques, la Province présente un certain nombre des phénomènes naturels qui constituent également des atouts pour son développement. Il s'agit de son sous-sol. Parlons-en très brièvement.

La province du Maniema regorge un important potentiel minier qui malheureusement n'est pas encore suffisamment exploité. Son exploitation artisanale y est très importante. Le sous-sol du Maniema contient essentiellement du minerai d'étain et cassitérite ainsi que d'éléments associés comme le tungstène (woframite), le nobium dit aussi colombium et tantale (coltan), localisés dans les territoires de Lubutu, Punia, Kailo et Pangi[1]. Des gisements importants de l'or sont situés principalement à Salamabila dans le territoire de Kabambare, à Kama et Bikenge respectivement dans les territoires de Pangi et Kasongo.

Quelques exploitations de diamant sont signalées dans la chefferie de Bahima à Kibombo, ainsi qu'à Amilulu au Nord de Lubutu.

Notons qu'une seule « entreprise » canadienne opère au Maniema dans ce domaine. C'est BANRO Sprl. D'autres comme la SOMINKI ou SOMIKO, SAKIMA, GEMICO sont en faillite.

À part les minerais, le Maniema est une province essentiellement agricole. C'est aussi une province enclavée. L'absence d'activités économiques de grande importance explique aussi l'insuffisance des infrastructures de transport. Au Maniema, on pratique encore l'agriculture de subsistance utilisant des outils rudimentaires pour cultiver le riz, l'arachide, le manioc, le maïs, la banane, les ignames, le coton et le café.

L'élevage au Maniema est de type traditionnel, axé essentiellement sur le petit bétail et la volaille. Il n'existe dans cette province aucune unité organisée d'élevage en dehors de la petite ferme de Katako située à 7 Km de Kindu vers Kibombo. Le cheptel se compose principalement des races locales de chèvres, moutons, porcs, poules, pintades, canards…

1. OMASOMBO J. et al, *Op. Cit.*, p. 29.

L'élevage de bovins en phase d'introduction a subi les perturbations de la guerre d'agression. Ce déficit de la disponibilité de la viande est parfois compensé par l'apport des ressources naturelles, à savoir les gibiers et les poissons.

## 1.2. Situation socioculturelle.

**Données démographiques et groupes ethniques.**

Les statistiques administratives du 31 décembre 2009 donnent 2.501.450 habitants avec un taux d'accroissement naturel de 3,3%.

Le territoire de Kasongo est le plus peuplé, suivi de Pangi et Kabambare. Les territoires de Kibombo et Kailo sont les plus vastes, mais moins peuplés.

Le Maniema est peuplé uniquement des bantous composés de trois groupes ethniques selon les anthropologues et les historiens[1].

Le premier groupe se compose d'une mosaïque de lignages comportant les Binja-Sud, Buyu, les Bangu bangu, Songye, Hemba-Mikebwa, et les sous-groupes comme Nonda, Mamba-Kasenga et Kwange. Les groupes seraient les fractions migrées du grand complexe Luba à cause de leurs affinités culturelles avec les luba du Katanga.

Le deuxième groupe appartenant à l'ensemble Ana-Mongo et comprend les Kusu, Ombo, Sanga, Ngengele.

Et enfin, le troisième groupe est venu de l'ancien Royaume du Bunyoro et englobe les groupes Kumu, Rega, Mituku, Lengola et Bindja-Nord.

1. ABEMBA, B, J., « La collectivité locale de wasongola/ territoire de Kindu, Zaïre » in *Cahier du CEDAF*, n° 6, 1972, p. 30.

**Tableau n°22 : Principaux groupes ethniques du Maniema**

| N° | TERRITOIRE | GROUPES TRIBAUX |
|---|---|---|
| 1. | KABAMBARE | BABUYU, BANGUBANGU et BAHOMBO |
| 2. | KAILO | BASONGOLA, BANGENGELE, BALANGA, BAKUSU, BATETELA, MITUKU et BAZIMBA |
| 3. | KASONGO | BAZIMBA, NONDA, KASENGA, BASONGE, MAMBA, BAKWANGE, WAGENYA, WAZURA, BAKUSU. |
| 4. | KIBOMBO | BAKUSU, BASONGE, BATETELA, BAZIMBA, BAKWANGE et WAGENYA |
| 5. | LUBUTU | BAKUMU ET BANYAMITUKU |
| 6. | PANGI | LEGA ET BASONGOLA |
| 7. | PUNIA | BAKUMU, BASONGOLA, BAKWAME, LEGA et BANYAMITUKU |

Source : Ministère du Plan, Monographie du Maniema, 2004.

En plus de différents dialectes parlés au Maniema, la langue nationale commune parlée de tous, est le Swahili.

La présentation de la province du Maniema nous permet de relever ce qui suit :

1. La Province du Maniema est complètement enclavée. Elle est presque au centre-est du pays et ne partage aucune frontière avec un autre pays. La circulation des biens et des personnes passent par l'avion pour l'essentiel et ceci entraîne des coûts exorbitants de marchandises achetées à Kinshasa par exemple. Le titre de voyage de Kinshasa-Kindu (aller et retour) revient à ± 960 $ alors que Kinshasa-Johannesburg atteint les 800 $ par la même compagnie aérienne CAA[1]. Les routes sont toutes en état de vétusté très avancé et le chemin de fer de la SNCC ne présentent pas encore des avancées significatives alors que le Gouvernement central y alloue des moyens financiers conséquents.
2. Les groupes ethniques cohabitent même si les luttes politiques se font par l'entremise des tribus qui composent cette province. Nsanda Buleli ajoute : *« De nombreux antagonismes aussi bien identitaires que des groupes d'intérêts caractérisent la politique de la Province jusqu'à l'arrivée de Laurent-Désiré KABILA en 1997 »*[2]

1. Source : Division commerciale CAA-Kinshasa, Janvier, 2014.
2. NSANDA BULELI, L., *La mémoire et l'histoire dans les constitutions politiques régionales et ethniques au Maniema pendant la transition (1999 à 2000) République Démocratique du Congo,* Thèse de doctorat en Histoire, Québec, Université de Laval, 2004, p. 72.

3. La langue SWAHILI est parlée par tous les habitants du MANIEMA et peut constituer un atout culturel important et partant un atout pour le développement.
4. Le partage des responsabilités dans la Province du Maniema est avant tout une sorte de lutte entre les tribus et les territoires. La notion de parti politique vient couvrir ces réalités de la géopolitique interne. Les tribus les plus compétitives sont : les Rega du territoire de Pangi, le Bangubangu dans le territoire de Kabambare, le Kusu de Kibombo et le Zimba dans le territoire de Kasongo. Comme la bataille politique pèse beaucoup sur le poste du Gouverneur depuis l'avènement des Gouverneurs originaires, le territoire de Kabambare vient en tête avec 4 Gouverneurs Bangubangu. Il est suivi par celui de Kasongo avec 3 Gouverneurs (Zura, Kwange et Zimba). Les territoires de Kibombo, Pangi et Punia ont déjà eu chacun un Gouverneur. Comme on le voit, le pouvoir est dominé par les territoires qui composent le Sud-Maniema entraînant du coup une certaine frustration de groupes ethniques du Nord-Maniema.

D'autres tribus comme les Benyenonda, Wazula, Mamba Kasenga, Songola, Ngengele viennent en soutien de 4 tribus majeures reprises ci-haut. Actuellement la tribu Bangubangu semble prendre le dessus depuis que Matata Ponyo, sujet bangobango est devenu Premier Ministre.

Après cette succincte présentation sociophysique du Maniema, examinons dans la section suivante le fonctionnement de ces institutions politiques et les forces sociopolitiques en présence.

## SECTION 2. FONCTIONNEMENT DES INSTITUTIONS POLITIQUES DE LA PROVINCE DU MANIEMA

Dans le domaine politique, la province du Maniema comme toutes les provinces de la RDC, compte deux institutions issues des élections de 2006-2007. Il s'agit de l'Assemblée provinciale et du Gouvernement provincial. Même si les Assemblées provinciales et les Gouvernements provinciaux de la RDC présentent les mêmes configurations, nous parlerons brièvement du Maniema dont les institutions présentent quelques particularités dans le fonctionnement par rapport à l'Équateur et au Kasaï occidental.

## 2.1. L'ASSEMBLÉE PROVINCIALE DU MANIEMA

Cette institution du Maniema est composée seulement de 24 Députés provinciaux dont 22 élus au suffrage universel direct le 30 Octobre 2006 dans les 7 Territoires et dans la Ville de Kindu, et 2 cooptés parmi les chefs coutumiers. L'Assemblée provinciale du Maniema a les mêmes organes pourvus des mêmes compétences que d'autres Assemblées provinciales de la RDC : l'Assemblée plénière, le Bureau, les Commissions permanentes et la conférence des présidents. La particularité qui se dégage ici est que cette Assemblée est peu nombreuse, et ceci entraîne l'inexistence des groupes parlementaires et du comité des sages. Un seul groupe parlementaire qui existe et de manière informelle, c'est le PPRD avec 7 Députés sur 24. Le nombre réduit des députés provinciaux dans cette province favorise la manipulation de cette institution par l'exécutif.

Les résultats des enquêtes menées au Maniema pendant la période à l'étude relèvent que le Maniema a connu des problèmes d'ordre politique qui ont occasionné une incidence négative sur le fonctionnement de la Province. D'après Adolphe NDOKILI, il s'agit notamment de la crise du leadership au sein de l'Assemblée provinciale et des conflits interinstitutionnels entre l'Assemblée et l'Exécutif provincial.[1]

Les élections provinciales qui se sont déroulées au cours de 2006 et 2007 ont plongé les institutions politiques du Maniema dans une crise interminable. D'abord, il faut noter qu'au niveau de l'assemblée, la composition du Bureau ne pourrait nullement poser des problèmes car les élus étaient majoritairement de l'AMP soit 18 élus sur les 24.

Mais contre toute attente c'est le candidat de M17, l'Honorable KISHABONGO Hubert, d'abord opposant et actuellement membre de l'AMP qui va battre l'Honorable Tutu Salumu du PPRD avec un écart criant de voix, soit 16 contre 8. Cette défaite est due essentiellement, d'après nos enquêtes sur place, du fait que le candidat TUTU était à l'époque un illustre inconnu à Kindu, qui, par ailleurs, avait été élu à Kabambare grâce à l'Honorable Député national Ramazani Shadary, son parrain politique.

Après son élection, comme président de l'Assemblée provinciale, l'Honorable Hubert KISHABONGO rencontre une hostilité de la part des membres influents de l'AMP à Kinshasa[2] ayant encadré les députés

1. NDOKILI, A., *L'Administration publique face aux défis du développement dans le contexte du régionalisme politique en RD Congo : cas de la Province du Maniema de 2007-2010*, Mémoire de DES en SPA, UNI Kindu, 2012, pp. 72-74.

2. Il s'agit essentiellement à l'époque de : Alexis TAMBWE MWAMBA, RAMAZANI SHADARY, KIKAYA Bin KARUBI, BOSAGA SUMAHILI, KALEMA LOSOMA etc.

provinciaux pour réclamer sa destitution. Le 30/3/2007, la plénière de l'Assemblée provinciale sous la direction de son Premier vice-président, adopte la résolution de destitution de Monsieur Kishabongo de ses fonctions de Président de l'Assemblée provinciale.

Le 26 Avril 2007, un indépendant (tendance PPRD), l'Honorable Abeli Mankutu Kipros est élu Président en remplacement de Kishabongo. Ce dernier va porter le dossier à la justice et le 28 Décembre 2007, la Cour Suprême de Justice casse la résolution de sa destitution du 30 Mars 2007. Kishabongo redevient ainsi le Président de l'Assemblée provinciale du Maniema.

Retenons que l'élection des autres membres du bureau n'a pas posé de problèmes majeurs et avait moins d'enthousiasme et d'enjeux politiques du fait des candidatures uniques par poste. Ainsi le PPRD occupera sans difficultés les postes de Vice-président et de Questeur, tandis que le RCD et MSR se contenteront respectivement des postes de Rapporteur et Rapporteur adjoint. Monsieur Kishabongo du M17 a été élu Président de l'Assemblée provinciale comme nous l'avons souligné ci-haut, alors que ce poste devrait plutôt aller au PPRD qui a la majorité relative dans cette Assemblée, soit 7 élus sur 24. Le Président élu est seul élu de son parti dans cette institution.

Nous présentons ci-dessous la composition de l'Assemblée provinciale du Maniema, selon les territoires, les partis politiques et les ethnies.

**Tableau n° 23: Composition de l'Assemblée provinciale du Maniema**

| N° | Noms et Post noms | Territoires | Parti Politique | Ethnie | Études faites | Observations |
|---|---|---|---|---|---|---|
| 1. | Abeli Mankunku Kipros | Pangi | INDEP/ PPRD | Rega | L2 | Président A. P.pour une courte durée |
| 2. | Amadi Kilicho | Kasongo | ARC | Nonda | G3 | Président/ECOFIN & Socioculturelle. |
| 3. | Amisi Kikobya | Pangi | PPRD | Rega | G3 | Prés./Commission PAJ |
| 4. | Bikenge Musimbi | Pangi | ARC | Rega | L2 | Élu Vice-gouverneur |
| 5. | Bushiri Makula | Kailo | Coopté / PPRD | Songola | L2 | Fils du chef de groupement Makula |
| 6. | Dauda Saleh | Punia | RCD/KML | Zula | ND | Désigné Ministre en 2010. |
| 7. | Djanga Dimandja | Kibombo | RCD | Kusu | L2 | Rapporteur |
| 8. | Djumani bin Malisawa | Kabambare | RCD/KML | Bangubangu | D6 | A remplacé Omari nommé Ministre Provincial |
| 9. | Kalume Kilimunda | Kasongo | MSR | Zimba | ND | Rapporteur Adjoint |
| 10. | Kawaya Mpinga Serge | Kasongo | INDEP | Songe | G3 | |

| | | | | | | |
|---|---|---|---|---|---|---|
| 11. | Kisanga Ndjako Pepe | Punia | PPRD | | G3 | Vice-président de l'A.P. |
| 12. | Kishabongo Rajabu Kindanda | Kasongo | M17 | Zimba | L2 | Président de l'A.P. |
| 13. | Makoko Matumbi Eugide | Kailo | PPRD | Ngengele | G3 | Questeur |
| 14. | Makonga Toboka Foreman | Kasongo | PPRD | Zimba | G3 | |
| 15. | Mbukani Katebwa | Pangi | Force du Futur | Rega | L2 | Élu Député N. en 2011. |
| 16. | Mugalu Ngangi | Kabambare | MSR | Bangubangu | L2 | |
| 17. | N'sanda Buleli | Pangi | INDEP | Rega | Dr | |
| 18. | Ngumbi Shabani | Pangi | ADECO | Rega | ND | A remplacé Kilomo élu Sénateur |
| 19. | Nyangilolo Museme | Pangi | RCA | Rega | ND | A remplacé Mendes élu Vice-gouverneur en 2007 |
| 20. | Oleko Mafue | Lubutu | RCD | - | G3 | Élu Député national en 2011. |
| 21. | Otea Musafiri | Lubutu | PPRD | | D6 | Président /Commission Environnement |
| 22. | Saleh Lukanda | Kasongo | PANU | Songye | D6 | A remplacé TAMBWE LUKANDA nommé Ministre et est rentrée à l'Assemblée |
| 23. | Tunda Kasongo Prosper | Kibombo | INDEP | Kusu | D6 | Chef du groupement Tunda Dikongo |
| 24. | Tutu Salumu Pascal | Kabambare | PPRD | Bangubangu | L2 | Élu Gouverneur et remplacé par MACKILA ALUMBA (D6) |

Source : Archives, Assemblée provinciale/ Maniema, 2012.

### L'analyse des forces politiques de l'Assemblée provinciale du Maniema

1. Le premier constat à dégager au regard de la configuration de cette institution est l'absence de la femme au sein de celle-ci. Tous les 24 députés provinciaux du Maniema sont de sexe masculin. Certes il y avait des femmes candidates à ces joutes électorales, mais la mentalité au Maniema est encore loin d'accepter de donner des responsabilités politiques aux femmes. Actuellement, les données sont en train d'évoluer.
2. Le Président du bureau est de l'opposition (UN) mais finira par rallier la majorité pour des raisons évidentes. Il a été élu parce que, répétons-le, les Députés ne voulaient pas d'un inconnu à Kindu, en l'occurrence Monsieur TUTU ; ce n'est pas parce qu'il était du PPRD, car les Députés votèrent un PPRD au poste de Vice-président, quoique lui aussi inconnu au Maniema. Notons que le

président du bureau est un MUZIMBA du territoire de KASONGO au Sud-Maniema. Le Vice-président est de tribu Baleka, une tribu minoritaire au Nord du Maniema dans le territoire de PUNIA. Le rapporteur est un Kusu de Kibombo, parti politique RCD alors que le Rapporteur adjoint est encore un Zimba de Kasongo (MSR). Le PPRD dans le territoire de Kailo prendra le poste de Questeur.

Comme on le voit le sud de la province prend 3 postes, le centre un poste et le nord de la province un seul poste, moins important de Vice-président. Au sud, le territoire de Kabambare n'obtient aucun poste suite aux rivalités de ces deux candidats à un même poste de Président de l'Assemblée. L'un est du PPRD et l'autre est du MSR.

3. Le PPRD, parti présidentiel, occupe la première place et obtient la majorité relative des sièges, soit 7 sièges sur les 22 soumis à l'élection. Le PPRD a des élus dans tous les territoires, sauf à Kibombo et dans la ville de Kindu. L'ARC obtient trois sièges : un à Kindu, et les deux autres à Kasongo et à Pangi. Le RCD/KML, le RCD et le MSR obtinrent chacun 2 sièges alors que l'ADECO, les Forces du Futur, le M17/K et le PANU obtinrent un siège chacun. Trois députés furent élus indépendants et deux autres cooptés.
4. En termes d'ethnies, l'ethnie Lega de Pangi a 6 élus dont 4 élus à Pangi et 2 dans la ville de Kindu. Si elle était bien organisée elle jouerait un rôle déterminant dans cette institution et dans tous les autres enjeux. L'Honorable Nsanda Buleli, élu de Pangi et candidat gouverneur, n'a eu que sa propre voix par manque de maturité et de réalisme politiques.

   La tribu Bangubangu et Zimba obtiennent chacune 3 élus, respectivement dans les territoires de Kabambare et de Kasongo ; il en est de même des Kusu (deux députés à Kibombo et à Kindu). Les autres tribus s'en sortent avec un élu : Nonda, Mamba, Kasenga, Songola, Baleka, etc., les Komo en ont deux.
5. De manière générale, à l'Assemblée Provinciale du Maniema, il n'y a pas d'opposition. Tout dépend des opportunités tribales, territoriales et financières sous forme de motivation (sic !). Un groupe de trois Députés se disant de l'opposition n'avait pour objectif politique que la satisfaction de leurs intérêts égoïstes. Ils sont aujourd'hui tous dans la majorité.

   D'autres qui s'appelaient *les neutres* ont joué un rôle ambigu. L'honorable Nsanda Buleli candidat au poste de Gouverneur puis après de Vice-gouverneur a fini par en payer les frais. Politiquement, il semble être nulle part du fait de ses positions moins pragmatiques.

En définitive, c'est l'AMP (MP) qui est la seule grande force politique de la Province. Mais cette plate-forme n'échappe pas aux critiques de la population qui attendait beaucoup de l'Assemblée provinciale et qui a finalement compris que ses membres ont créé des conflits à répétition, non dans l'intérêt du peuple, mais plutôt pour servir d'intérêts individuels.[1]

6. Des séances plénières ont été organisées à l'Assemblée provinciale du Maniema soit environ 136 pour les sessions ordinaires et 44 plénières pour les sessions extraordinaires. Seulement 9 édits ont été adoptés et promulgués et pour l'essentiel des édits financiers. Pour ce qui est du contrôle parlementaire, des commissions d'enquête, 3 motions de défiance contre un Ministre et contre le Gouverneur ainsi que le Vice-gouverneur ont été adoptées. Les autres ont été étouffées par la majorité des députés, soit pour les uns en faveur de la discipline du groupe ou pour les autres en faveur d'une certaine motivation injustifiée au regard des problèmes que pose cette province en termes de développement.

   Le bilan de l'Assemblée provinciale du Maniema à l'instar de deux autres provinces étudiées n'est guère satisfaisant : conflits, crises, corruptions, règlements de comptes finissent par caractériser ce qu'a été une Assemblée provinciale. Les raisons de ces faibles résultats sont dues essentiellement à l'inexpérience politique de ces élus, la précarité dans laquelle vivaient l'ensemble des députés avant leur élection et surtout le niveau d'étude : en effet, 9 députés seulement sur 24 ont un diplôme de licence. C'est par la suite que d'autres auront des « titres académiques » pendant leur mandat.

## 2.2. L'exécutif provincial du Maniema

Dans cette section, nous parlerons de la composition du gouvernement provincial du Maniema, ses relations avec l'organe législatif et de son bilan par rapport au développement de la Province.

1. OMASOMBO, J., et al, *Op. Cit.*, p. 90.

### *2.2.1. Composition*

Aux termes de l'article 198 de la Constitution, le gouvernement provincial est composé d'un Gouverneur et d'un vice-gouverneur ainsi que de 10 ministres provinciaux. Après les élections de 2007, la province du Maniema a déjà connu deux gouverneurs et deux Vices-gouverneurs. Il y a eu plusieurs remaniements ministériels. Nous présentons ci-dessous trois équipes gouvernementales.

**1er Gouvernement Provincial**

Après la publication de l'ordonnance n° 007/2007 du 16 Février 2007 portant investiture d'un Gouverneur et d'un Vice-gouverneur, les noms des Ministres provinciaux ont été donnés.

**Tableau n° 24 : Composition du Gouvernement provincial du Maniema sous le Gouverneur MANARA.**

| N° | Noms et post-noms | Fonction | Territoire | Parti politique |
|---|---|---|---|---|
| 1. | Manara Linga Didi | Gouverneur | KASONGO | PPRD |
| 2. | Masudi Mendes Pierre | Vice-gouverneur | KIBOMBO | ARC |
| 3. | Omolela selemani justin | Ministre de l'Intérieur, Administration du territoire et affaires coutumières | KIBOMBO | PPRD |
| 4. | Makangila morisho | Ministre de l'économie et Finances | PANGI | Indépendant |
| 5. | Yuma bazin wa kitumba | Ministre du Plan et Budget | KABAMBARE | PPRD |
| 6. | Igwangozi bumba | Ministre de la Justice et Droits humains | LUBUTU | PPRD |
| 7. | Tchuma yafali | Ministre des Hydrocarbures, mines et énergies | PUNIA | |
| 8. | Omari ngeleza veronique | Ministre de la Femme et famille, affaires sociales, éducation et santé | KABAMBARE | MSR |
| 9. | Kinyama omari bin djuma | Ministre de l'Agriculture, pêche, petite et moyenne entreprise. | KABAMBARE | RCD/KML |
| 10. | Tambwe lukanda florien | Ministre des Travaux publics, infrastructures, Transports, affaire foncière, urbanisme et habitat | KASONGO | PANU |
| 11. | Tabu nasor jeanne | Ministre de l'Environnement, conservation de la nature, tourisme, culture et Arts. | KASONGO | |
| 12. | Omokoko atende christophe | Ministre de l'Information, jeunesse, sport et loisirs | KAILO | PPRD |

Source : arrêté du Gouverneur n° 1/014/CAB/GP-MMA/2007.

N.B. 50 % des membres du Gouvernement sont du PPRD.

**Tableau n° 25 : Composition du deuxième Gouvernement provincial du Maniema sous le Gouverneur MANARA.**

| N° | Noms et Post noms | Fonction | territoire | Parti politique |
|---|---|---|---|---|
| 1. | MANARA LINGA Didier | Gouverneur | KASONGO | PPRD |
| 2. | MASUDI MENDES Pierre | Vice-gouverneur | KIBOMBO | ARC |
| 3. | MAKANGILA MORISHO | Ministre du Plan, finances et budget | PANGI | Indépendant |
| 4. | RAMAZNI BIN SABITI | Ministre de l'Intérieur | KABAMBARE | PPRD |
| 5. | KAPOLI MARIE | Ministre du genre | KAILO | PPRD |
| 6. | TCHUMA YAFALI | Ministre de l'Économie, Mines et Énergie | PUNIA | |
| 7. | AMURANI ARUNA | Ministre de l'Agriculture et développement rural | KASONGO | MSR |
| 8. | ASSEMI MUTUBULE Jean-Claude | Ministre des Travaux publics et habitat | KASONGO | ARC |
| 9. | OMATE AMBEABAKO Gaston | Ministre de la Santé publique et affaires sociales | LUBUTU | PPRD |
| 10. | TAMBWE LUKANDA Florien | Ministre de l'EPSP | KASONGO | PANU |
| 11. | OMARI KINYAMA DJUMA | Ministre des affaires foncières, Environnement et tourisme | KABAMBARE | RCD/KML |
| 12. | KAWAYA YUMA TAMBWE Alexis Toussaint | Ministre de la Culture, sport et loisirs (porte-parole du gouvernement) | KIBOMBO | PPRD |

Source : arrêté Provincial n° 01/078/CAB/GP-MMA/2009 du 13/05/2009

**Tableau n° 26 : Composition du Gouvernement provincial du Maniema sous le Gouverneur TUTU SALUMU.**

| N° | Noms et Post noms | Fonction | Territoire | Parti politique |
|---|---|---|---|---|
| 1. | TUTU SALUMU Pascal | Gouverneur | KABAMBARE | PPRD |
| 2. | BIKENGE MUSIMBI | Vice-gouverneur | PANGI | ARC |
| 3. | KAWAYA YUMA TAMBWE Alexis Toussaint | Ministre de l'Intérieur et ordre public | KIBOMBO | PPRD |
| 4. | FAZILI RASHIDI | Ministre des Travaux publics, urbanisme et habitat | KASONGO | MSR |
| 5. | MUNGANGA KALUKULA Modeste | Ministre des Finances, Budget et Plan | KABAMBARE | PPRD |
| 6. | DAUDA SALEH SENDO | Ministre de la Santé Publique, Affaires sociales et humanitaires | PUNIA | RCD/ KML |
| 7. | WAKUSOMBA KYAKULOLAGA Albertine | Ministre de l'EPSP | PANGI | PPRD |
| 8. | TSHAKILA BIEKA Raphaël | Ministre de l'Agriculture, développement rural pêche et élevage | PANGI | INDEP /NAD |
| 9. | AMISI LUPIA Patrick | Ministre de l'Économie, Mines et énergie | KAILO | ARC |
| 10. | ZAKUANI SALEH Bonaventure | Ministre de la Fonction publique et emploi | KASONGO | PPRD |
| 11. | TAMBWE KINANA Alphonse Daudet | Ministre des affaires foncières, Environnement et tourisme | KIBOMBO | INDEP |
| 12. | MUSAFIRI NGUMIABO Edouard | Ministre de la Culture, jeunesse, sports et loisirs | LUBUTU | PPRD |

Source : arrêté Provincial n° 01/017/ CAB/ GP-MMA/2010, du 24/07/2010.

Après les élections de 2007, Monsieur MANARA LINGA était le premier Gouverneur élu par l'Assemblée provinciale du MANIEMA. Il est du PPRD et du territoire le plus peuplé de la province, en l'occurrence le territoire de Kasongo. Il est de l'ethnie Zimba comme le président de l'Assemblée provinciale. Ici, il faut préciser que les députés du Nord et essentiellement ceux du RCD-KML ont voté pour Monsieur Kishabongo, tribu Zimba pour bloquer l'élection de MANARA au poste de gouverneur, Zimba aussi. Mais la majorité présidentielle a été compacte, et le candidat PPRD fut élu avec 14 voix contre 10.

Le deuxième Gouverneur élu, c'est Monsieur TUTU qui n'avait aucune chance de l'être ; ses collègues députés le présentaient comme un parvenu… il a été élu grâce à l'intervention du Pouvoir central de Kinshasa. Les députés provinciaux parlent de l'intimidation et de la corruption à grande échelle.[1]

Les Gouvernements provinciaux ainsi formés par les deux Gouverneurs fonctionnent sur base d'un arrêté n° 01/070/CAB/GP-MMA/2009 portant organisation et fonctionnement du Gouvernement provincial du Maniema daté du 30 Avril 2009. Cet arrêté standard indique l'organisation du Gouvernement, sa composition, son mode de fonctionnement, la rémunération, le Secrétariat général du Gouvernement ainsi que les accords de coopération interprovinciale. Un autre arrêté fixe les attributions de chaque Ministère selon l'arrêté n° 01/069/CAB/GP-MMA/2009 fixant les attributions des ministères provinciaux, daté du 30/04/2009.

Tous les Gouvernements qui se sont succédé ont respecté la représentativité des territoires que comprend le Maniema. Il faut noter que les 2 Vices-gouverneurs qui se sont succédé sont du parti politique ARC, l'un du territoire de Kibombo et l'autre du territoire de Pangi, soit un Kusu et un Rega.

Les partis politiques PPRD, ARC, RCD/KML, le MSR, le PANU se sont, depuis 2007, réparti les différents postes ministériels en tenant compte de leur représentativité à l'Assemblée provinciale et de l'influence de certains leaders politiques du Maniema évoluant à Kinshasa.[2]

1. Propos recueillis auprès de l'honorable TUNDA candidat malheureux au poste du Gouverneur, Mars 2012.
2. Il s'agit essentiellement des députés nationaux, ministres, sénateurs et autres notables du Maniema vivant à Kinshasa.

*2.2.2. Les relations entre le Gouvernement provincial et le Législatif provincial*

La première crise entre les institutions est la question orale avec débat adressé au Ministre de l'intérieur Justin OMOLELA. Elle fut transformée en motion de défiance qui a été adoptée pour la déchéance de ce ministre PPRD. Initié par le député PPRD/TUTU, cette motion était un règlement de compte contre Justin OMOLELA, cofondateur du PPRD qui avait une ascendance sur tous les députés provinciaux de ce parti. Il était devenu encombrant suite à son indépendance d'esprit et son passé très Kabiliste. C'était une humiliation pour ce ministre, pourtant, le plus compétent du groupe[1]. Ceci se passe le 14 Avril 2009. Il semble que même le Gouverneur Manara a souhaité le départ de son ministre…

Les relations entre les pouvoirs exécutif et législatif furent également ébranlées en 2009 par une interpellation du Gouverneur Manara par un Député de l'opposition, Monsieur Mbukani, aujourd'hui membre de la majorité présidentielle depuis son élection à l'Assemblée nationale en 2011.

L'interpellation portait sur le choix de l'entreprise retenue pour la construction de l'Hôtel du gouvernement et la gestion des fonds rétrocédés à la province par le Gouvernement central. Bien qu'elle ait été rejetée par une large majorité des membres de l'Assemblée provinciale, elle suscita tout de même une vive polémique sur les fondements de ce type d'intervention.

En Janvier 2010, alors qu'une motion de défiance semblait couver contre le Gouverneur Manara dans les rangs de son propre parti le PPRD, une pétition émanant de la société civile de Kasongo, son propre territoire d'origine, fut transmise au Chef de l'État. Elle accusait le Gouverneur de malversations financières, de haute trahison, d'incitation à la haine tribale… et pour ces raisons, demandait son éviction immédiate.

Quelques semaines plus tard, une motion de défiance contre le Gouverneur Manara était effectivement déposée à l'Assemblée provinciale. Les débats qui eurent lieu au sujet du départ ou du maintien en fonction de ce dernier dégénèrent au point que des députés en vinrent aux mains et que la police dut intervenir pour séparer les protagonistes. Des actes de brutalité envers diverses personnes étaient en outre reprochés au Gouverneur, dont l'enlèvement, des coups et blessures provoquant des lésions graves sur M. Charles KAKWALA, avocat de son état.[2] Celui-ci

1. Déclaration d'une autorité académique d'un établissement d'enseignement supérieur, Juin 2012. (Anonymat)
2. BOUVIER P., *Op. Cit.*, p. 285.

porta plainte auprès du Procureur Général de la République. Comme conséquence de la motion déposée contre le Gouverneur, le Ministre national de l'intérieur Adolphe LUMANU, convoqua le Gouverneur, le Bureau de l'Assemblée provinciale et les 13 députés signataires de la motion.

Le problème trouvera une issue par le fait que Monsieur Manara, alors premier suppléant de l'Honorable KIKAYA, nommé Ambassadeur à Londres, sera validé par l'Assemblée nationale le 20 avril 2010. Il démissionne et sera remplacé par TUTU SALUMU depuis le 12 juin 2010.

La gouvernance de ce dernier et ses relations avec l'Assemblée provinciale sont les plus notoires de la République étant donné l'étouffement des Députés provinciaux par le chef de l'exécutif. La règle qui paie est le partage du butin fait chaque mois par les Députés devant un Gouverneur protégeant à ce prix son poste au grand détriment de la population qui ne trouve plus son compte. C'est le Gouverneur le plus impopulaire dans la Province et essentiellement à Kindu.

Les démêlés entre les autorités gouvernementales et les députés provinciaux ne se focalisèrent pas seulement sur la personne du Gouverneur. Le Vice-gouverneur Pierre MASUDI MENDES en fit également les frais. Le 12/octobre/2009, lors d'une séance plénière de l'Assemblée provinciale qui se déroula dans un climat de haute tension, était votée une motion de défiance contre lui déposée par le Député provincial Dieudonné Mbukani Katebwa (14 voix en faveur de la motion, 9 contre et 1 abstention). Il était accusé, entre autres, de mauvaise gestion, faux et usage de faux et violation de certaines consignes du parlement provincial.

Une manifestation de soutien à Pierre Masudi Mendes a fait, outre des dégâts matériels, plusieurs blessés. Les manifestants s'en étaient pris à l'auteur de la motion qui dut son salut grâce à l'intervention de la police. Quant à Pierre Masudi Mendes, il ne s'inclina pas devant la décision de l'Assemblée provinciale car il a introduit un recours devant la Cour d'appel de Kindu. Mais il dut en fin de compte abandonner la partie et céder la fonction à son successeur, comme évoqué plus haut.

Outre les accusations de mauvaise gestion qui ont pesé sur le Gouverneur de la province, il a été constaté que, de novembre 2008 à juillet 2009, sur les fonds alloués à la province par le Gouvernement central, seulement 10% avaient été rétrocédés aux entités décentralisées. Et du coup la situation du Gouverneur dans la province devint de plus en plus précaire au fil du temps : distanciation au sein du PPRD, acharnement de l'opposition parlementaire, désaveu de la société civile.

## SECTION 3. BILAN DU FONCTIONNEMENT DES INSTITUTIONS POLITIQUES DU MANIEMA

Cette section prend en charge le niveau des réalisations du Gouvernement provincial au regard du plan d'action présenté depuis juin 2007 et corrigé par le chef de l'exécutif provincial actuel. Comme nous l'avons indiqué pour les deux autres provinces, nous nous intéressons aux infrastructures, à l'éducation, à l'eau, à l'électricité et à la santé.

### 3.1. Infrastructures routières

Pour la question des infrastructures, le Gouvernement provincial du Maniema s'est engagé à réhabiliter les axes routiers prioritaires de la province, notamment[1] :

- Kindu-Kalima (101 Km) ; Kalima-Lubile-Pangi (128 Km) ; Kingombe-Ibali-Pangi (80km) ;
- Nyoka-Sabyazo-Pangi (88km) ; Pangi-Penemagu-Kama (88km); Kindu-Mali, Punia-Lubutu (348 Km);
- Lubutu-Peneluta (45 Km); Kowe-Punia (98 Km);
- Punia-Kabongola-Kasese (103 Km);
- Kabongola-Ntufia (64 Km); Kindu-Kibombo-Samba (227 Km); Difuma II-Enyamba (120 Km);
- Enyamba-Kembe-Lomami (30 Km);
- Kibombo-Asekatunda (159 Km); Tumba-Alambo-Evungu-Ongeri-Manono (200 Km);
- Ongeri-Banda (60 Km); Kindu-Lokandu-Oluwo (119 Km); Kindu-Kasongo-Samba-Lusangay-Bushiba (355 Km);
- Samba-Katea (60 Km); Kasongo-Nyangwe-Kabumbu-Kipaka (125 Km); Kayuyu-Kampene-Kama (103 Km);
- Kampene-Kaparangao (40 Km); Kampene-Bikenge (52 Km); Kama-Bikenge (20 Km); Bikenge-Mingana-Mobanga (144 Km); Kalulu-Kunda (20 Km); Kasongo-Wamaza (75 Km);
- Lupaya-Mwanakusu-Kibenga (60 Km); Wamaza-Lusangi-Kabambare (174 Km); Wamaza-Muhedja-Abimba (16 Km); Wamaza-Mwanangoy-Tengetenge (80 Km);

---

1. Programme d'action du Gouverneur MANARA à l'Assemblée provinciale du Maniema, 2007, p. 17.

- Wamaza-Salamabila-Kilembwe (120 Km); Kayembe-Kabambare (90 Km); Lusangi-Mombese-Mukwanga (60 Km); Kabambare-Kabeya-Lulimba (170 Km);
- Mombese-Kibangula (15 Km);
- Kimanui-Kihanga-Kulewa (143 Km);
- Katako-Olangati-Lomami; Kikungwa-Moga-Misoke-Kumba-Basoko; Kindu-Sabyazo-Pangi;
- Sabyazo-Wandemba-Pangi; Lumuna-Kampene;
- Mabamba-Maluta-Kalela (65 Km); Mombese-Kibangula; Kayumba-Mutebele (30 Km); Bugela-Kitete-Pungu (33km); Mwanakusu-Mukumbwe-Kasesa (21 Km);
- Mwanandeke-Kafioto-Malingu; Wamaza-Kingombe-Kyalula-Kafioto; Kibonge-Kazoni-Tchelu (54 Km).

Quelques-unes de ces routes énumérées dans le programme d'action du Gouverneur, devraient être réhabilitées par le pouvoir central. Il s'agit notamment des axes : Kindu-Bushiba, Kabambare-Lulimba, Kimanu-Kulewa, Kindu-Samba, Punia-Lubutu… Quelques ponts à réhabiliter ont été signalés.

Généralement, dans ce domaine 7 ans après les beaux discours, les infrastructures du Maniema sont toujours dans un état de délabrement très avancé. Seule la route de Kindu-Kasongo a été quelque peu réhabilitée, et cela sur fonds d'intervention du Gouvernement central. Partout en province, le Gouvernement provincial n'a même pas commencé à réhabiliter un seul Kilomètre de route. Les réalisations présentées aujourd'hui en termes d'infrastructures sont l'œuvre du gouvernement central. On y observe la construction de l'Université de Kindu, l'aérogare de Kindu, la voirie urbaine de Kindu, etc.

### 3.2. L'ÉDUCATION

Le rapport de 2009 de la division provinciale de l'EPSP donne la configuration scolaire ci-dessous :

La province du Maniema compte 30 écoles maternelles, 978 écoles primaires, 420 écoles secondaires et 17 établissements (en annexe) d'enseignement supérieur et universitaires avec respectivement 2.030 enfants au maternel, 260.020 élèves du primaire, 70.631 élèves du secondaire et 5.988 étudiants de l'ESU.[1]

1. OMASOMBO, J., *Op. Cit.,* p.219.

Ce même rapport précise que 80% des classes sont en matériaux non durables et d'autres encore dans un état lamentable. Le Gouvernement provincial s'est proposé de concrétiser la réhabilitation et/ ou la construction des écoles et des bâtiments de l'enseignement supérieur. Des fonds substantiels remis aux Députés provinciaux en 2009 pour la construction d'une école par territoire ont pris des destinations inconnues[1]. Les écoles construites pendant la période sous examen sont l'œuvre de quelques Députés nationaux et plus de 40 écoles en construction sont l'œuvre du Gouvernement central. Il est malheureux de constater qu'à ce jour, le Gouverneur n'a jamais inauguré une seule école construite par le Gouvernement provincial du Maniema et que 31% d'enfants n'ont jamais fréquenté l'école[2].

### 3.3. La santé

Dans ce domaine, le Gouvernement provincial a promis de consentir les efforts pour la réhabilitation et/ou la construction des infrastructures sanitaires dans toute la Province. Le Maniema compte 18 zones de santé renfermant 8 hôpitaux généraux de référence et 224 centres de santé. À parallèle avec ces structures étatiques, fonctionnent plusieurs structures privées appartenant aux églises, aux ONG locales et aux entreprises. La fourchette d'encadrement sanitaire est encore déficiente pour une population de plus de 2,5 Millions d'habitants. Les médecins généralistes, les spécialistes, les pharmaciens et autres professionnels de santé et infirmiers sont moins nombreux et n'atteignent pas la norme fixée par l'OMS.

Pour la réhabilitation des infrastructures de santé, comme dans d'autres secteurs, tout est tributaire du pouvoir central qui a pu réhabiliter quelques sites et qui reste le plus grand donateur ou pourvoyeur des produits pharmaceutiques et du matériel médical. Retenons, donc, que la situation dans ce domaine s'est sensiblement améliorée au regard de nouveaux sites créés à travers la province.[3]

### 3.4. L'eau et l'électricité

Avant de parler de l'eau et de l'électricité, retenons que l'habitat au Maniema présente une situation très médiocre tant en milieu rural qu'en milieu urbain. Le cadre de vie ne réunit pas les conditions minima exigées. Ces habitations construites en milieu rural et en périphérie urbaine le

1. *Idem*, p. 222.
2. Propos recueillis auprès des honorables BUSHIRI et TUNDA, Juin 2012.
3. OMASOMBO, J., *Op. Cit.*, p. 218.

sont en techniques traditionnelles (terre, sticks, paille, pisé...). Elles sont fragiles et de dimensions très réduites et présentent de mauvaises conditions hygiéniques. Les résultats de l'enquête MERLIN de janvier 2008 dans la zone de santé de Kindu relèvent que 33% de maisons sont construites en paille, 56% en pisé et 11 % seulement en matériaux durables.

Concernant l'éclairage dans les habitations, 91% utilisent les lampons à huile de palme et 7,1% les lampes tempêtes et 1% l'électricité. Il convient de signaler qu'il existe au Maniema quelques centrales hydroélectriques, notamment RUTCHURUKURU qui alimente la cité de Kalima, celle d'Ambwe pour la cité de Kailo et celle de Belya pour la cité de Punia. Toutes ces centrales appartiennent à la SOMINKI et sont dans un état de détérioration continue pouvant les amener à l'arrêt total.

C'est ainsi que la ville de Kindu est elle-même plongée dans le noir, à part les quelques groupes électrogènes des particuliers, de la MONUSCO et de certaines ONG qui éclairent certains coins de la ville. La centrale thermique de la SNEL Kindu, avec une puissance installée de 900 KVA, ne peut être disponible que lorsque la société est approvisionnée en gasoil. L'on remarque dès lors que dans ce domaine, le bilan du Gouvernement provincial reste mitigé.

Il en est de même pour l'eau. Les ménages tant urbains que ruraux de la Province éprouvent des difficultés énormes en approvisionnement en eau potable. Les populations de la zone de santé de Kindu, par exemple, s'approvisionnent en eau des puits (36%), de sources aménagées (28 %), des pompes aspirantes à (19%), des rivières, fleuve, et étang à (13%), et de l'eau de pluie à 4 %.[1]

La situation à l'intérieur de la Province, c'est-à-dire, dans les territoires, secteurs et groupements est catastrophique et constitue un facteur de mortalité avancée au Maniema. Signalons ici que l'impact de la REGIDESO implantée à Kindu, Kasongo, Punia et Kabambare n'est pas visible. Les 3 derniers centres connaissent des difficultés et sont à l'arrêt sans la moindre intervention des institutions politiques provinciales, alors que le coût pour la réhabilitation de la REGIDESO de Kabambare, par exemple, ne s'élève qu'à environ 40.000 USD.[2]

1. Ministère du Plan, *Op. Cit.*, p. 58.
2. Source : *Rapport de la REGIDESO*, Direction Provinciale du Maniema, Avril 2009.

## 3.5. LES RESSOURCES FINANCIÈRES

La question qui doit être posée est celle de savoir comment sont utilisées les finances de la province. Les ressources de la province du Maniema comprennent des ressources propres et des ressources provenant des recettes à caractère national au titre de 40% définis dans la Constitution. Le taux d'exécution des recettes prévues dépasse rarement les 10%. En 2007 par exemple, au regard des prévisions budgétaires, l'on observe que la Province n'a réalisé que 190.481.579 FC seulement sur près de 3.800.000.000 FC prévus pour l'exercice, soit un taux de réalisation de 5,59%. Au cours de la même année la province a bénéficié d'une rétrocession de 882.635.000 FC soit plus de 5 fois les recettes propres de la province.

Voici par ailleurs l'évolution des rétrocessions versées au Maniema par le Gouvernement central.

**Tableau n° 27 : Évolution des rétrocessions de recettes à caractère national accordées à la Province du Maniema de 2007 à 2014(Août 2014).**

| Année | En Franc congolais | Équivalence en Dollar américain |
|---|---|---|
| 2007 | 1.434.783.500 | 1.594.203,80 |
| 2008 | 6.861.277.194 | 7.623.641,30 |
| 2009 | 7.148.883.064 | 7.943.203,40 |
| 2010 | 4.681.848.067 | 5.202.053,40 |
| 2011 | 6.673.388.966 | 7.414.876,60 |
| 2012 | 6.264.409.848 | 6.960.455,30 |
| 2013 | 8.872.540.048 | 9.858.377,80 |
| 2014 | 6.352.777.392 | 7.058.641,50 |
| **Total** | **48.319.908.079** | **53.688.786,70** |

Source : Ministère des finances, 2014.

Au-delà des rétrocessions, la Province du MANIEMA a des recettes provinciales propres ainsi qu'un montant automatiquement payé par la Banque Centrale le 10 de chaque mois. Il s'élève à 230.930.846 FC. (Ministère des finances)

L'on peut bien se poser la question de savoir combien d'argent est utilisé pour les investissements au Maniema ou encore combien est accordé aux entités territoriales décentralisées pour le développement à la base. Dans tous les ETD, les chefs de secteurs contactés dans la province du Maniema, ont précisé que, mensuellement, ils perçoivent 3.000 à 4.000 $ de manière irrégulière et selon la volonté du Gouverneur. Que peut-on faire de cette modique somme en termes d'action de développement ? Comme on le voit, le Gouvernement provincial du Maniema est accusé de ne pas respecter ses obligations, notamment envers les ETD. Il s'agit du droit reconnu à celles-ci de percevoir 40% des recettes à caractère national allouées aux provinces conformément à l'article 15 de la loi portant composition, organisation et fonctionnement des ETD et leurs rapports avec l'État et les provinces. Si l'on prend l'exemple de 2008, le Gouvernement central a rétrocédé au Maniema 6.024.642.743 Fc soit près de 6,5 Millions de dollars américains. Et il accorde 3.000$ à chaque ETD du Maniema (34 ETD) par mois ; pour une année les ETD du Maniema perçoivent 3.000$ × 34 × 12= 1.224.000$ qui représente ± 18% au lieu de 40%.

Il faut noter que depuis 2011, les fonds rétrocédés au Maniema par le gouvernement central ont été élevés à plus d'un million de dollars le mois, nous renseigne le Ministère national des Finances.

Au contraire, les barèmes de rémunérations des membres de l'exécutif et du personnel politique sont illustratifs[1] :

| | |
|---|---|
| Gouverneur | : 12.000 $ avantages non inclus |
| Vice-gouverneur | : 10.500 $ |
| Ministre | : 4.500 $ |
| Directeur de cabinet | : 2.000 $ |
| Conseillers | : 1.200 $ |

C'est presque la même chose pour les membres du Bureau de l'Assemblée provinciale et les députés qui eux touchent aussi 9.000 $ par mois au grand étonnement des personnes avisées dans une province où les acteurs sont incapables de mobiliser davantage les recettes pour l'intérêt général.

Après analyse sur le bilan de ces provinces, il nous revient à présenter une synthèse comparative des provinces étudiées. C'est l'objet du dernier chapitre dans cette partie.

1. Cabinet du Gouverneur du Maniema (2011).

# CHAPITRE IX

## Analyse comparative du bilan de fonctionnement de trois provinces (Équateur, Kasaï occidental et Maniema)

Ce chapitre se veut être un résumé de trois autres qui ont précédé. Loin de revenir sur les particularités de chaque province, il se propose de donner les similitudes, mieux les traits communs à l'analyse faite de 3 provinces. Il est aussi question d'examiner ce qu'on peut appeler acquis positifs ainsi que les principales faiblesses dans l'organisation et le fonctionnement des institutions politiques provinciales.

### SECTION 1. TRAITS COMMUNS AUX BILANS DE FONCTIONNEMENT DE 3 PROVINCES

L'analyse porte sur les traits communs essentiels qui sont :

- L'organisation et le fonctionnement des assemblées provinciales ;
- L'organisation et le fonctionnement des exécutifs provinciaux ;
- Les relations entre les deux institutions ;
- Les ressources humaines et financières ainsi que
- Les indicateurs du développement.

#### 1.1. L'organisation et le fonctionnement des Assemblées provinciales

C'est depuis le 18 décembre 2006 sur convocation par la CEI des sessions extraordinaires, que toutes les Assemblées des provinces ont :

- Constitué et validé leurs bureaux provisoires respectifs ;
- Validé les pouvoirs des membres ;
- Coopté les chefs coutumiers ;
- Élaboré les règlements intérieurs ;
- Élu et installé leurs bureaux définitifs.

Dans l'ensemble, pour les 3 provinces, tout s'est bien passé et les présidents ont été élus au premier tour, sauf au Maniema ou, comme nous l'avons souligné, il y a eu un second tour.

- L'adoption des règlements intérieurs a été facilitée par le Gouvernement central avec l'envoi d'un projet de règlement intérieur type inspiré du modèle des règlements du Parlement congolais. Ainsi, toutes les Assemblées provinciales se sont dotées chacune de son règlement intérieur et n'ont pas attendu le contrôle de conformité à la Constitution par la Cour suprême de justice avant leur application alors que pour les règlements du Parlement de la République, cette exigence est primordiale.
- Notons que l'Assemblée provinciale du Kasaï Occidental a déjà modifié son règlement intérieur pour mieux l'adapter à la loi du 31 juillet 2008. Les modifications ont porté sur l'adresse du siège de l'Assemblée provinciale, la procédure de mise en accusation d'un membre du Bureau, ou d'un membre du Gouvernement provincial, le nombre des commissions permanentes et des groupes parlementaires, le calendrier des sessions ordinaires, la période de présentation des prévisions budgétaires et la juridiction compétente de connaître la constitutionnalité d'un édit.
- Toutes les Assemblées provinciales se sont organisées en commissions permanentes et le nombre de celles-ci varie d'une assemblée à une autre. Si d'une manière générale l'organisation des Assemblées provinciales en commissions varie d'une province à une autre, en tout cas, 3 commissions existent dans toutes les Assemblées provinciales ainsi que leurs dénominations (commission politique, administrative et juridique ; commission économique et financière et la commission socioculturelle).
- Outre les commissions, les Assemblées provinciales sont également composées chacune de ses groupes parlementaires, de son Comité des sages et de sa Conférence des Présidents.
- C'est depuis le 14 janvier 2007 que tous les bureaux définitifs des Assemblées provinciales sont entrés en fonction et l'on note l'instabilité ou les conflits enregistrés dans tous les bureaux. Au Kasaï Occidental, un bureau parallèle a été institué avec l'Honorable Miaka comme président à la place de l'Honorable Mijimbu, si bien qu'à la clôture d'une session ordinaire, deux manifestations parallèles ont été organisées. Toujours au Kasaï occidental, tous les membres du bureau excepté le président ont été remplacés à deux reprises pour faute lourde ou incompatibilité, etc.

À l'Équateur, le dédoublement du bureau a été également observé comme au Kasaï Occidental. L'on peut se rappeler l'avènement du président Kiliyo à la place du président Mondongo.

Comme au Kasaï occidental, 2 manifestations parallèles se sont organisées une fois à Mbandaka et que là aussi tous les membres du Bureau de l'Assemblée y compris le président ont été remplacés pour des raisons parfois purement politiciennes.

Au Maniema, dès son entrée en fonction, le Président de l'Assemblée provinciale, l'Honorable Kishabongo, a été secoué et demis de ses fonctions par la plénière et remplacé par l'Honorable Makunku Kipros, même si le premier a repris finalement ses fonctions. Les autres membres du Bureau sont encore en place.

- L'élection du Président du Bureau n'a toujours pas obéi à la loi de la majorité et donc du nombre car au Kasaï Occidental et au Maniema, les 2 présidents élus n'avaient qu'un seul député dans leurs partis respectifs. L'Honorable Mijimbu élu Président est seul Député de son parti politique ADEL/Radical.
- L'Honorable Kishabongo élu au Maniema, seul élu de son parti M17, se retrouvera à la tête de l'institution provinciale utilisant des arguments sensibles pour convaincre ses collègues. Le tout dernier président de l'Assemblée provinciale de l'Équateur, Monsieur Ibambe est un élu du PPRD. Il se retrouve président en remplacement d'un MLC, l'honorable Kiliyo Setu dont le parti est majoritaire à l'Équateur. Le mode de scrutin est à la base de ces résultats. Mais il faut aussi ajouter la donne géopolitique et tribale.
- La tenue plus ou moins régulière des sessions des Assemblées provinciales constitue aussi un indicateur important de l'effectivité du pouvoir démocratique des organes délibérants dans les provinces. Notons que toutes ces provinces ont connu des moments de flottement où les plénières ne se tenaient plus. Le récent exemple est la suspension de l'Assemblée provinciale de l'Équateur depuis le mois d'Avril 2014 par le Ministre de l'Intérieur du Gouvernement central et qui a été autorisé à fonctionner par décision du Conseil du Gouvernement central seulement le 20 Septembre 2014.
- On a noté de vives tensions lors des débats qui concernent l'accusation d'un membre du Gouvernement provincial ou un membre du Bureau. Ces tensions finissent par l'intervention des forces de la police pour départager les protagonistes. C'est le cas de Kindu et Mbandaka.

- La *« réalité opposition »* a fini par s'effriter dans les Assemblées dans la mesure où tous les calculs politiques sont désormais cristallisés non pas par les partis politiques, mais par les ethnies, la situation géographique ou par la motivation financière et survie politique des Députés provinciaux pour leur réélection.
- La création des plates-formes occasionnelles par les Députés toutes tendances confondues sans tenir compte des aspects idéologiques de leurs partis respectifs. Au Maniema, l'une des plates-formes qui a abouti au départ du Gouverneur Manara s'appela G13. Au Kasaï Occidental, la plate-forme qui a obtenu le départ de Kabasu Babu est la *« Dynamique » de 33 députés*. Et à l'Équateur, c'est la plate-forme les *« acquis au changement, sauvons l'Équateur »*, qui a obtenu le départ du Gouverneur Baende.
- Il a également été constaté que pour l'ensemble de ces Députés provinciaux, peu et alors très peu seulement étaient préparés à exercer ces fonctions. La majorité d'entre eux sont arrivés au pouvoir sans aucune expérience ni politique en général, ni parlementaire en particulier[1]. Ceci pose le problème d'une représentation politique par des individus considérés aujourd'hui comme insuffisamment compétents et peu disponibles.[2]
- Quant à la qualité de la production législative et du contrôle parlementaire, le bilan est globalement en dessous de la moyenne, étant donné que les quelques édits promulgués concernaient largement les édits financiers et le contrôle lui-même était moins consistant. Les députés ont oublié que le caractère démocratique du régime dépend surtout de la capacité des parlementaires tant au niveau national que local de contrôler et de sanctionner en conséquence, les membres du Gouvernement…[3]

### 1.2. Traits concernant l'organisation et le fonctionnement des Exécutifs provinciaux

- L'investiture des Gouverneurs et Vices-gouverneurs est intervenue 30 jours en moyenne après leur élection, mais entre l'in-

1. Concertations nationales, rapport du groupe thématique « Décentralisation et renforcement de l'autorité de l'Etat », Kinshasa, Septembre 2013.
2. MULUMBATI NGASHA, A., *Sociologie politique*, éd. Africa, 2e édition, Lubumbashi, 2009, p. 112.
3. Lire *Guide pratique du contrôle parlementaire en RDC*, financé par l'Union européenne, préface de Mbata Mangu, Kinshasa, 2014, p. 3.

vestiture des Gouverneurs de province par le Président de la République et la nomination des Gouvernements provinciaux, il s'est écoulé en moyenne 45 jours. Ce décalage est imputable probablement aux dates auxquelles les Gouverneurs de province sont entrés en possession des ordonnances par lesquelles le Président de la République les a investis.

Un délai de plus de 2 mois s'est écoulé entre la nomination des Gouverneurs de province et l'investiture de leurs Gouvernements par les Assemblées provinciales.

Le temps de l'élaboration des programmes d'action sur la base desquels ils devraient être investis est la principale cause du retard considérable constaté dans l'investiture des gouvernements provinciaux.

- En ce qui concerne l'élection du Gouverneur, les candidats présentés par l'AMP étaient effectivement élus au Maniema et Kasaï Occidental, sauf à l'Équateur où le candidat Makila MLC fut élu Gouverneur. Tous les autres Gouverneurs élus de ces trois provinces après le départ de leurs prédécesseurs sont soutenus par la majorité présidentielle.

Il s'agit de Kabasubabo et Alex Kande au Kasaï Occidental, de Tutu Salumu au Maniema et de Baende et Koyagialo à l'Équateur. Des voix s'élèvent pour fustiger la corruption lors des élections de ces gouverneurs.

- En ce qui concerne les attributions des Ministres provinciaux, la nomination des ministres n'avait pas été suivie de la définition des attributions des Ministères provinciaux dans toutes ces provinces. Les arrêtés de nominations des ministres en reprenant les dénominations des ministres à la tête desquels ils étaient placés ne suffisaient pas, car ces ministères provinciaux n'ont plus existé depuis 1964[1].

Par la suite, la situation sera normalisée par les différents arrêtés des Gouverneurs et les instructions du Premier Ministre.

- La composition des gouvernements provinciaux de ces provinces compte 10 membres et tient compte de la représentation de la province, c'est-à-dire, les territoires ou les districts selon qu'on parle du Maniema, du Kasaï occidental ou de l'Équateur.
- Les différents Gouvernements provinciaux sont restés instables suite aux multiples remaniements et aux démissions des Gouverneurs.

1. Concertions nationales, *Op. Cit.*, 2013.

Pratiquement pour l'ensemble, après une année et demie, il y avait un remaniement ministériel ou la fin globale de tout le Gouvernement[1].

Le Maniema a déjà connu 2 Gouverneurs, le Kasaï Occidental 3 Gouverneurs et l'Équateur 3 Gouverneurs aussi.

- En ce qui concerne l'organisation interne, aucun Gouvernement n'est organisé en commissions ou groupe de travail permanent. Aucun ne dispose pas d'un règlement intérieur. Mais, tous les Gouvernements provinciaux disposent chacun d'un Secrétariat au Conseil des Ministres, dirigé par un Secrétaire exécutif ou Secrétaire Général du Gouvernement, souvent ayant rang de Ministre.
- Les Ministres provinciaux n'ont pas de pouvoir réel sur leur département. Ils encadrent la vision du Gouverneur. Ils sont considérés comme des collaborateurs du Gouverneur, parfois au même titre que les membres du cabinet du Gouverneur. Ces Gouvernements de coalition sont hétérogènes car ils proviennent de plusieurs partis politiques, aucun n'ayant recueilli la majorité absolue. Les cabinets des Gouverneurs sont pléthoriques et sont constitués parfois de plus de 200 agents et cadres politiques, les animateurs principaux des cabinets étant des parentés ou amis du Gouverneur.
- Tous les Gouverneurs sont jaloux de leurs fonctions. La délégation de signature au Vice-gouverneur n'est pas encore une pratique dans les provinces. Le Gouverneur Koyagialo a tout dernièrement créé un bicéphalisme à la tête de la Province en confiant l'intérim au Vice-gouverneur et en même temps à un Ministre provincial par signatures conjointes !
- Les Conseils des Ministres se réunissent, mais pas assez régulièrement autant que le prévoient les arrêtés provinciaux, alors que ce sont ces réunions qui symbolisent le fonctionnement des Gouvernements provinciaux.[2]
- Dans ces provinces, le Conseil des Ministres ne se réunit que sous la présidence du Gouverneur de province dont les nombreux déplacements peuvent faire obstacle à la régularité des réunions du conseil des Ministres, la délégation des pouvoirs n'étant pas la règle en province. Le fonctionnement du Gouvernement provincial, c'est aussi l'exercice des attributions de chaque Ministre provincial. Ceci

1. *Idem*, 2013.
2. Lire Lumanu Mulenda, Décentralisation, régionalisme politique et renforcement de l'autorité de l'Etat en RDC, communication donnée lors des assises des *Concertations nationales*, Kinshasa, 2013.

implique la disponibilisation des moyens nécessaires à l'exercice des mandats des ministres provinciaux[1].

- D'après plusieurs Ministres provinciaux contactés, après la promulgation de la loi sur l'Administration des provinces égale avant sa promulgation. D'une manière générale, les Ministres provinciaux n'ont pas exercé et n'exercent pas encore le pouvoir réglementaire dans leurs secteurs respectifs par voie d'arrêtés. Aucun d'entre eux n'a signé un arrêté ministériel provincial. Aucun Ministre provincial n'a élaboré un programme d'action annuel portant sur l'un ou l'autre secteur relevant de son ministère. Par conséquent, ils ne peuvent disposer des ressources budgétaires comme moyen d'exécuter un programme d'action de son ministère.
- Un fait a aussi été observé chez les Gouverneurs : la brutalité. Les Gouverneurs des provinces examinées ont utilisé la violence pour régler des comptes avec des tiers. Les cas ont été signalés ci-haut.
- Des arrestations des Ministres provinciaux pour détournement des deniers publics :il s'agit notamment de Messieurs Dominique Mbongo et Thierry Mbuze, respectivement ministres de l'agriculture et des infrastructures de l'Équateur. L'on peut citer aussi le Ministre provincial des finances et le Ministre Mutambayi pour le Kasaï Occidental. Les Gouverneurs, sauf Alex Kande, ont tous été accusés de malversations financières. En effet, la Cour des Comptes, au terme de ses investigations, indique qu'au cours des exercices 2007, 2008 et 2009, les fonds versés aux provinces aux titres des rétrocessions étaient des forfaits, mais aucune province n'a présenté des chiffres différents des montants alloués émanant des services provinciaux. Aucune province n'a pris d'édits portant mécanisme de répartition entre les ETD, alors que ceci est prévu par la Loi n° 08/016 du 7 Octobre 2008. Certains Gouverneurs ont rétrocédé des fonds sans critères objectifs, en l'absence d'édits prévus par la loi[2]. Les structures créées pour encadrer la paie des agents de l'État ne fonctionnent pas correctement. Les textes qui régissent la gestion des finances publiques sont largement ignorés au niveau des provinces et des ETD[3]. La Ligue congolaise de lutte contre la corruption (LICOCO) confirme que les Gouverneurs des provinces et les Ministres provinciaux s'appropriaient des fonds de la rétrocession. Dans une lettre au Président de la République, elle

1. *Idem.*, 2013.
2. BOUVIER, P., *Op. Cit.*, p. 213.
3. *Ibidem.*

demandait de *« prendre des mesures contre les Gouverneurs ayant détourné les fonds publics en les traduisant en justice »*.[1]

### 1.3. Les relations entre les institutions provinciales

- D'une manière générale, les rapports entre les Gouvernements provinciaux et les Assemblées provinciales sont marqués par des conflits, et surtout des conflits d'intérêts ainsi que par la non-maîtrise de rôles de chacune des institutions par l'autre.
- Le contrôle parlementaire (motions, questions orales, enquêtes) a été utilisé parfois abusivement par les Députés provinciaux en vue de recevoir en échange des avantages financiers et matériels auprès des Gouverneurs. La population parle de la corruption à grande échelle.
- L'on peut également retenir l'immixtion fréquente des Députés provinciaux dans les affaires qui relèvent du Gouvernement ou des Administrations déconcentrées provinciales et voire des Administrations des entités territoriales décentralisées[2].
- Les prérogatives dont sont investies les Assemblées provinciales sont utilisées par les Députés individuellement comme instruments de pression, sinon de chantage pour obtenir des faveurs personnelles auprès du Gouverneur ou du Gouvernement provincial.[3] Il est donc impossible à un Gouverneur de respecter les règles de bonne gouvernance dans la gestion des finances publiques.
- Les Députés provinciaux ont tendance à vouloir s'approprier de tous les marchés publics, en s'érigeant en entrepreneurs occasionnels en vue de construire des écoles, des petits ponts ou des centres de santé. Et lorsqu'ils réalisent ces constructions dont la qualité n'est contrôlée par personne, ces infrastructures ne sont pas reprises au patrimoine public de la province ou de l'entité locale. Ce sont des écoles privées, propriétés des députés provinciaux.
- À ce propos, Ngoma Binda, insiste en ces termes : *« Les Assemblées provinciales recourent effectivement à ces moyens de contrôle mais, dans la plupart des cas, les rapports entre les Assemblées et les Gouvernements provinciaux sont minés par des tensions qui ont des*

1. *Ibidem*, p. 214.
2. LUMANU, *Op. Cit.*, 2013.
3. Propos recueillis auprès de l'honorable MANARA, Gouverneur honoraire du Maniema, octobre 2013.

*conséquences négatives sur l'exécution des programmes de développement sur la base desquels ils ont été élus.*

- L'exécution des programmes des Gouvernements provinciaux n'est pas satisfaisante. La recherche effrénée des avantages personnels en termes de rémunération, de paiement d'indemnités et d'acquisition des biens matériels prend le pas sur l'exécution des projets de développement en vue de l'amélioration des conditions de vie des populations qu'ils administrent et sont censés servir. La production des édits par les Assemblées provinciales reste faible »[1].
- Le contrôle d'exécution des programmes s'avère inefficace. Les sanctions contre les irrégularités constatées dans la gestion interne des institutions provinciales et dans l'exécution des programmes d'action des exécutifs sont rares. Les motions de défiance lancées aboutissent difficilement à la démission ou la sanction du gouvernement ou de ses membres mis en cause à l'issue du contrôle.
- Dans l'exercice de leurs compétences, les Assemblées provinciales sont également minées par le faible niveau d'instruction de certains députés provinciaux, qui ne leur permet pas de participer effectivement aux débats parlementaires et voter de façon informée. Un membre du Bureau de l'Assemblée provinciale de l'Équateur nous informe que nombreux parmi ses collègues n'ont jamais participé aux débats de l'Assemblée depuis l'installation de l'institution en 2007. Un autre du Kasaï Occidental attribue au bas niveau de culture de certains Députés le désaveu subi par l'Assemblée provinciale du Kasaï Occidental à la suite du rejet de la motion de défiance contre le Gouverneur Kapuku par l'arrêt de la Cour Suprême de Justice le 31 juillet 2007. Le Président de l'Assemblée provinciale du Kasaï occidental a demandé aux ministres provinciaux de prendre part à un débat parlementaire en « secours » du déficit constaté dans l'Assemblée provinciale.
- La pratique de la corruption masquée mais quasi institutionnalisée a constitué l'obstacle le plus sérieux à l'exercice normal de leurs compétences par les institutions provinciales. Les Gouverneurs de province, leurs ministres ainsi que les responsables des services publics corrompent les membres des Assemblées provinciales pour acheter leurs voix à l'occasion par exemple du vote de budget ou de l'examen de toute autre question importante, ou tout simple-

1. NGOMA BINDA, « Démocratie et participation à la vie politique : une évaluation des premiers pas dans la troisième République », in *Open Society*, Johannesburg, 2010, pp.218-219.

ment pour paralyser leur contrôle parlementaire.[1] De leur côté, les Députés provinciaux, n'hésitent pas à agiter le spectre des motions, non pour assurer l'efficacité de la gestion de la *res publica*, mais davantage pour intimider le Gouvernement provincial, et capturer les largesses de ces derniers.[2] A ce sujet, nul n'ignore par exemple les revendications et le ton pris par les autorités provinciales du pays sur les 40 % des rétrocessions des recettes à caractère national à retenir à la source. Ceci n'a pas été soulevé expressément dans cette étude car les trois provinces examinées présentent une autre réalité sur ce dossier des rétrocessions.

- En outre, l'on se souvient des multiples refus des Gouverneurs de travailler avec des collaborateurs désignés par le pouvoir central dans les domaines, notamment de l'éducation (Reged et Sous-Reged), la santé (MIP), la territoriale (Chef de secteur), etc.

Bref, on retient que les relations entre les deux institutions provinciales en termes de collaboration ne sont pas au beau fixe. Ceci est également exacerbé par les relations pouvoir central et pouvoir provincial.

- Certains auteurs3 parlent d'une « tension centre-périphérie ». Face à la politique du Gouvernement central, les provinces ont toujours réclamé l'application stricte de la Constitution. Nous avons vu à plusieurs reprises les ministres de l'intérieur (Lumanu et Muyej) intervenir dans le fonctionnement de ces institutions provinciales.
- Le Ministre Lumanu a effectué des missions au Maniema et au Kasaï occidental pour trouver les solutions consensuelles aux crises qui existaient dans ces provinces. Le Ministre Muyej a fermé et sécuriser le siège de l'Assemblée provinciale de l'Équateur et a fini par suspendre cette institution. Justifiant ce comportement, le Gouvernement central parle de l'encadrement de la libre administration des provinces par le pouvoir central qui, par ailleurs, donne plus de 70% des ressources à ces provinces.

1. LUMANU MULENDA, B., Ministre Honoraire de l'intérieur, communication aux concertations nationales, Septembre 2013.
2. LUMANU, M., *Op. Cit.*, Septembre 2013.
3. Lire BOUVIER Paule à ce sujet.

## 1.4. Les ressources humaines et financières

*1.4.1. Ressources humaines*

- Pour l'Administration des Assemblées provinciales, il faut noter que le Gouvernement central, par le biais du Ministre de l'intérieur[1], a pris l'initiative de créer ces administrations en organisant les structures fonctionnelles et en y affectant le personnel à partir de Kinshasa. Ceci a provoqué une réaction rigoureuse de toutes les provinces étant donné que les Assemblées provinciales jouissent de l'autonomie constitutionnelle de la libre administration.
- Par contre, les Assemblées provinciales, tout en gardant les directeurs nommés à partir de Kinshasa, ont recruté et nommé le personnel dans leurs institutions respectives. Et d'une manière générale, toutes les administrations des 3 provinces examinées, ont un personnel administratif pléthorique et très peu qualifié.
- Les effectifs organiques arrêtés à 50 agents par chaque assemblée sont dépassés de loin. Chaque assemblée a au moins 100 agents recrutés localement sans préoccupation de contraintes budgétaires, ni de niveau d'instruction, mais sur base du clientélisme et du tribalisme[2]. Ces agents sont payés en même temps que les Députés provinciaux lorsque la part de l'Assemblée provinciale sur les 40% de recettes à caractère national est versée par le pouvoir central.
- Concernant les Gouvernements provinciaux, ces derniers ne disposent pratiquement que du personnel de leurs cabinets respectifs. Les Ministres provinciaux ne disposent pas du personnel des divisions provinciales déconcentrées.
- Actuellement, l'Administration provinciale n'est constituée que des divisions provinciales de différents ministères que compte l'Administration centrale du pays. Ces administrations sont placées sous l'autorité du Gouverneur de Province alors que les textes antérieurs confiaient la coordination des divisions provinciales au directeur de province. Il faut noter que dans la loi sur la libre administration des provinces, les dispositions concernant le directeur de province n'apparaissent plus. Il s'ensuit que les Gouvernements provinciaux ont du mal à disposer des administrations déconcentrées en place en provinces.

---

1. LUMANU, *Op. Cit.*, Septembre 2013.
2. Propos recueillis auprès du Directeur de Province du Maniema, Monsieur KALUME LAMULAMU, Avril 2013.

- Les relations administratives entre les Ministres provinciaux et les chefs de divisions provinciales ne sont pas claires d'autant plus que ces derniers s'accrochent aux principes et aux traditions administratives non encore remplacées ou modifiées formellement. Ainsi, les administrations provinciales déconcentrées se trouvent désemparées et désorientées au sujet de leur rapport d'une part avec les Ministres provinciaux, et d'autre part, avec leurs Ministres centraux respectifs desquels ils dépendent avec ce que tout cela comporte.
- Les agents de ces services ont des inquiétudes en ce qui concerne la garantie de la suite de leur carrière, leurs activités étant encore régies par plusieurs textes juridiques non encore formellement remplacés dans le cadre de transfert des compétences par la Constitution et la loi de 2008 portant libre administration des Provinces.

*1.4.2. Ressources financières*

Les institutions provinciales doivent disposer des moyens financiers nécessaires pour leurs politiques respectives. Les traits communs sur les 3 provinces en matière financière peuvent se résumer en quelques points ci-après :

- Il a été observé une faible mobilisation des recettes dans les provinces sous examen. Par rapport à leurs prévisions budgétaires, le taux de réalisation (mobilisation) ne dépasse guère les 10% en moyenne.
- Ces provinces dépendent à 80% de leurs quotes-parts respectives des 40 % des recettes à caractère national.
- Devant les charges obligatoires croissantes, sans transfert des ressources financières correspondantes aux compétences transférées, devant faire face à la pression des attentes de la population suscitées par la mise en œuvre des institutions, les provinces sont résolues à chercher par tous les moyens de se procurer les ressources financières sans se préoccuper de la légalité de leurs décisions en cette matière. C'est ici qu'il faut situer la création des services propres des finances provinciales chargés de mobiliser des ressources financières qui viendraient alimenter leurs budgets en complément des 40% attendus du Gouvernement central. C'est dans cette optique qu'au Maniema on va créer la DIREMA, au Kasaï occidental DGRKoc et à l'Équateur DGREq[1].

1. DIREMA : Direction des recettes du Maniema.
DGRKoc : Direction Générale des recettes du Kasaï occidental.

- Les analyses développées dans les pages précédentes ont prouvé que depuis les années 1960, malgré les lamentations des provinces, en tout cas c'est la première fois que le Gouvernement central accorde des sommes aussi importantes aux provinces. Pour confirmer ceci, lors des débats du budget 2009, suite aux remarques de certains députés ayant stigmatisé le faible taux d'exécution du transfert aux provinces de la quotité des recettes à caractère national, le Premier ministre d'alors, Adolphe Muzito déclara : « *Je note que le gouvernement issu des dernières élections a transféré aux provinces beaucoup plus des ressources qu'aucun autre gouvernement ne l'a fait auparavant. Il y a lieu de relever que pour la période allant de 2003 à 2006, ceux qui nous vilipendent aujourd'hui n'ont versé aux onze provinces qu'un montant de 35 millions de dollars, contre 110 millions de dollars que nous avons transférés en 2007 et 200 millions en 2008* ».
- La gestion peu orthodoxe des ressources financières par les provinces est dénoncée par la ligue congolaise de lutte contre la corruption qui signale : « *Toutes les provinces ont présenté des comptabilités où plusieurs dépenses n'étaient pas appuyées des pièces justificatives, et en tête vient le Maniema* ».[1]
- Enfin, nous avons constaté le non-respect de la clé de répartition des rétrocessions entre les provinces et les entités territoriales décentralisées et surtout l'absence de l'édit déterminant le mécanisme de répartition des ressources entre les entités territoriales décentralisées.

## 1.5. Les indicateurs du développement

Parler des indicateurs du développement dans les 3 provinces étudiées, c'est simplement se poser la question de savoir si les conditions de vie des populations dans ces provinces sous l'égide des institutions politiques provinciales actuelles sont bonnes, même si cela est difficile d'apprécier étant donné le rôle capital du pouvoir central.

Malgré les dysfonctionnements institutionnels des provinces et de multiples conflits qui s'y sont déroulés, les handicaps rencontrés ne signifient pas qu'aucun projet n'y ait été entrepris, aucune avancée localement réalisée.

DGREq : Direction Générale des recettes de l'Équateur.

1. OMASOMBO, J., *Op. Cit.*, p. 214.

Un tableau relativement complet des actions de développement entreprises dans ces provinces est pratiquement impossible à dresser. Comme pour les pages qui précèdent, soit les informations sont de portée très générale, soit elles sont très ponctuelles, soit encore elles manquent de précision. Ou carrément, elles ne sont pas vérifiables, parce qu'elles ne sont tout simplement pas collectées.

D'une façon générale, le Rapport national de la République Démocratique du Congo sur les progrès des OMD *« établit le bilan d'une croissance moyenne, en 2008 de 5,8% qui est tombée à 2,7% en 2009 alors que le taux de croissance démographique est de 3%. Ce repli de croissance a entraîné une forte réduction d'emplois (surtout dans le secteur minier) et des mises en congé technique dans plusieurs entreprises*[1]*. Nonobstant le retour de la croissance et l'amélioration des fondamentaux de l'économie durant la décennie 2000-2010, la République Démocratique Congo reste marquée par une pauvreté de masse et de grandes disparités de niveaux de revenus entre le milieu urbain et le milieu rural. Cette pauvreté s'explique entre autres par le chômage qui frappe surtout les jeunes, par la faiblesse ou le non-paiement des salaires et par l'atrophie de l'ensemble des sources de revenus. La situation sanitaire est préoccupante : l'espérance de vie à la naissance est très faible (45 ans), les hôpitaux sont souvent dépourvus des équipements indispensables et des médicaments nécessaires pour les soins élémentaires, etc.*

*La sécurité alimentaire n'est pas garantie et la malnutrition sévit un peu partout. De nombreux enfants ne sont pas scolarisés et les discriminations en défaveur des filles persistent, surtout en milieu rural. L'enseignement est intégralement à charge des parents, dont les revenus se sont fortement amenuisés. L'accès aux autres services publics tels que l'eau potable, l'électricité, l'assainissement, le transport, est en constante régression*[2]*. L'accès au logement est lui-même de plus en plus précaire, surtout dans les centres urbains à cause d'une offre d'hébergement insuffisante en qualité et quantité des logements accessibles aux catégories défavorisées de la population »* (Rapport national des progrès des OMD 2010).

Tel est l'environnement global dans lequel vivent les populations congolaises dans les différentes provinces, avec toutefois des disparités importantes entre elles et même au sein de chacune d'elles. Les réalités ainsi développées concernent également les trois provinces examinées.

Les quelques indicateurs suivants, qui ne représentent que des moyennes et n'offrent donc qu'une image réductrice des réalités, permettent cepen-

---

1. BOUVIER, P., *Op. Cit.*, pp. 304-307.
2. *Idem.*, p.309.

dant, faute d'analyses plus approfondies, d'illustrer globalement les principaux aspects de la situation sociale de la population congolaise de ces différentes provinces. De là, il est également possible, dans une certaine mesure, d'évaluer les besoins qui demeurent prioritaires pour améliorer les conditions de vie de la population et d'apprécier les différences qui existent à cet égard entre les trois provinces.

Pour les trois provinces, notre illustration[1] portera sur :

- Le niveau de pauvreté de la population ;
- La population affectée par la crise alimentaire ;
- Le taux de mortalité des enfants de moins de 5 ans ;
- La densité des médecins ;
- La densité des infirmiers ;
- Le taux net de scolarisation ;
- La proportion des ménages ayant accès à une source d'eau ;
- Le taux de chômage.

1. Le niveau de pauvreté de la population en RDC, d'après le PNUD, est de 71,3%, alors qu'au Kasaï Occidental il est de 55,8% ; au Maniema 58,5% et à l'Équateur il atteint 93,6%. On constate que le niveau de pauvreté de l'Équateur, dépasse la moyenne nationale et qu'il y a des personnes qui vivent avec moins d'un dollar par jour.
2. Les estimations de la population affectée par la crise alimentaire indiquent que 42% de la population de l'Équateur sont affectées par la crise alimentaire, essentiellement dans le Sud-Ubangi, l'Équateur et la Tshuapa. Au Maniema et au Kasaï occidental, les estimations sont de 30% et 25% respectivement.
3. Concernant le taux de mortalité infantile, l'on note que d'une façon générale, ce taux en RD Congo a diminué de 14% les quinze dernières années. Il est passé de 172 pour mille en 1992-1997, à 165 en 2002, puis 148 en 2007[2].

   Néanmoins, le taux actuel est encore élevé, à tel point que la RDC reste classée parmi les pays à forte mortalité infantile. L'Équateur est à 168, le Maniema à 219 et le Kasaï occidental à 158 par rapport à la moyenne nationale qui est de 148[3].
4. La densité de médecins du secteur public est de 0,2 médecin pour 1000 habitants à l'Équateur, 0,4 médecin pour le Kasaï occidental,

1. Rapport du PNUD, *Op. Cit.*, pp. 157-163.
2. BOUVIER P., *Op. Cit.*, p. 244.
3. *Idem.*, p. 246.

alors qu'elle est de 0,6 médecin au Maniema[1]. Ces statistiques sont très éloquentes, pourtant les facultés de Médecine forment beaucoup de médecins mais qui ne veulent pas travailler dans l'arrière-pays.

5. Les données de la densité des infirmiers du secteur public pour 10.000 habitants dépassent le chiffre 1. Elles sont de 6 infirmiers à l'Équateur, 14 au Kasaï occidental et 4 dans la province du Maniema[2].
6. Le taux moyen de scolarisation des enfants de 6 à 11 ans en RD Congo est de 75%. La situation des provinces se présente comme suit :

| | |
|---|---|
| - Équateur | : 68 % |
| - Maniema | : 79 % |
| - Kasaï occidental | : 67 % |

7. Le taux moyen d'alphabétisation en RD Congo est de 58,9%. Il est de 49,4% à l'Équateur, 50,1% au Kasaï occidental et 63,4% au Maniema.
8. Concernant la population des ménages ayant accès à une source d'eau relativement salubre, en 2010, 12% ménages avaient accès dans la province de l'Équateur. Le Maniema en avait 39% ménages et le Kasaï occidental 12% aussi[3].
9. Le taux de chômage urbain de la tranche d'âge de 15 à 24 ans présente d'autres réalités. Contrairement à ce qui se passe dans les autres secteurs, le milieu urbain est, en ce qui concerne le chômage, défavorisé par rapport au milieu rural. Le rapport national des progrès des OMD signale à ce propos que le taux de chômage en milieu rural est à 10%. Il attribue cette situation au fait qu'en milieu rural l'emploi agricole dans le secteur informel représente environ 90% de la population. Ces taux sont inférieurs à 10% à Kananga, Tshikapa et Mbandaka. Il est de 23% à Kindu.
10. Le chômage frappe davantage les jeunes diplômés du secondaire (9,23%) et du supérieur (13,63%) que les jeunes issus du niveau primaire (4,79%) ou sans instruction (2,62%). Les jeunes issus du supérieur sont plus enclins à attendre de trouver un emploi corres-

1. *Idem,* p. 249.
2. *Idem.*, p. 301.
3. *Ibidem.*, p. 304.

pondant à leur qualification. Les jeunes sans instruction, par contre, accèdent plus facilement au secteur informel caractérisé par des emplois précaires et sous-qualifiés, ce qui est en réalité du chômage déguisé. Les diplômés qui restent longtemps au chômage finissent également par rejoindre le secteur informel en raison du contexte socio-économique difficile dans lequel vivent la plupart des jeunes. Ils doivent se prendre en charge et, également contribuer directement ou indirectement à la survie du ménage. Comme on peut le constater, l'emploi des jeunes demeure un défi aussi bien quantitatif que qualitatif en RD Congo.

Le tableau des indicateurs du développement dans les 3 provinces montre la grande vulnérabilité qui affecte la population dans tous les domaines alors que les animateurs des institutions politiques provinciales activent des stratégies pour récolter des avantages matériels au détriment de la population.

Au-delà des caractéristiques communes dans l'organisation et le fonctionnement de ces 3 provinces, nous avons observé quelques particularités propres à chacune de celles-ci. Il s'agit notamment :

**Pour le Kasaï occidental :**

- La province a connu 26 mois sans Gouverneur titulaire consécutivement à des périodes relativement longues de la passation du pouvoir entre Kapuku et Kabasu d'une part, et entre ce dernier et Kande de l'autre part.
- Pendant cette période la province a été dirigée par un Vice-gouverneur et peu après par un Ministre préséant.
- À l'exception du Président de l'Assemblée provinciale, tous les postes au Bureau ont connu des changements d'animateurs.
- Le nombre des Députés provinciaux constitue une moyenne acceptable, soit 54 membres pour une province mobilisant trop peu des recettes.
- L'Assemblée plénière avait invalidé un Député pour mauvais comportement, souillant dès lors la dignité et la réputation d'un élu.

**Pour la Province de l'Équateur :**

- Le nombre élevé des députés, soit 108, pour une province qui n'a pas assez de moyens pour sa politique.

- Nonobstant sa position frontalière avec deux pays, la République du Congo et la République centre africaine, la Province de l'Équateur ne bénéficie pas assez des retombées positives quant à ce.
- Actuellement, la Province est dirigée par un Gouverneur issu de la majorité présidentielle alors que politiquement et sociologiquement, la province est acquise aux partis qui se réclament de l'opposition.

**Pour la Province du Maniema**

- La province est totalement enclavée et ne partage aucune frontière avec un autre pays.
- Le nombre très réduit des membres de l'Assemblée provinciale ainsi que la faiblesse démographique peuvent se présenter comme des goulots d'étranglement pour le développement de la Province.

Après ce tableau comparatif des provinces, quels sont alors les acquis et les faiblesses dans l'organisation et le fonctionnement des institutions provinciales ?

## SECTION 2. LES ACQUIS ET LES FAIBLESSES DANS L'ORGANISATION ET LE FONCTIONNEMENT DES INSTITUTIONS PROVINCIALES

Faire le bilan de l'organisation et du fonctionnement des institutions politiques provinciales sous la Constitution du 18 Février 2006 nous permet aussi de relever ce qui suit à titre d'observations générales classées en acquis et en faiblesses.

### 2.1. Les acquis

L'existence des institutions politiques ne date pas de 2007. Nous avons indiqué dans ce travail que d'autres institutions politiques provinciales ont été créées depuis 1960. Nous avons analysé aussi le niveau et la durée de fonctionnement sous les aspects positifs et négatifs.

L'acquis majeur des institutions politiques de 2007 issues des élections provinciales est qu'elles ont effectivement fonctionné depuis leur mise en place, c'est-à-dire, à partir de 2007 jusqu'à ce jour.[1] Ceci est très important car c'est pour la première fois dans l'histoire des institutions politiques de notre pays que cela s'observe. Les Assemblées provinciales se

1. Résolutions des concertations nationales, Kinshasa, 2013.

sont organisées et ont fonctionné avec les règlements intérieurs suivis des débats apparemment démocratiques. Les gouvernements provinciaux ont été formés, en dépit de quelques ratés dans leur fonctionnement.

Le deuxième acquis à épingler est celui relatif à l'autonomie politique des provinces. Malgré les interventions intempestives du pouvoir central, l'autonomie politique des provinces est plus ou moins remarquable étant donné que ces derniers ont pris conscience et s'efforcent de défendre leur autonomie financière.

Il est important de noter aussi l'acquis concernant les gouvernements provinciaux. En effet, les gouvernements provinciaux sont généralement composés dans le respect constitutionnel du nombre des ministres, sauf à l'Équateur où le Gouverneur a nommé 6 Commissaires généraux avec rang de Ministre provincial. Il est bien entendu que la représentativité de la province est prise en compte dans la composition de ces gouvernements selon le contexte et les particularités de chaque province. Nous passons sous silence d'autres acquis mineurs du fonctionnement des institutions provinciales. Quelles en sont alors les faiblesses ?

### 2.2. Les faiblesses[1]

Les faiblesses sont nombreuses. Sans être exhaustif, nos enquêtes nous ont permis de relever les faiblesses ci-après :

- De l'avis de plusieurs de nos enquêtés, les Gouverneurs de Provinces sont imposés par le pouvoir central et leur élection par les Députés provinciaux apparaît comme une simple formalité. Exception est faite ici pour le premier Gouverneur de l'Équateur, Monsieur José Makila qui a été élu grâce à son ancien parti le MLC et ses alliés.
- Les conflits quasi généraux éclatent entre l'exécutif et l'organe législatif entraînant à coup l'instabilité de l'appareil exécutif de la province en commençant par le Gouverneur, suivi de ses Ministres avec ce que tout cela entraîne comme conséquence.
- L'instabilité et la déstabilisation quasi-permanente des membres des Bureaux des Assemblées provinciales sont la règle alors que la stabilité reste l'exception.
- La faible maîtrise des rôles et des fonctions des institutions provinciales par leurs membres respectifs a constitué également une faiblesse de taille dans le fonctionnement de ces institutions.

1. Quelques faiblesses sont tirées du Rapport des concertations nationales ; groupe thématique décentralisation et renforcement de l'autorité de l'Etat, Septembre 2013.

- Le faible exercice des compétences dévolues aux Assemblées provinciales a été observé partout, tant en matière de production des édits qu'au contrôle parlementaire efficace et efficient. Ceci est le reflet du niveau d'étude de la plupart des élus provinciaux.
- On note aussi la tendance générale des Députés provinciaux à utiliser abusivement les prérogatives constitutionnelles à des fins personnelles et à s'immiscer dans les questions relevant des gouvernements provinciaux ou des administrations des ETD.
- On relève également l'absence d'évaluation de l'exécution des programmes gouvernementaux sur base desquels ces derniers avaient été investis en 2007 par les Assemblées provinciales.
- Le déficit d'information des élus provinciaux sur leurs responsabilités à l'égard de la population électrice est patent.
- On déplore un déficit criant de la promotion de la gouvernance, d'approche participative et de communication avec la population à travers ses différentes composantes.
- Pour ce qui est de la faible maîtrise des fonctions gouvernementales, on signale que les Ministres provinciaux apparaissent comme de simples conseillers du Gouverneur, d'autant plus qu'il y a absence totale d'organisation interne du gouvernement. Toutes les tâches sont centralisées par le Directeur de cabinet du Gouverneur. Bref, les Ministres provinciaux n'exercent pas l'effectivité de leurs responsabilités ministérielles.
- Il y a persistance de méfiance et de conflits latents entre les gouvernements provinciaux et les administrations déconcentrées de l'administration centrale affectées en province.
- À ces problèmes généraux s'ajoutent des problèmes spécifiques à la gestion interne des provinces et des ETD, parmi lesquels leur forte dépendance vis-à-vis du budget central, le non-respect par les provinces de l'obligation de rétrocéder aux ETD des recettes à caractère national, la mauvaise gestion des finances locales et provinciales, l'inefficacité de contrôle etc. Il y a aussi la faible capacité de l'administration provinciale de collecter et de mobiliser des ressources propres pour les dépenses de la province.
- Signalons également la non-application du principe fondamental de transfert concomitant des ressources tant humaines, financières que matérielles et techniques correspondants aux compétences transférées.

- Le remplacement des programmes de développement coordonnés, cohérents et harmonieux centrés sur les compétences transférées par des pratiques des « cadeaux ». Bref, dans le domaine des finances publiques, il manque encore l'application des principes de bonne gouvernance.

# CONCLUSION GÉNÉRALE

Notre dissertation a porté sur le fonctionnement des institutions politiques provinciales sous la Constitution du 18 Février 2006 face au défi du développement de la RDC. En réalité il était question de dresser le bilan, sept ans après l'installation de ces institutions.

Prenant en compte un échantillon représentatif de trois provinces, à savoir la province de l'Équateur, la province du Kasaï occidental et celle du Maniema, au regard du souci du constituant de doter les provinces d'importantes prérogatives pour devenir de véritables centres d'impulsion pour le développement, nous nous sommes posé la question suivante : quel bilan peut-on présenter au public sur l'organisation et le fonctionnement des institutions politiques provinciales, sept ans après leur installation ? Et de poursuivre, si le bilan présente de faibles résultats, quelles en sont les causes ?

Après investigation, il s'est clairement dégagé que l'organisation et le fonctionnement des institutions provinciales présentent un bilan peu satisfaisant à cause des hommes qui animent ces structures politiques, mais aussi à cause de certaines dispositions légales non adaptées à la réalité de la RD Congo. Ce qui confirme nos hypothèses.

La méthode de l'histoire immédiate sous sa composante dialectique et l'analyse stratégique soutenues par les techniques documentaires et d'observation, surtout participante, ainsi que les techniques d'entretien nous ont permis d'aboutir au résultat escompté.

Ce travail, qui ne prétend nullement donner l'éclairage exhaustif sur la question soulevée, a été subdivisé en trois parties. La première a porté sur les aspects théoriques et conceptuels. Des concepts comme institution, institution politique et Constitution ont été expliquées. Les institutions politiques évoluent dans un régime politique et sont assises sur une forme de l'État. Les notions essentielles sur les régimes politiques et les formes de l'État ont été examinées avant de relever le régime politique et la forme de l'État en RD Congo sous la Constitution du 18 Février 2006. Il a fallu également donner la ligne de démarcation entre la décentralisation et le fédéralisme au regard de l'utilisation souvent abusive de ces concepts par les non-initiés.

Comme le travail cerne l'évaluation pratique de la nouvelle décentralisation ou le régionalisme constitutionnel et son impact sur le développement, il nous a semblé indiqué de donner quelques considérations sur le développement.

Parlant du développement, nous avons insisté sur le développement local, ses acteurs, ses indicateurs et les exigences mêmes du développement. Ces éléments nous ont permis de comparer les indicateurs objectifs du développement avec la réalité rencontrée dans les trois provinces concernées, et c'est à travers un rapport entre le développement dans sa conception pratique et les politiques publiques.

Pour une meilleure compréhension des institutions politiques provinciales de la troisième République, nous avons d'abord présenté et analysé celles de la première et de la deuxième République. Ainsi, la genèse et l'évolution des institutions politiques provinciales ont constitué l'objet de la deuxième partie de cette dissertation.

Mais, avant cette analyse, nous avons précisé la délimitation temporelle et institutionnelle de la première et de la deuxième République sur les plans politique et juridique. Politiquement la deuxième République commence par le coup d'État du Général Mobutu et se termine à la prise du pouvoir par l'AFDL sous la conduite de Monsieur Laurent Désiré Kabila. Cependant, d'un point de vue juridique, la première République doit être fixée au 1er Août 1964, date de la promulgation du texte constitutionnel et la deuxième République débute le 24 Juin 1967, date de la promulgation de la nouvelle Constitution et prend fin le 18 Février 2006.

Dans la première République les institutions provinciales sont créées à travers deux textes constitutionnels, l'un provisoire et l'autre définitif. Il s'agit en effet de la loi fondamentale du 19 Mai 1960 et de la Constitution du 1er Août 1964, dite de Luluabourg.

Concernant les institutions politiques provinciales issues de la loi fondamentale, nous avons retenu et examiné le Gouvernement provincial et l'Assemblée provinciale. Il a été constaté que les pouvoirs conférés aux provinces par la loi fondamentale étaient considérables. Et cela a été favorisé par le contexte général de l'élaboration de ce texte constitutionnel qui, nous l'avons démontré, n'était qu'une photocopie conforme de la Constitution de la Belgique.

Quoique ayant fonctionné sur base d'un minimum des principes démocratiques, ces institutions ont rencontré d'innombrables goulots d'étranglement ayant par voie de conséquence gêné leur fonctionnement avec un faible résultat. Parmi ces difficultés, nous avons retenu généralement le problème des ressources humaines et surtout l'inexpérience des acteurs tant du niveau national que du niveau provincial, les conflits observés à Léopoldville engendrant aussi des crises en provinces.

Examinant les institutions découlant de la Constitution de Luluabourg, comme les institutions provinciales étaient fortement représentées à la conférence constitutionnelle de Luluabourg, les pouvoirs dévolus aux provinces ont été renforcés sur tous les plans. Les institutions provinciales mises en place par cette Constitution sont installées dans le cadre fédéral. Mais les conflits et les crises qui s'ensuivirent n'ont pas permis leur fonctionnement harmonieux dont la fin est le coup d'État militaire du 24 novembre 1965. Nous avons retenu qu'un des acquis majeurs de la première République est l'établissement d'un texte constitutionnel définissant les structures de l'État et y inscrivant le degré spécifique d'autonomie accordée aux provinces. Mais, outre les difficultés soulevées ci-haut, l'on a épinglé également le handicap financier et le rôle négatif que les ethnies ont joué comme base majeure pour l'établissement de nouvelles provinces.

Les institutions provinciales organisées pendant la deuxième République n'étaient pas de véritables institutions vectrices du développement à la base. Il faut oublier la démocratie car le régime de Mobutu annonça toute sa dictature. Le nombre des provinces est réduit, les organes délibérants des provinces sont supprimés et tous les pouvoirs sont concentrés à Kinshasa qui nomme, permute et révoque les Gouverneurs car la Constitution de 1967 a modifié le statut juridique des provinces.

La troisième partie de la dissertation a examiné le bilan du fonctionnement des institutions politiques provinciales de la troisième République en étudiant les provinces du Kasaï occidental, de l'Équateur, et du Maniema.

Le journal le Phare dans sa livraison du 31 Mars 2011 écrit à ce sujet : *« Plus de quatre ans après leur installation, les exécutifs et parlements des onze provinces de la République affichent un bilan largement négatif. La territoriale de proximité, la bonne gouvernance, le développement communautaire, le désenclavement, la sécurité des personnes et de leurs biens, le respect des droits de l'homme, la lutte contre le chômage, la faim, les maladies et la déperdition scolaire, la création des richesses, les cinq chantiers de la République... se sont arrêtés, dans bien des cas aux déclarations d'intention ».*[1] Parmi les antivaleurs qui ont largement progressé figurent la corruption et le détournement des fonds publics[2].

Nous avons reconnu que les informations sur cette partie, ou tout au moins, celles disponibles sont insuffisantes pour établir un bilan exhaustif et rigoureux de la façon dont les institutions ont fonctionné et ont été

1. Rapport annuel de la Ligue congolaise contre la corruption, Licoco, Kinshasa, 2010.
2. BOUVIER, P., *Op. Cit.*, p. 310.

gérées. Les données que nous avons présentées ne sont donc que partielles et ont justement varié selon les provinces : elles ont porté sur les aspects géographiques et physiques, les réalisations entre les pouvoirs législatif et exécutif, les crises qui se sont produites au sein de chacun de deux pouvoirs, les conflits institutionnels, la gestion financière et, à l'occasion, quelques particularités.

C'est ainsi qu'après avoir parlé des institutions politiques provinciales issues de la Constitution en vigueur à travers leur organisation, compétence et composition, nous avons examiné la question d'abord pour la province du Kasaï occidental, ensuite de l'Équateur et enfin du Maniema.

Le Kasaï occidental, province au cœur de la RD Congo, avec une population estimée à sept millions d'habitants, dispose de beaucoup de potentialités dans presque tous les secteurs de la vie. Il a été observé que dans cette province, les forces ethno-politiques jouent un rôle déterminant dans presque tous les enjeux politiques et supplantent les partis politiques.

L'ethnie majoritaire Lulua est toujours en lutte politique avec les autres tribus non Lulua, appelées unité Kasaïenne. Au sein des Lulua, il y a aussi des divergences politiques entre les Katawa et les Mutombo. Un autre élément qui est en fait la conséquence de l'ethnicité est la compréhension de la province à travers ses deux districts : le district de Lulua et le district du Kasaï. Tous les jeux d'équilibres politiques s'opèrent par cette géopolitique Lulua-Kasaï (districts). La notabilité ouest-kasaïenne vivant à Kinshasa joue également un rôle politique déjouant parfois tous les calculs politiques de Kananga.

Actuellement, on ne sait pas exactement quel parti politique est dans l'opposition. La majorité acquise au pouvoir du président Kabila s'est renforcée. Deux gouverneurs étaient issus du RCD et l'actuel est un transfuge du MLC ayant créé son propre parti. Tous les trois vice-gouverneurs sont du PPRD et originaires du district du Kasaï. Et tous les gouvernements formés étaient un mélange hétérogène de plusieurs partis et sans nécessairement un soutien réel de l'Assemblée provinciale.

Nous avons ainsi conclu que les institutions de cette province ont fonctionné sur fond des crises profondes et instabilité permanente à cause notamment du comportement de leurs animateurs privilégiant les intérêts égoïstes. C'est ainsi qu'avec une faible mobilisation de recettes provinciales et le manque de traçabilité des fonds rétrocédés par le pouvoir central, il est tout à fait indiqué que les actions concrètes de développement et de grande envergure tardent à se manifester au Kasaï occidental.

L'Équateur est la troisième province de la RDC en superficie après la Province Orientale et le Katanga, et a une population de plus de neuf millions d'habitants. À côté de ses atouts naturels, la province de l'Équateur dispose d'autres potentialités pour son développement.

Quant aux données ethniques, elles sont révélatrices. Les Mongo, les Ngbaka, les Ngombe, les Ngbandi, et les autres Mbudja et Mbanda sont les groupes les plus représentatifs et cristallisent toute l'activité politique de la province.

La répartition des responsabilités politiques à l'Équateur tient d'abord compte du clivage Nord-Sud, le sud étant essentiellement Mongo. Les institutions politiques de cette province ont fonctionné plus sur la base géopolitique que sur les données des partis politiques. Mais, on a remarqué qu'au début du mandat, le parti avait un rôle à jouer, mais avec le temps c'est l'ethnie et la tribu qui décident réellement. Ce qui explique qu'actuellement le poste du président de l'Assemblée provinciale est occupé par un membre du PPRD alors que le MLC a la majorité relative des sièges. Le Gouverneur aussi est du PPRD.

L'instabilité, les conflits... ont laminé les deux institutions de l'Équateur. Des observateurs ont vite parlé d'un chaos à l'Équateur ou tout simplement de la confusion politique. Les relations entre le législatif et l'exécutif ont toujours été tendues et à plusieurs reprises certains députés ont abusé de leurs prérogatives pour provoquer des crises en vue de réclamer des avantages personnels. La gestion financière n'est guère orthodoxe dans cette province et parmi les griefs formulés à l'ancien gouverneur Makila, s'inscrit le détournement des deniers publics. Nous avons ainsi présenté cette situation qui est à la base de tous les problèmes de développement de l'Équateur, la province ayant le taux le plus élevé de la pauvreté, soit 93,6%.

La province du Maniema est enclavée et sous-peuplée. Tous ses habitants parlent une même langue nationale, le Swahili. Comme dans les deux autres provinces, l'on note qu'au Maniema, les luttes politiques sont avant tout l'apanage des groupes tribaux rivaux. Il s'agit essentiellement des Bangu-bangu, Barega, Bakusu et les Wazimba avec d'autres tribus du territoire de Kasongo et du Nord de la province. Au regard de leur démographie les tribus comme les Bazula, Mamba Kasenga, Babuyu, Bakwange, Bakumu, Basongola, et autres Bangengele sont considérées à tort ou à raison comme des groupes périphériques.

Les rivalités et les conflits ont été enregistrés dans cette province dès le début de la mandature. À l'Assemblée provinciale il y a aussi la crise de leadership qui caractérisa cette institution. La grande particularité de cette institution législative est le nombre très réduit des élus, soit 24. Ce nombre permet à l'exécutif de manipuler à souhait ces élus par des dividendes financiers. Mais, comme à l'Équateur, le niveau d'étude de certains députés au Maniema est très bas. Ceci a été aussi parmi les handicaps n'ayant pas assuré un débat responsable des élus du peuple.

Au Maniema, il n'y a aucune femme à l'Assemblée provinciale et que plus de ¾ des députés appartiennent à la majorité présidentielle malgré leurs divergences internes. À l'exécutif, les postes ministériels font toujours l'objet de partage entre le PPRD, l'ARC, le RCD/KML, le MSR et le PANU après les consultations ethniques et l'équilibre entre territoires.

Les accusations de mauvaise gestion ont toujours pesé sur les 2 Gouverneurs du Maniema et comme au Kasaï occidental et à l'Équateur, seulement 10% des fonds alloués par le pouvoir central sont rétrocédés aux entités territoriales décentralisées. Il a été observé que sur le plan de gestion, tous les rapports ad hoc considèrent que la gouvernance de l'actuel Gouverneur TUTU et ses relations avec le législatif sont les plus négatives de la République. La règle de jeu qui gagne c'est le partage du *« butin national »* et tout le monde est protégé.

La mobilisation des recettes dans cette province est très faible. Mais les rémunérations des membres de l'exécutif, des députés et du personnel politique sont les plus élevées de ces trois Provinces.

L'analyse comparative du bilan de ces trois Provinces s'est basée sur les traits communs relevant de l'organisation et du fonctionnement des Assemblées provinciales, de l'organisation et du fonctionnement des exécutifs provinciaux, des relations entre les deux institutions, les ressources humaines et financières ainsi que des indicateurs du développement. Des considérations sur l'une ou l'autre particularité à chaque province ont été développées.

Nous avons évoqué des acquis importants qu'ont apportés ces institutions et ses innombrables faiblesses. Au titre des acquis, nous avons épinglé le fait que, malgré les incohérences et les conflits, ces institutions ont quand même fonctionné depuis leur installation jusqu'à ce jour. Nous avons également souligné le point relatif à l'autonomie politique des provinces. C'est une avancée dans la mesure où les animateurs de ces institutions en ont pris conscience et s'efforcent à défendre l'autonomie politique et financière. Enfin, nous avons remarqué le respect de la Constitution dans la composition des Gouvernements provinciaux et la représentativité de la Province.

Plusieurs faiblesses ont été soulevées : les modalités qui entourent l'élection des Gouverneurs, les conflits institutionnels, l'instabilité des membres du Bureau et de l'exécutif provincial, la faible production parlementaire, la faible mobilisation des recettes, la forte dépendance des allocations venant du pouvoir central, les textes inadaptés aux réalités socio-économiques (40% pour les rétrocessions, le scrutin proportionnel), le comportement des hommes présentant des antivaleurs (recherche des intérêts égoïstes) etc. Et la lecture attentive de toutes ces réalités prouve à suffisance que le bilan sur l'organisation et le fonctionnement de ces institutions est mitigé et n'a donc pas rencontré les attentes de la population ayant voté la Constitution du 18 Février 2006 par référendum.

Que peut-on alors suggérer pour donner aux institutions leur sens en vue du développement local de la RD Congo ?

## SUGGESTIONS

Les suggestions portent essentiellement sur les textes, l'organisation et les hommes. La Constitution ayant institué des assemblées provinciales et des gouvernements provinciaux, notre analyse a démontré que ces deux institutions sont plus que budgétivores. Nous avons démontré que plus de 85% des crédits rétrocédés par le pouvoir central aux provinces, rentrent dans les rémunérations et autres avantages, frais de mission, indemnités des membres de ces deux institutions. Nous suggérons ce qui suit :

- Comme les faibles performances réalisées procèdent généralement de la mauvaise gouvernance, d'insuffisance d'un contrôle politique crédible, il faudrait renforcer des mesures des sanctions envers ceux qui réduisent ce contrôle à un jeu subtil d'intérêt. Les textes doivent renforcer les sanctions pénales envers les corrupteurs et les corrompus. Les meilleures sanctions pour les politiques devraient aller jusqu'à la perte du mandat politique lorsque la corruption est avérée. Il en est de même des sanctions envers les animateurs principaux des institutions provinciales coupables des détournements des deniers publics et des antivaleurs comme le tribalisme, le clanisme, la mauvaise gestion, et surtout de la xénophobie, bref de la mauvaise gouvernance. Pour Ngoma Binda, on doit se convaincre qu'il est impossible de redresser la mentalité des agents publics de l'État dans l'état actuel du délabrement moral sans exercer une très rigoureuse fermeté dans le maniement du bâton, de la chicote. On a besoin d'une correction exemplaire et dissuasive, qui va de la prison à la confiscation de tous les biens de la personne qui aura été jugé coupable des crimes de corruption, de concussion, des détournements des deniers publics…[1]

---

1. NGOMA BINDA, P., *Pouvoir et moralité dans les affaires publiques*, Collection nouvelle Citoyenneté, Ministère provincial en charge de la nouvelle citoyenneté, Matadi, Bas-Congo, 2014, p. 84.

- Dans l'hypothèse où il faut maintenir les deux institutions provinciales, nous plaidons pour la révision de certaines dispositions constitutionnelles se rapportant à leur véritable rôle, les avantages des animateurs fixés à l'avance par une loi nationale et même les conditions d'éligibilité des députés provinciaux en mettant l'accent sur le niveau d'études (diplômes vérifiés) et l'expérience politique ainsi que l'honorabilité et l'observance scrupuleuse de l'intégrité morale dans l'exercice d'une charge publique. Le souci du constituant étant, répétons-le de booster le développement du pays et non de multiplier des postes des responsabilités politiques qui finissent par desservir la population.
- Aussi est-il donc important que les décideurs politiques lèvent clairement l'option sur la forme de l'État. La forme hybride en vigueur pose de sérieux problèmes, notamment, des rapports entre le Gouvernement central et les provinces, les dernières s'estimant autonomes alors que financièrement elles dépendent du pouvoir central. Ceci est d'autant plus correct que la Constitution a donné beaucoup plus de compétences aux provinces qu'elle n'en donne les moyens. Il faut donc trouver un compromis entre les leaders nationaux et provinciaux pour que tout le monde se sente concerné sous une forme de la démocratie *consociative*.
- L'élection des députés provinciaux doit se passer au scrutin majoritaire permettant ainsi à un parti politique dans l'Assemblée provinciale d'avoir une majorité absolue et de défendre son Gouvernement sur base d'un projet de société cohérent car profitant d'un appui large et constant des députés. Ceci permettra de contourner des « Gouvernements de coalition sur base de plusieurs partis politiques. C'est le cas actuellement dans toutes les provinces, et les conséquences qui en découlent n'ont jamais été souhaitées. Le changement du scrutin des députés provinciaux va entraîner directement la révision de certaines dispositions constitutionnelles liées au mode de scrutin.
- L'élection du Gouverneur de province devra être couverte de plus de légitimité et de crédibilité.
- Nous suggérons que la base électorale du Gouverneur soit élargie aux élus locaux de tous les ETD qui composent la province, eu égard à de nombreuses compétences dévolues au Gouverneur.
- Concernant la retenue à la source de 40% des recettes à caractère national, nous suggérons la révision à la baisse de ce taux dans la mesure où la stricte application du taux de 40% est une fiction dans

les provinces que nous avons examinées. Il en va certainement pour beaucoup d'autres.

- L'inadéquation du cadre juridique concerne aussi la nouvelle architecture institutionnelle opérée par la Constitution du 18 Février 2006 qui est caractérisée, notamment, par la mise en route de la régionalisation politique et l'institutionnalisation de la décentralisation territoriale. Celle-ci nécessite une nouvelle nomenclature des recettes, les mécanismes de leur recouvrement ainsi que les modalités de leur répartition entre le Gouvernement central et les provinces d'une part, et entre celles-ci et les ETD d'autre part. Les textes existant doivent être améliorés en tenant compte de la réalité fiscale de chaque province et surtout après avoir réglé la question du taux de 40% à rétrocéder.
- À l'inadéquation des finances publiques de l'État, des provinces et des ETD au nouveau paysage politique du pays, s'ajoute le retard dans l'adoption et la promulgation de la loi organique relative à la caisse nationale de péréquation prévue à l'article 181 de la Constitution en vue de financer des projets et des programmes d'investissement public, d'assurer la solidarité nationale et de corriger le déséquilibre de développement entre provinces et ETD. Même si les rétrocessions opérées jusqu'à ce jour constituent une caisse de péréquation sous une autre forme, nous suggérons au parlement d'adopter la loi sur la caisse nationale de péréquation après une étude sur les réalités économiques, financières de chaque province. Il en est de même de la loi sur l'organisation et le fonctionnement des services publics du pouvoir central, des provinces et des ETD prévus à l'article 194 de la Constitution.
- Il faut également encourager les provinces à faire procéder par l'inspection générale des finances (IGF) aux audits organisationnels et de performance des régies provinciales en vue d'accroître leur productivité.
- Une étude est indispensable en vue de diversifier les sources de recettes pour l'amélioration de la capacité contributive des provinces au budget de l'État.
- Les institutions provinciales et les ETD doivent adopter des mécanismes appropriés de transparence, de redevabilité et de la participation citoyenne en vue d'informer régulièrement les citoyens et les impliquer dans le processus budgétaire et des finances publiques.

- Concernant les ETD, il faut que la CENI organise, dans les meilleurs délais, les élections en vue de permettre à celles-ci d'avoir des animateurs élus de leurs organes. Des élections devraient être organisées sur base des partis politiques avec assise nationale. Ce qui sous-tend l'amendement de la loi sur les partis politiques en intégrant des critères rigoureux sur la création d'un parti politique. Car au sujet de la stabilité des institutions locales, il faudra choisir un mode de scrutin qui peut marier le maintien de la stabilité des majorités et un peu moins d'injustice dans la répartition des sièges des élus. Cela signifie qu'on peut laisser la majorité absolue au camp arrivé en tête, mais assurer une représentation à tout parti minoritaire qui a recueilli un minimum de suffrages. Il se pose là le problème du dosage de la proportionnalité.[1]
- Aussi, serait-il mieux d'inviter le Gouvernement central, les Gouvernements provinciaux et les ETD à accélérer la mise en œuvre des programmes d'accès de la population aux services sociaux de base, notamment, l'eau, l'électricité, la santé, les routes, l'éducation, les nouvelles technologies de l'information et de la communication etc. en vue d'amorcer ou d'atteindre le développement local durable et l'éradication de la pauvreté.

Enfin, les allocutions des autorités provinciales ont été peu significatives sur le plan d'une vision qui leur soit propre quant au rôle désormais confié aux provinces au sein de l'appareil de l'État. Peu après la mise en place des institutions, elles se sont bornées généralement à réclamer la stricte application de la Constitution pour se rallier enfin, tout au moins au grand jour, aux positions gouvernementales.

Certes, des plans de développements furent élaborés, mais ils sont demeurés davantage de l'ordre de la fiction plutôt que du domaine des réalisations concrètes, même si quelques projets furent menés à terme et qui portent, en grande partie, sur les travaux d'infrastructures, les aspects moraux étant globalement oubliés et ignorés.

Si l'on veut répondre objectivement aux problèmes de développement de notre pays à travers cet aspect institutionnel, par les provinces, il faut dans l'ensemble trouver des solutions aux écueils que nous avons évoqués : déficit des ressources humaines et financières, les difficultés de l'éventail relationnel entre :

- État central et Gouvernement provincial ;

---

1. LEYRIT, C., *Les partis politiques. Indispensables et contestés*, ed. Le monde, Bruxelles, 1997, p. 211.

- Exécutif provincial et législatif provincial ;
- Exécutif provincial et administration provinciale ;
- Autorités provinciales et société civile ;
- Autorités élues et chefs coutumiers et même des autorités provinciales et des administrations locales.

Ces agrégats relationnels vont engranger des résultats dans les différentes provinces. Les indicateurs et les rapports disponibles ont indiqué que ces résultats sont mitigés et sont donc très loin de rencontrer les objectifs que les autorités provinciales s'étaient assignés publiquement lors de leur installation.

Le secret de la réussite réside, sans nul doute, dans le choix des hommes et des hommes conscients. Mais il faudra retenir avec Gonidec que les différentes institutions d'un État ne parviennent pas à résoudre de façon satisfaisante leurs problèmes faute d'adaptation aux spécificités des sociétés africaines.[1]

1. GONIDEC P.F, *Les systèmes politiques Africains*, 3e édition, les nouvelles démocraties, L.G.D.J, Paris, 1977, p.11.

# BIBLIOGRAPHIE

## I. OUVRAGES


1. ABERNOT, Y. et RAVESTEIN, J., *Réussir son master en sciences humaines et sociales,* éd. Dunod, Paris, 2009.
2. ALCAUD, D., *Dictionnaire des sciences politiques et sociales*, éd. Dalloz, Paris, 2004.
3. ARDANT, P., et BERTRAND, M., *Institutions politiques et droit constitutionnel,* 24e éd. L.G.D.J, Montchrestien, Paris, 2012.
4. AUNDU MASANZA, G., *État et partis au Congo-Kinshasa, l'ethnicité pour légitimité*, l'Harmattan, Paris, 2010.
5. BERNARD, C., *Introduction à l'étude de la médecine expérimentale*, Nouvelle éd., Paris, 1966.
6. BINDUNGWA IBANDA, M., *Comment élaborer un travail de fin de cycle ? Contenu et étapes,* Kinshasa, Médiaspaul, 2008.
7. BOUVIER, P., *La décentralisation en RDC. De la 1ère à la 3e République,* éd. le Cri Africa, Bruxelles, 2012.
8. BRAUD, P., *Sociologie politique*, éd. Lextension, Paris, 2008.
9. BURDEAU. G., *L'État,* Seuil, Paris, 1970.
10. CHABOT, J.L., *Introduction à la politique*, P.U.G., Grenoble, 2003.
11. CHOME, J., *L'ascension de Mobutu. Du sergent Joseph Désiré au Général Sese seko,* éd. complexe, Bruxelles, 1974.
12. CROZIER, M., et ERHARD, F., *L'acteur et le système. Les contraintes de l'action collective,* éd. du Seuil, Paris, 1977.
13. de SAINT MOULIN, L., *Atlas de l'organisation administrative de la République Démocratique du Congo*, 2e éd. CEPAS, Kinshasa, 2011.
14. DJOLI ESENG'EKELI, J., *Droit constitutionnel. Principes structuraux,* T1 Éditions, Universitaires africaines, Kinshasa, 2010.
15. DUVERGER, M., *Institutions politiques et Droit constitutionnel,* P.U.F, Paris, 1963.
16. ESAMBO KANGASHE, J.L., *La Constitution congolaise du 18 février 2006 à l'épreuve du constitutionnalisme. Contraintes pratiques et perspectives, collection « bibliothèque de droit africain*, Academia Bruylant, Bruxelles, 2010.

17. FAVOREU, L., *Précis de droit constitutionnel*, 2e éd., Paris, Dalloz, 1999.
18. MORIN, G., *Introduction à l'analyse politique*, éd. Groupemorin, Québec, 2002.
19. GICQUEL, J., *Droit Constitutionnel et institutions politiques*, 22e éd, Paris, Lextenso Montchrestien, 2008.
20. GONIDEC, P., F., *Les systèmes politiques africains, les nouvelles démocraties,* 3e édition, L.G.D.J, Paris, 1977.
21. GRAWITZ, M., *Méthodes des Sciences Sociales*, éd. Dalloz, Paris, 2001.
22. HAURIOU, M., *Droit Constitutionnel et Institutions Politiques*, éd. Dunod, Paris, 1992.
1. HERMET, G., et BERTRAND, B., *Dictionnaire de la science politique et des institutions politiques*, éd. Armand Colin, Paris, 2010.
2. KAMUKUNY, A., *Droit Constitutionnel Congolais*, Éditions Universitaires Africaines, Kinshasa, 2011.
3. KASONGO NUMBI, K., *L'Afrique se recolonise : une relecture du demi-siècle de l'indépendance du Congo-Kinshasa*, l'Harmattan, Paris, 2008.
4. LEYRIT, C., *Les partis politiques. Indispensables et contestés*, Éditions Le Monde, Bruxelles, 1997.
5. LIBOIS, G., et VERHAEGEN, B. (sd), *Congo 1961*, tome 2, CRISP, Bruxelles.
6. LOUBET DEL BAYLE, J., L., *Introduction aux méthodes des sciences sociales*, éd. Privat, Toulouse, 1989.
7. MONTESQUIEU, *De l'esprit des lois*, Tome1 et 2, éd. Gallimard, Paris, 1995.
8. MUKOKA N'SENDA, F., *État et gouvernementalité au Congo (RD)*, édition Icredes, Kinshasa, 2012.
9. MULUMA MUNANGA, A., *Le guide du chercheur en Sciences Sociales et humaines*, éd. Sogedes, Kinshasa, 2003.
10. MULUMBATI NGASHA, A., *Sociologie politique*, éd. Africa, 2e édition, Lubumbashi, 2009.
11. MUNAYI MUNTU MONJI, *Genèse et évolution des circonscriptions administratives et des entités politico-administratives congolaises (1888-2009),* Kinshasa, EDUPEC, 2010.
12. MUSULAY MUKONDE, P., *Un Congo en paix, une opportunité de prospérité et d'équité pour tous*, Kinshasa, éd. EDUPC, 2008.
13. NAY, O., *Lexique des Sciences politiques : vie et Institutions politiques*, éd. Dalloz, Paris, 2008.

14. NDAYWEL è NZIEM, I., *Histoire générale du Congo, de l'héritage ancien à la république démocratique du Congo*, Paris et Bruxelles, éd. De Boeck et Larcier, 1998.
15. NDAYWEL e NZIEM, I., *Histoire du Congo. Des origines à nos jours*, éd. le Cri Afrique, Bruxelles, 2010.
16. NGOMA BINDA, P., *Pouvoir et moralité dans les affaires publiques*, Collection nouvelle, Matadi, 2014.
17. OMASOMBO J., et Al, *Maniema : espace et vies*, édition le cri, Bruxelles, 2011.
18. PINTO, R., et GRAWITZ, M., *Méthodes des Sciences Sociales*, éd. Dalloz, Paris, 1971.
19. RIVERO, J., *Précis de droit administratif*, 15e éd., Paris, Dalloz, 1994.
20. SANCHEZ, J.L., *Décentralisation : de l'action sociale au développement social,* l'Harmattan, Paris, 2001.
21. SHOMBA KINYAMBA, S., et KUYUNSA BIDUM, G., *Dynamique sociale et sous-développement en RDC*, PUC, Kinshasa, 2000.
22. VAN DER KERKEN, *Les anciens royaumes de la savane*, Collection Études sociologiques n° 1, IRES, Léopoldville, 1965.
23. VAN DER KERKEN, *L'ethnie Mongo*, IRCB, XII, Bruxelles, vol. 2, 1944.
24. VANDERLIDEN, J., *Du Congo au Zaïre 1960-1980. Essai de bilan*, CRISP, Bruxelles, 1980.
25. VERHAEGEN, B. (sd), *Congo 1960*, tome 1 et 2, CRISP, Bruxelles.
26. VERHAEGEN, B. (sd), *Congo 1962*, CRISP, Bruxelles.
27. VERHAEGEN, B., *Congo 1963*, CRISP, Bruxelles, 1967.
28. VUNDUAWE te PEMAKO, F., *Traité de droit administratif*, éd. Afrique Larcier, Bruxelles, 2007.
29. VUNDUAWE te PEMAKO, F., *Droit constitutionnel au Congo*, Vol. 1 et 2, l'Harmattan, Louvain-la-Neuve, 2012.
30. WILLAME, J.C., et VERHAEGEN, B., *Les provinces du Congo : structure et fonctionnement,* CEP, Kinshasa, 1964.
31. YOUNG, C., *Introduction à la politique Zaïroise*, éd. P.U.Z, Kinshasa, 1968.

## II. ARTICLES DES REVUES

1. ABEMBA, B., J., « La collectivité locale de Wasongola/ territoire de Kindu, Zaïre » in *Cahier du Cedaf*, n° 6, 1972.

2. de VILLERS, G., et OMASOMBO, J., « Zaïre, la transition manquée 1990-1997 », in *Cahiers Africains 27, 28, 29*, Tervuren, Paris, CEDAF, l'Harmattan, 1997.
3. BECHIR BEN YAHMED, Editorial « Ce que je crois », in *Jeune Afrique*, du 3 au 9 Avril 2011.
4. MALANDJI KATANKU, E., « Les échos de l'Assemblée provinciale », in *Trombinoscope*, Avril 2013.
5. LOTOY ILANGO BANGA JP., « La décentralisation territoriale en RDC : un programme de développement endogène », in *RCSPA*, UNIKIN, n° 1, Avril-juin 2013.
6. LUMANU MULENDA BUANA N'SEFU, A., et SHIKAYI LUBOYA, A., « Décentralisation en RDC (Lecture du parcours institutionnel) », In *Revue de la Faculté des Sciences Sociales, Administratives et Politiques (FSSAP),* CRUPN, Presse de l'UPN (PUPN), V1, n°001, 2009.
7. MULAMBU M'VULUYA, F., « l'État et sa structure : quête permanente de la stabilité », in KANKUENDA Mbaya (sd), *Zaïre, vers quelles destinées ?,* CODESRIA, Paris, 1992.
8. NGOMA BINDA, P., « Démocratie et participation à la vie politique : une évaluation des premiers pas dans la 3e République », in *Open society*, Johanesbourg, 2010.
9. OBOTELA, R., « Afrique-actualités », in *Congo-Afrique*, décembre 2009.
10. TSHIBANDA MBOMBO, A., « Les interventions de l'armée dans la vie politique en RDC : portée, conséquences et perspectives », in *RUBUTO*, n° 19, octobre 2011.
11. VUNDUAWE te PEMAKO, A., « La nouvelle organisation territoriale, politique et administrative du Zaïre », in *Zaïre-Afrique*, n° 37, juin 1982.

## III. THESES ET MEMOIRES

1. KADORO SEDEWA, E., *L'impact de la douane sur les finances publiques et le développement socio-économique : Bilan et perspectives*, T.F.C., ISC, Gbadolite, 2009.
2. KWANGO GUDA KISS, *Développement local et profil de l'administrateur civil territorial,* mémoire DES/SPA, Université de Kinshasa, 2007.
3. MONTEBE AGALEA, *L'Assemblée Provinciale de l'Équateur face aux défis de la Province,* Mémoire de licence SPA, UCCM, Kinshasa, 2013.
4. NDOKILI, A., *L'Administration publique face aux défis du*

*développement dans le contexte du régionalisme politique en RD Congo : cas de la Province du Maniema de 2007-2010*, Mémoire de DES en SPA, Université de Kindu, 2013.
5. NGABU NLANDU, F., *Une administration pour le développement du Congo*, mémoire DES/SPA, Université de Kinshasa, 2002.
6. NSANDA BULELI, *La mémoire et l'histoire dans les constructions politiques provinciales et ethniques au Maniema pendant la transition (1999-2000) République Démocratique du Congo*, Thèse de doctorat en Histoire, Québec, Université de Laval, 2004.

## IV. DOCUMENTS OFFICIELS ET RAPPORTS

1. Arrêt n° R. Const. 51/TSR du 31 juillet 2007 déclarant inconstitutionnelle la décision de l'Assemblée provinciale du Kasaï occidental.
2. *Constitution de l'État Congolais-Loi fondamentale.*
3. *Constitution du 1er Août 1964.*
4. *Constitution du 18 Février 2006.*
5. Discours programme de Monsieur MAKILA devant les députés provinciaux pour briguer une seconde élection comme gouverneur, 2012, inédit.
6. *Journal Officiel de la RDC, la Constitution de la RDC*, 52 e année, 2011.
7. *Journal Officiel de la RDC, la Constitution de la RDC*, 6e année, numéro spécial, 05 Octobre 1965.
8. KANDE MUPOMPA, A., *Gouvernement du Kasaï occidental, Programme du gouvernement,* décembre 2012, inédit.
9. KAPUKU NGOY, *Programme du gouvernement provincial 2007-2012*, inédit.
10. Message du Roi Baudouin Ier du 13 janvier 1959 concernant l'avenir politique du Congo Belge, *Codes Piron*, T 1, 1960.
11. Ministère du plan, *Monographie de la Province du Maniema*, Kinshasa, 2004.
12. *Programme d'action du Gouverneur MANARA à l'Assemblée provinciale du Maniema*, 2007, inédit.
13. *Programme d'action présenté par le Gouverneur KOYAGYALO*, décembre 2013.
14. *Programme des Nations Unies pour le développement*, Unité de lutte contre la pauvreté, New York, n° 222, 2011.
15. Province du Kasaï occidental, *Rapport sur l'état des lieux de la Province*, Kananga, Mars 2009.

16. *Rapport annuel de la Ministre EPSP Kasaï occidental*, Kananga, Décembre 2013.
17. *Rapport de la CEI sur l'élection à l'Équateur*, Kinshasa, Décembre 2009.
18. *Rapport de la Cour des comptes sur les fonds du budget de l'État*, Kinshasa, 2010.
19. *Rapport de la mission d'enquête du Sénat à l'Équateur*, octobre 2009.
20. *Rapport de la REGIDESO*, Direction Provinciale de Kindu, Avril 2009.
21. *Règlement intérieur de l'Assemblée provinciale de l'Équateur*, Mbandaka, 2007.
22. *Règlement Intérieur de l'Assemblée provinciale du Kasaï occidental*, Kananga, 2007 et 2010.
23. *Règlement Intérieur de l'Assemblée provinciale du Maniema*, Kindu, 2007.
24. *Répertoire des Députés provinciaux du Kasaï occidental*, Bureau de l'Assemblée provinciale, Kananga, 2009.

## V. NOTES DES COURS

1. BOLA NTOTELE, A., *Introduction à la science administrative*, notes de cours G1 RI, UNIKIN, FSSAP, 2010.
2. DJELO EPENGE, *Droit constitutionnel et des Institutions politiques*, UNAZA, Campus de Kinshasa, G1 Droit, 1978-1979.
3. MULAMBU bhfg M'VULUYA, F., *Questions spéciales de sociologie politique*, L2 SPA, FSSAP, Université de Kinshasa, 2008-2009.
4. MULAMBU M'VULUYA, F., *Systèmes politiques comparés*, L1 SPA, FSSAP, Université de Kinshasa, 2010-2011.
5. MULAMBU M'VULUYA, F., *Séminaire des questions spéciales de l'histoire politique du Congo,* DES, SPA, 2013, inédit.
6. MUSAO KALOMBO, C., *Histoire politique et administrative de la RDC. Manuel d'enseignement,* G1 SPA & RI, Université de Kinshasa, 2011-2012.
7. TSHUNGU BAMESA, *Méthodologie de recherche quantitative et qualitative,* Cours DES/SPA, FSSAP, Université de Kinshasa, 2012-2013.

## VI. AUTRES DOCUMENTS

1. ASSANI MPOYO KALEMA, F., Réflexion sur les rapports juridiques entre le pouvoir central et les provinces dans la

Constitution du 18 Février 2006 en RDC, séminaire sur les rôles et mandats des élus organisé par le PNUD, Kinshasa, 2007.
2. DEMBA, Sy., Décentralisation, Gouvernance et démocratie, le cas du Sénégal, Dakar, 18/ colloque, 1996.
3. ESAMBO KANGASHE, J-L., Évolution constitutionnelle de la République Démocratique du Congo, Séminaire du PNUD, Kinshasa, 2009.
4. Guide pratique du contrôle parlementaire en RDC/ Union européenne, Kinshasa, 2014.
5. LUMANU MULENDA BUANA N'SEFU, Base constitutionnelle du Régionalisme et de la décentralisation, communication donnée lors des assises des concertations nationales, Kinshasa, Septembre 2013.
6. MABIALA MANTUBA et alii, Pouvoir central et pouvoirs provinciaux et locaux, séminaire sur les mandats et rôles des élus, organisé par le PNUD, Kinshasa, 2007.
7. MABIALA MANTUBA, N., Le processus actuel de décentralisation en RDC : enjeux et défis, publication de la fondation KONRAD Adenauer, Kinshasa, 2009.
8. MAZIAMBO MAKENGO, A., Régionalisme et décentralisation en RDC, séminaire sur la gouvernance politique organisée parle PNUD, Kinshasa, 2012.
9. MUSAO KALOMBO, C., Le nationalisme Congolais à l'épreuve de la gouvernance démocratique ; Communication donnée aux journées scientifiques de la Faculté des sciences sociales, administratives et politiques, juin 2013.
10. VUNDUAWE te PEMAKO, F., Réflexion sur le régionalisme politique ou nouvelle décentralisation territoriale. Journées d'information aux députés provinciaux sur leur mandat, PNUD, Kinshasa, 2007.

# POSTFACE

J'ouvre mon exposé avec Aristote qui, dans son œuvre intitulée « *Politique* » dit *que « c'est en considérant les choses dans leur genèse qu'on en obtient la meilleure intelligence »*. La considération des choses évoque la conscience qu'on en a. La tâche de la conscience est justement de comprendre ce qui s'est passé, et cette compréhension est la manière de l'Homme de se réconcilier avec la réalité ; sa fin réelle est d'être en paix avec le monde. L'ennui est que si la conscience est incapable d'apporter la paix et de produire la réconciliation, elle se trouve immédiatement engagée dans un conflit quelconque.

Un politiste à la rencontre d'un historien des mentalités pour quel destin ? Un hasard des circonstances aura voulu que l'éminent sociologue Bongeli professeur de son état les pousse et les propulse sur la scène de la convivialité. Monsieur Emmanuel Ramazani Shadary ne doit pas oublier que lui, alors ministre de l'intérieur de la République Démocratique du Congo, était au chevet de ma consolation quand le jour d'un certain vendredi 2 février 2018, j'avais eu une grande tristesse due à une affaire banale digne d'oubli. De cette incestueuse rencontre, est née l'histoire d'une amitié scientifique d'hommes de science.

L'estime et l'amitié que je voue à ce personnage m'ont vidé du réflexe et de l'obligeance de lucidité et d'honnêteté qu'exige ce genre d'exercice qui est d'inscrire une postface à ce livre manuel académique et scientifique et même pédagogique de Monsieur E. Ramazani Shadary. Les mérites de l'homme au niveau de la science ont rendu pesant le compliment à mon regard de sa demande de postface. Je l'ai fait avec un réel plaisir et un enthousiasme gracieux. On aurait l'intérêt à lire ce livre-étude pour couvrir un aspect de l'histoire politique de la RD Congo. Je le sais, l'histoire est le miroir de la politique ; elle est lumière qui éclaire ses entrelacements et surtout ses intrigues. L'histoire de la RD. Congo, surtout quand ça concerne celle des institutions politiques et leur fonctionnement, n'est ni simple ni facile ; parce qu'elle est, à mon avis, encore balbutiante, quand elle ne bégaie pas ; je la vois, avec raison, justifiée hésitante entre sociologie politique, anthropologie politique et science administrative…

E. Ramazani Shadary a réussi, à sa façon, de débroussailler la brousse à ce sujet. C'est ça son livre : Désinformer la désinformation. Et il semble ici assumer cette tâche. Il a, à mon sens, compris que la mémoire c'est la vie d'un peuple toujours portée par lui. Et, en ce sens, elle est évolution permanente ouverte à la dialectique du souvenir de l'amnésie inconsciente de ses déformations successives, vulnérables à toutes les manipulations et utilisations susceptibles de longues latences et de soudaines revitalisations. C'est aussi ça le livre d'E. Ramazani Shadary. Il parle du concret en partant du concret.

Le livre lui-même est en quelque sorte un bilan sur l'évolution des institutions politiques nationales et provinciales de la RD. Congo. Et il est confectionné avec, comme outil, l'analyse méthodologique ressortie du dialectisme de l'histoire immédiate. L'auteur n'a pas hésité, un seul instant, de commenter, à sa façon et d'une manière pertinente, la littérature la plus récente et la plus connue concernant ses préoccupations tant concrètes que théoriques. Après quoi, il a confectionné sa problématique autour des questions concernant le fonctionnement des institutions en RD Congo à partir de la Constitution du 2 février 2006. Vu, l'étendue réelle de la matière étudiée, il a bien fait de se limiter à quelques cas expérientiels de la province du Kasaï Occidental, de l'Équateur et du Maniema.

Son but, à mon sens est, dans ces perspectives, de faire participer et associer les citoyens congolais à la gestion et aux décisions du pays à tous les niveaux. Ainsi, pense-t-il, on peut arriver à consolider l'unité nationale mise à mal par des crises graves, des conflits et des guerres qui handicapent le développement national à partir de la base. À ce sujet, il a constaté avec fermeté que *« les institutions du pays ont mal fonctionné »* depuis l'indépendance, et ce, au niveau des individus, des groupes, des collectivités et de l'État. C'est ça le livre d'E. Ramazani Shadary.

Ce constat, il l'a fait à partir de ce qu'il appelle « sociogenèse » et évolution des institutions provinciales en remontant aux expériences du passé de la première république à nos jours. Cette partie, je dois le dire, m'a intéressé particulièrement pour des raisons bien évidentes. Je suis historien du contemporain. E. Shadary a saisi que depuis 1965, le peuple congolais a vu se consolider ce que Mukoka N'Senda appelle la « *gouvernementalité* » par de la violence et j'ajoute de la violence.

Le 18 février 2006 vint une autre Constitution qui, dans son préambule, fait longuement allusion aux maux qui ont handicapé et handicapent encore aujourd'hui le développement harmonieux de la RD. Congo : l'injustice, l'impunité, le tribalisme, le népotisme, le régionalisme, le clanisme ; bref l'inversion générale des valeurs qui ruinent le pays. Le souhait est clair ; les constituants ont réaffirmé le droit inaliénable et imprescriptible des citoyens congolais de s'organiser librement selon leur « propre génie ». Mais hélas, semble dire l'auteur avec courage, la dichotomie existentielle persiste et rend difficile la réalisation de l'unité nationale et de la souveraineté de l'État. Le pouvoir central et celui des provinces fonctionnent en termes de conflit de compétence.

J'apprécie énormément l'approche de l'auteur et je le félicitai vivement surtout au niveau des suggestions qu'il inscrit à la fin du livre. Elles sont de haute portée pratique et peuvent, si elles sont prises en considération, contribuer à une autre évangélisation politique de notre nation. C'est en cela, à mon avis, que réside le credo d'Emmanuel Ramazani Shadary qui, tout au long de sa dissertation plaide pour une bonne gouvernance qui sera la charpente de toute vision du développement de la RD. Congo.

Peut-on parler ici de gouvernance sans évoquer la question de la nationalité qui a pris une ampleur si dramatique en RDC ? La lecture du livre montre à suffisance que le Congo de demain a besoin d'un autre nationalisme loin des clans, d'ethnies et de groupes d'intérêts. Les Congolais ont besoin d'un nationalisme bienfaisant toujours en construction et qui s'exprime en termes de grandeur et d'humanisme éclairé, qui se pose aussi en termes d'espace et de liberté où chaque Congolais et chaque étranger de bonne foi, se sentent heureux et épanouis. Loin d'être une utopie, bien que ce soient les utopies qui dirigent le monde, ceci est possible si les Congolais le veulent. L'approche de la nationalité doit être dynamique allant au-delà de l'agressif et de l'anachronique vers la gestion des pluralités dans l'unicité.

**Kambayi Bwatshia Jean**
*Professeur Ordinaire à l'Université Nationale Pédagogique*
*Directeur du Centre de Recherche*
*sur les Mentalités et Anthropologie Juridique*

# ANNEXES

## Annexe 1 : Guide d'interview

### Observations

1. Les échanges que nous avons eus avec les officiels (Députés, Sénateurs, Ministres, Gouverneurs, Bourgmestres etc.) étaient sous la forme d'interview orale organisée à bâtons rompus.

2. Avec les autres (étudiants, fonctionnaires, enseignants, médecins, etc.) nous avons sollicité les réponses écrites et ils ont requis l'anonymat.

3. Pour les réponses écrites, nous avons demandé de l'enquête quelques éléments : sexe, âge, statut social et état civil.

4. Nous avons également indiqué que leurs réponses objectives nous permettraient de présenter un mémoire de DES en SPA et cela serait leur participation à ce travail scientifique qui porte sur le bilan des institutions politiques provinciales.

### Guide proprement dit

1. Quel est l'apport, selon vous, du Gouvernement provincial dans le développement de votre province ? Négatif, positif, moyen. Commentaires.

2. Avez-vous une idée sur les actions concrètes du Gouvernement provincial ? Routes, écoles, dispensaires, bancs-pupitres, eau, etc. ? Commentaires.

3. Géographiquement parlant, quelle est la partie de la province qui bénéficie de plus d'actions de développement de la part du Gouvernement provincial ?

4. Comment est formé le cabinet du Gouverneur de province, des Ministres et des membres du Bureau de l'Assemblée provinciale ? Compétence ? Tribalisme ? Clientélisme ? Parti politique ? Géopolitique, autres ? Commentaires.

5. Quels sont les rapports de service entre les agents de l'État et les Ministres provinciaux ? Commentaires.

6. Quelles sont les conditions de travail observées chez les fonctionnaires de l'État ? Bonnes, mauvaises, autres. Commentaires.

7. Comment votre Ville/Commune/Quartier est alimenté(e) en énergie électrique et en eau potable ?

8. Votre hôpital/ Centre de santé/ Dispensaire, est-il suffisamment équipé en produits pharmaceutiques et matériels médicaux ? Commentaires.

9. Comment se présente la prestation des médecins ou des infirmiers ? Sont-ils nombreux ? Commentaires.

10. Votre secteur/Chefferie a-t-il un Bureau officiel ? Si non, pourquoi ?

11. Quels sont les projets de développement réalisés dans votre secteur ? Routes, eau, écoles, santé…

12. Quels sont les points déjà réhabilités par la province dans votre Chefferie, secteur ou village depuis 2007 ?

13. Les quelques écoles construites dans votre territoire ont été financées par quel organe ? Gouvernement central, Gouvernement provincial, ONG, etc. Commentez.

14. Que dites-vous de l'apport de l'Assemblée provinciale par rapport au développement politique de la province. Faible ? Moyen ? Suffisant ? Commentaires.

15. Avez-vous confiance aux Députés de l'Assemblée provinciale ? Si oui, pourquoi. Si non, pourquoi ?

16. Quelle est la mission de l'Assemblée provinciale ?

17. Comment trouvez-vous les rapports entre l'exécutif provincial et l'Assemblée provinciale ? Bons rapports ? Mauvais rapports ? Collaboration ? Commentaires.

18. Donnez votre avis sur le contrôle parlementaire exercé par les députés provinciaux (motions, questions orales et écrites, commission d'enquête, etc.) ? Les intérêts communautaires sont pris en compte ? Commentez.

19. Les Députés provinciaux ont-ils de bons rapports avec la population ? Pourquoi ?

20. Existent-ils des conflits institutionnels dans votre province ? Commentaires.

21. Avez-vous une idée sur les salaires des Ministres provinciaux et leurs membres des cabinets ?

22. Comment trouvez-vous les émoluments des Députés provinciaux ? Elevés ? Bas ? Moyen ? Commentaires.

23. Qu'est ce qui a changé (positivement) dans votre province depuis 2007 ? Commentaires.

24. Comparez le niveau de vie des animateurs des institutions provinciales à celui des enseignants et fonctionnaires. Commentez.

25. Avez-vous une suggestion pour la mobilisation des recettes dans la Province ?

26. Que ce qui est à la base de la faible mobilisation des recettes dans votre province ?

27. Avez-vous des suggestions pour le développement des ETD dans votre province ?

28. Quel conseil pouvez-vous prodiguer aux décideurs pour que les institutions provinciales fonctionnent pour l'intérêt du peuple ?

**Annexe 2 : Liste des quelques personnes interviewées**

1. Monsieur Mijimbu Omer, Président de l'Assemblée provinciale/Kasaï/ Occidental, 70 ans, DES en Développement.

2. Monsieur Ibambe Demo, Président de l'Assemblée provinciale / Équateur, G3 Santé, plus de 40 ans.

3. Monsieur Alex Kande M., Gouverneur de la Province du Kasaï occidental, 64 ans, L2 économie.

4. Deller Kawino, Vice-gouverneur/Kasaï occidental, 52 ans, L2 Chimie.

5. Espérant Ngindu, Député national, 55 ans, L2 SPA.

6. David Pongo, Questeur, Assemblée provinciale/Kasaï occidental, 54 ans.

7. Daniel Mbayi, Vice-président de l'Assemblée provinciale, 45 ans, L2 Économie.

8. Bukumba Tumba, Député provincial, 55 ans.

9. Isiya Isiya Clovis, Ministre provincial/Kasaï occidental, 42 ans.

10. Kamwito Augustin, Député provincial/Kasaï occidental, 64 ans, L2 Géographie.

11. Mashiala Gaspard, Député provincial/Kasaï occidental, 76 ans.

12. Mfutu Jacques, Député provincial, 54 ans.

13. Bokele Serge, Ministre provincial honoraire, L2 SPA.

14. Mbengele, Ministre provincial honoraire, L2.

15. William Kazumba, Ministre provincial/Kasaï Occidental, L2 Relations Internationales.

16. Kazadi, Député national/ Kasaï Occidental, L2.

17. Mbingho Hubert, Député national/Kasaï Occidental, L2.

18. Koyagialo Ngbase, Gouverneur/Équateur, L2 Droit, 66 ans.

19. Impeto, Vice-gouverneur/Équateur, L2 Économie, plus de 45 ans.

20. Henri Thomas Lokondo, Député national /Équateur, L2 Relations Internationales, 60 ans.

21. Willy Bakonga, Député national/Équateur, L2 SPA, 45 ans.

22. Likinda Fidèle, Député national/Équateur, G3, 45 ans.

23. Cyprien Lomboto, Député national/Équateur, L2 SPA, plus de 55 ans.

24. Nzege Alaziambina, Sénateur/ Équateur, Docteur en Philosophie, ancien Ministre (sous Mobutu) 70 ans.

25. Afono, Président de la Société civile/Équateur.

26. Jean-Lucien Bussa, Député national/Équateur, L2 Économie, 53 ans.

27. Ilonga Bofolo, Député provincial/Équateur, L2 SPA, 55 ans.

28. Makila Sumanda, Ministre et Gouverneur honoraires, Député national/Équateur, 55 ans.

29. Lofanze, Député provincial/Équateur.

30. Jeanne Ngbo, Député provincial/Équateur, 40 ans, L2 Économie.

31. Montebe, Député provincial/Équateur, 45 ans, L2 SPA.

32. Maloba Liévin, Député provincial/Équateur.

33. Kishabongo, Président de l'Assemblée provinciale/Maniema, 40 ans.

34. Manara Linga, Gouverneur honoraire, Député national/Maniema, Médecin, 48 ans.

35. Kalume Lamu Lamu, Directeur de province/Maniema, L2 Pédagogie, 65 ans.

36. Tunda, Député provincial/Maniema, 50 ans.

37. Bushiri, Député provincial/Maniema, L2, plus de 45 ans.

38. Président de la Société civile du Maniema (nouvelle).

39. Honorables Kalau, Vetshi et Mandjwandjwa (Députés nationaux)

40. Honorable Mbangana, Député national, ancien haut Magistrat, 65 ans.

N.B. Plusieurs personnes ont acquis l'anonymat. Il s'agit, notamment, de :

Des étudiants, les membres des cabinets politiques, le personnel d'appoint, les mandataires et ordonnateurs délégués des finances, ministres nationaux, Députés nationaux, membres de la FEC, médecins et infirmiers, Bourgmestres et chefs des secteurs, Chefs de Divisions de l'Administration, Fonctionnaires, responsables de l'Office des routes, Enseignants et préfets, quelques membres des partis politiques de la majorité et de l'opposition et Chefs d'établissements de l'ESU.

**Annexe 3 : Débat des Députés en plénière (juillet 2009, Kasaï Occidental)**

Honorable MUJANGI : Merci Honorable Président, le budget est un acte réglementaire et non politisé. Le budget 2009 a été voté dans cette salle. Quel discours allons-nous donner à la population ? Sur 52 projets, combien ont-ils été réalisés ? La route Kananga-Ilebo non réhabilitée ; 3 ponts budgétisés chaque année non réalisés. Je dénonce chers collègues une injustice criante. Dans 3 ans, quel projet à impact visible à Demba ? Ce gouvernement doit privilégier les routes et cesser la politique d'injustice.

Honorable DJENGO : Merci Honorable Président. Les données proposées sont entachées de beaucoup d'irrégularités. Il fallait présenter les recettes rubrique par rubrique. Qu'est-ce que le gouvernement provincial a mené comme réalisations visibles ? Il fait allusion à la construction de 24 écoles, centres de santé, où et par qui ? Le Gouverneur n'est pas aidé par ses collaborateurs ! L'affectation des crédits doit être claire, on ne voit rien sur les prévisions de la BMR. Ce que les organismes font, le Gouvernement provincial s'en approprie pour flouer la population. Les territoires sont totalement oubliés par le Gouvernement provincial. Nous avons besoin des tableaux. Ce budget n'est pas réaliste. Nous prenons la population à témoin.

Honorable KATANGA : Merci Honorable Président, je remercie le Gouverneur pour le travail abattu.

J'ai deux préoccupations :

- Le problème du pont Lombelo, l'exécutif avait déclaré lors de son discours à Bena-Leka que le pont Lombelo sera réhabilité. Je crois que c'est un oubli.

- À la page 30, superficie 5.000 cas, les recettes de Tshikapa et Ilebo ont été oubliées.

Honorable KAKOTSHI : Honorable Président, à travers la lecture l'exécution de budget 2009, son exécution étant en cours, nous rappelons à l'exécutif que ces projets attendent leur réalisation. Il s'agit de la construction de 24 écoles, du marché central Dibumba, stade de Kanzala, bac sur la rivière Tshikapa. Au sujet de la BMR ses recettes sont moindres par rapport aux attentes.

Honorable MASANKA : Merci Honorable Président. Il y a le problème de la promotion de la bonne gouvernance. Il y a pleurs partout sur la ville, l'insécurité bat son record, visite des hommes en uniforme, moi-même j'en étais victime deux fois et mon Dieu m'a protégé.

Honorable TSHIANZENGA : La crise qui frappe le monde entier n'épargne pas le Kasaï Occidental. Il y a un dicton qui dit que trop d'impôts tuent l'impôt. Dans notre province, tout est prioritaire ; mais il y a des priorités urgentes. À quel moment la loi d'entretien routier sera-t-elle en application ? (Loi du 07 juillet 2008). La REGIDESO Kananga, pourquoi ne pas tenir compte de besoin en eau ? Mon territoire présente de difficultés en eau potable. Quand est-ce que la REGIDESO de LUIZA sera réhabilitée.

Honorable MANDJUANDJUA : Merci Honorable Président, il y a à corriger : fiche du projet n° 14 et 15 construction de Katende. L'exécutif provincial a prévu 10 % et n'a pas prévu le montant y afférent. Je propose qu'on puisse aussi songer à réhabiliter le stade Solbena d'Ilebo car les matchs ne se jouent pas seulement à Kananga et à Tshikapa. Pour les 10 mois qui restent, que l'exécutif provincial ouvre le tronçon routier entre Kananga-Dibaya, Dimbelenge-Luiza. Je remercie le Gouvernement provincial pour la construction de la route Kananga-Ilebo. Nous devons féliciter lorsqu'il y a des réalisations. Je remercie et dis que ce projet du budget sera recevable.

Honorable SHAMBA : Merci de la parole Honorable Président. L'heure a sonné où nous devons plaider la cause de nos souverains primaires afin d'avoir un discours en 2011. Nous devons sauver le Kasaï et non l'individu. Le budget est irréaliste et doit être rejeté ; faute de quoi nous manquerons à dire à nos électeurs. Au travers sa lecture, le gouverneur parle beaucoup de la reconstruction, mais qu'a-t-il fait de notre grande ville de Tshikapa morcelée par les érosions ? Au moyen de 10 FC et 50FC que l'on vous donne chaque soir, vous sacrifiez la Province !

Note : Honorable Président : Collègue retirez votre parole ! Honorable SHAMBA retire sa parole.

Honorable MUIPATAYI : Honorable Président, il faut des critiques constructives. J'ai parcouru le budget 2010 et je remercie l'exécutif provincial pour les réalisations dans mon territoire de Dimbelenge. Je lui demande de réhabiliter le bac BABADI.

Honorable BUKUMBA : Honorable Président, j'ai lu avec intérêt les deux outils de travail mis à notre disposition pour le budget 2010. Le PPRD vous recommande de désenclaver les territoires au moyen de cantonnage manuel. J'estime Honorable Président, que le projet de budget peut passer moyennant ces réaménagements à l'ECOFIN.

Honorable NGALAMULUME : Honorable Président, nous sommes ici pour la quatrième fois afin de doter notre Province des moyens sans lesquels le Gouvernement provincial ne peut pas travailler. Quant aux dépenses d'investissement pour l'exercice 2009, le gouvernement avait prévu 33 projets. Nous constatons que l'exécutif provincial en rédigeant ce budget, veut attirer l'attention des élus de tel ou tel coin pour qu'ils votent le budget. Les mêmes projets 2007, 2008, 2009 non réalisés, reviennent en

2010. Pour moi, ce budget ne passe pas. On peut tromper un individu et non un peuple. Voter ce budget, c'est me moquer de mon peuple.

Honorable MADILA : Honorable Président, l'U.N. ne participe pas au gouvernement, et ne le soutient pas. J'appartiens à un groupe assez organisé. J'insiste sur l'irréalisme du budget compte tenu du contexte est maigre, il y a eu l'insécurité, la dépréciation de la monnaie et l'irrégularité de la rétrocession aux ETD. Il aurait fallu que le budget 2010 soit un budget de vie ou de mort, et pour vous Exécutif et pour nous législatif ; afin de nous permettre d'avoir un discours en 2011. J'ai parcouru le budget, j'ai constaté qu'il y a contraste dans certaines rubriques entre ce que nous voulons (que la population trouve son compte) et ce que vous avez traduit dans le budget comme données chiffrées.

- La BMR : pourquoi ses différents recouvrements n'atterrissent pas dans un compte bancaire ? Ça va où ? Pensez-vous que ce mécanisme rassure la population ?

- Il y a une enveloppe allouée à la rémunération des autorités coutumières dont j'en suis une. Cette rémunération consiste en quoi ?

- Dans le cadre de la politique de la bonne gouvernance, j'ai lu quelque part l'emprunt de l'ordre des milliards de francs Congolais. Au regard de l'article 40 de la Constitution, pourquoi vous ne vous référez pas à l'assemblée Provinciale pour contracter ces emprunts ? C'est ce qui dénote le caractère irréaliste de ce budget. Nous de l'opposition, lorsque nous disons que ça n'allait pas, on ne nous croyait pas, aujourd'hui au moins, le Gouverneur nous a rejoints.

Honorable Président : Collègue MADILA, vous avez parlé en remerciant le Gouverneur du fait qu'il vous a rejoints. C'est ça le rôle de l'opposition car ce que vous faisiez avant ce n'était pas de l'opposition.

Honorable MAMBOMBO : Merci Honorable Président, je remercie l'exécutif pour le budget 2010 en dépit de la crise financière qui n'a pas épargné notre province. J'ai été flatté dans l'économie du texte présenté par l'exécutif d'entendre qu'il y a des projets en cours. Pour ce qui est de fonds secret de recherche, c'est un problème épineux du domaine de sécurité. Je propose qu'on renvoie cette fiche à la hausse. J'ai été dans mon territoire, la population de DIBOKO, de MUSEFU… est enclavée. Je demande à son Excellence de tout faire pour désenclaver ces coins. Je propose enfin que l'on puisse financer les écoles techniques agricoles.

Honorable LUTONGA : Merci Honorable Président, l'Exécutif a présenté en 2007, 150 projets ; en 2008, 33 et aujourd'hui 22. Pourquoi cette régression ? C'est pour dire que les autres ont déjà été réalisés ! La route Luebo-Kananga, dont on parle de 225 Km, déjà réhabilitée, c'est faux. Cette route n'est jamais réhabilitée. La société KDC qui exploite Luebo a du matériel qui peut permettre la réhabilitation des routes de DJOKO-PUNDA à Luebo par exemple.

Honorable TSHIMINYI : Honorable Président, d'où vient le projet de la construction de la Morgue de Tshikapa alors qu'il n'a pas été prévu en 2009 ? Et pourquoi toutes les réalisations de l'Exécutif sont centrées seulement à Kananga et non ailleurs ?

Honorable MUKAYA : Honorable Président, je m'en vais tout droit parce que ma question a été déjà ramassée par mes prédécesseurs. Je félicite l'Honorable Vice-présidente Pauline KAMUANDU pour son discours réconciliant. Je veux demander de réhabiliter avant tout autre projet le pont LUNYEKA. J'ai toujours vu un lac entre IMMO KASAI et MONUC que je nomme KAMIJI (Kapuku-Mijimbu).

Honorable Président : Collègue, retirez votre parole.

Note : Honorable MUKAYA : je retire ma parole.

Honorable Président : j'invite l'Honorable FUTU à prendre parole.

Honorable FUTU: Honorable Président, il y a plusieurs irrégularités dans ce projet. Les machines du Gouvernement provincial ne supportent pas d'écrire le nom DEKESE. Il y a 35 Km qu'il faut terminer. Le bac ne fonctionne pas par manque de carburant pour assurer la traversée. Pour revaloriser le tourisme, je propose la réhabilitation du parc SALONGA, enfin, la révision de la prime des chefs de division.

Honorable KABEYA : Merci Honorable Président, son Excellence n'a pas prévu dans son projet de budget, la revalorisation des sites touristiques tels que Salonga, Munkamba, Lac Fwa, Malandji alors que le tourisme fait entrer beaucoup des recettes. À quel niveau se situe la réhabilitation du stade des jeunes de Kakota ? Est-ce par manque de recettes ? Et où en est-on avec le projet Muenyambulu ?

Honorable MBAYI : Merci Honorable Président, je remercie le Gouverneur Provincial du travail abattu. Lorsque vous regardez l'annexe 1 : Régie financière, on a prévu 15%. Nous devons nous battre pour que nos projets soient exécutés. Le Gouverneur et l'Assemblée devront donner des moyens nécessaires pour réaliser ces projets. Le gouvernement n'a toujours pas mal fait, parce qu'après son mandat, celui qui viendra n'aura pas à acheter d'autres engins pour les routes. Ex : Jésus a dit que je veux détruire ce temple et le reconstruire en 3 jours. C'est pour vous dire que la reconstruction n'est pas une moindre affaire ! J'aurai beaucoup de temps à critiquer ce travail dans la commission.

Honorable MIAKA : Excellence, la tâche d'un Gouverneur est très passionnante, elle exige que vous soyez bien entouré et puissiez bien contrôler. Les Députés qui se sont succédé ici ont parlé dans le sens du bien-être social ; l'Assemblée Provinciale est une école. Constat et observation : beaucoup d'idées ont été ramassées par les autres.

- Pour respecter le principe de l'annualité budgétaire, que le rapport d'exécution soit fait sur l'ensemble de l'année au lieu de 6 mois.

- Quant à la rétrocession, il faut noter qu'elle crée la jalousie au niveau des ETD, Districts et Territoires qui n'ont rien. Nous avions beaucoup de plaintes des chefs coutumiers qui ne sont pas payés. À notre humble avis, les prévisions sont sous estimées ; nous verrons ça dans la commission.

- Certaines des taxes sont majorées sans pouvoir tenir compte des aléas.

- L'élevage et la promotion de la pêche, il faut faire quelque chose dans ce domaine.

- L'argent réservé à l'acquisition des ustensiles domestiques : 17.000.000 FC ; il peut être affecté dans ce domaine de l'élevage.

- Une ambulance médicale ne coûte que 100.000 dollars, il faut rendre notre Hôpital général viable avec tous les soins nécessaires pour sauver les vies humaines.

Honorable Président : Excellence Monsieur le Gouverneur, Distingués Membres du Conseil de sécurité.

Nous sommes arrivés à la fin mais le travail n'est pas fini. Nous nous conformons à la loi. Je dis sincèrement que nous venons de passer un moment de démocratie malgré quelque langage. Il ne suffit pas seulement de faire des critiques destructives mais aussi constructives.

Excellence Monsieur le Gouverneur, la loi prévoit un délai de 48 heures, mais vous aussi vous pouvez donner un délai qui ne dépasse pas un délai de 48 heures.

Excellence, est-ce que vous êtes disposé à répondre aux préoccupations des Députés dans 48 H ?

Note : Excellence : Non, ça sera demain à 14 H 30'.

OK, le Gouverneur est disposé à répondre aux préoccupations des Députés demain.

Ainsi, programme la plénière demain à 14 H 30'.

Sur cette note, je lève la séance.

Il est 18 H 30'.

Fait à Kananga, le 30/07/2009

**Le Rapporteur** **Le Président**

Honorable Manix KABUANGA Omer MIJIMBU SHA-KALAU

**Annexe 4 : PROGRAMME D'ACTIONS DU GOUVERNEMENT DE LA PROVINCE DU KASAÏ-OCCIDENTAL POUR LE MANDAT 2007-2011 (extraits)**

Le développement conçu dans l'espace national est de réduire l'incidence de la pauvreté de 71,3% en 2007 à moins de la moitié d'ici à 2030.

Les objectifs intermédiaires du Plan d'Actions 2007-2011 sont assortis du cadre de référence de la vision stratégique suivante :

1. Mise en confiance de la jeunesse, fer de lance de toute action de développement économique et social ;

2. Faire de la route la priorité des priorités, socle du désenclavement de la province et Facteur du décollage du développement économique ;

3. Renforcer l'assiette financière provinciale par l'ouverture des postes frontaliers pour l'ensemble de l'espace Kasaïen sur l'Angola vers le port international de Luanda et Lobito ;

4. Rationaliser la gestion des ressources minières, forestières et hydrographiques de la province ;

5. Accompagner et encadrer la volonté nationale d'électrification, de réhabilitation progressive des infrastructures et d'assainissement des sites pollués de la province ;

6. Développer le secteur agricole pour la sécurité alimentaire de la province et garantir l'approvisionnement de la filière agro-industrielle ;

7. Participer de manière efficiente à l'effort du développement national et consacrer le Kasaï comme point d'intégration économique du Congo au regard de sa position géostratégique eu égard à ses ressources tant naturelles qu'humaines et, notamment, en favorisant le développement de l'esprit d'entreprise à tous les niveaux ;

8. Promouvoir le développement de la télécommunication et des nouvelles techniques d'information sur l'ensemble de la province ;

9. Lutter sans merci contre la corruption, gangrène du développement économique et source de la clochardisation du peuple ;

10. Renfoncer les capacités des entités politico-administratives locales au regard de la décentralisation (et des exigences de la modernisation des techniques et outils de gestion) pour la réussite du nouvel ordre politique sans tâtonnement et la prise charge du développement à la base.

### 2.2. Contexte économique et approches de départ

La situation économique et financière de la Province est bien connue de tous. Conscient, le Gouvernement Provincial est dans l'obligation de trouver des solutions pragmatiques à travers des stratégies Politiques en partenariat avec tous. Le Gouvernement central devra faire sa part et un suivi sera fait en vue de mobiliser et d'encaisser les rétrocessions en souffrance. Sur place, l'appel au civisme et au patriotisme est lancé tant au secteur privé qu'à tout citoyen, à chaque opérateur économique et à chaque investisseur dès ce moment ; chacun se doit par lui-même de corriger et assumer correctement ses obligations vis-à-vis de l'État et du Trésor public, avant que toutes les mesures prévues dans l'action du Gouvernement ne viennent constater et/ou redresser. Le Gouvernorat va reconnaître et encourager visiblement tous ceux qui montreront plus de zèle positivement en faveur de la construction de la Nation. Ce n'est pas là un aveu d'impuissance envers les partenaires sociaux. Ceci implique cependant un changement d'attitude et que chacun apporte ce que la loi a prescrit pour permettre au Gouvernement provincial de travailler dans l'intérêt général.

L'action du gouvernement provincial sera engagée sur deux lignes stratégiques, intégrant systématiquement les cinq piliers promus par le Chef de l'État destinés justement à conjurer la pauvreté du Peuple ; il s'agit bien de la santé, des routes, de l'éducation, de l'accès à l'eau de qualité et à l'électricité par un nombre toujours croissant des populations et enfin le social.

Comme première ligne stratégique, ayant identifié la complexité et la diversité des problèmes que connaît que l'économie du Kasaï Occidental, et du caractère limité des ressources financières mobilisables à ce jour, la Province doit axer tous ses efforts sur un nombre restreint de problèmes prioritaires. Cette démarche sélective améliorerait certainement les conditions d'exécution et permettrait de renforcer la crédibilité de l'action gouvernementale par rapport à ses engagements vis-à-vis du Peuple, mais aussi des partenaires locaux et extérieurs. Elle devra sans doute reposer sur un ensemble de principes fondamentaux relevant de la vision stratégique.

C'est dans ce cadre que l'Exécutif et le Législatif de la province vont inscrire des domaines de partenariat constructif pour la conduite efficace du Programme de croissance en créant un environnement général favorable à l'éclosion des fruits du travail et des initiatives sur place.

La deuxième ligne stratégique va activer des Projets et Actions Rapides à Impacts Visibles (PARI), destinés à lever les contraintes multisectorielles afin d'amorcer l'amélioration des conditions de vie de nos populations avec l'emphase sur les plus vulnérables au plan social.

### 2.3. Indicateurs des objectifs des Progrès Sociaux du Programme

L'objectif que vise ce programme est de créer à nouveau un environnement susceptible d'inciter les populations à reprendre et à intensifier leurs activités génératrices des revenus pour renverser le fardeau de la pauvreté en faveur de :

1. La paix, la sécurité des personnes et de leurs biens sur toute l'étendue de la province ;

2. Améliorer le taux d'accessibilité aux soins de santé de 34,5% à 70% ;

3. Rehausser le taux de scolarisation de nos enfants de 46,5% à 66% ;

4. Réhabiliter 11.500 Km des voies de desserte agricole de 853 Km du réseau routier provincial ;

5. Relever le taux de desserte en eau potable de 7% à 50% ainsi que celui de l'utilisation de l'énergie électrique de 2% à 30% avec la construction de dix centrales hydroélectriques et la réhabilitation du peu existant ;

6. Assurer la sécurité alimentaire en augmentant la disponibilité en vivre et en viande par habitant de 50% ;

7. Réduire le taux de prévalence de la malnutrition de 35% à 10% ;

8. Améliorer l'habitat ;

9. Réduire la prévalence du VIH/SIDA de 5,0% au moins 2%.

**Annexe 5 : Motion de censure contre le Gouvernement dirigé par KABASUBABU au Kasaï Occidental**

**Honorable Président de l'Assemblée Provinciale du Kasaï-Occidental,**

**Honorables Députés Provinciaux,**

**Concerne : Motion de censure à l'endroit du Gouvernement Provincial du Kasaï Occidental.**

Vous vous rappellerez qu'au cours de l'examen du projet de budget 2011, les membres du Gouvernement Provincial étaient tour à tour invités par la Commission budgétaire pour recevoir les orientations et conseils sur la mobilisation maximale des recettes et leurs affectations rationnelles pour la reconstruction de notre Province.

Ainsi, les recommandations y afférentes ont été transmises officiellement à l'exécutif provincial par notre Bureau depuis l'adoption du budget au mois d'octobre de l'année dernière.

Mais, quelle n'a pas été notre surprise désagréable de constater lors de la présentation du rapport de la Commission ECOFIN, après son contrôle parlementaire des quelques 3 impôts sélectionnés pourtant, que toutes nos recommandations sur la mobilisation des recettes sont restées lettre morte dans les tiroirs de l'Exécutif Provincial.

Nous osons croire que nos recommandations du 29 mai faites pour 3 impôts ci-haut cités subiront le même triste sort de la part de ce même pouvoir Provincial.

La situation des autres impôts et taxes non contrôlés doit être pire voire dépassée.

Faut-il nous rafraîchir la mémoire en relevant quelques failles du rapport ?

1. Violation de l'Édit créant la Brigade de Mobilisation des Recettes « B.M.R », notamment, son principe de l'autonomie administrative et financière par le fait que le Ministre des Finances et Budget signe conjointement avec le Directeur Provincial de la B.M.R. pour le décaissement des fonds dans le compte ouvert et domicilié à la BCDC.

2. Incapacité d'exécuter l'Édit n° 9 portant procédure relatives aux impôts et taxes, redevances et autres droits dus à la province du Kasaï Occidental adopté en plénière en remplacement de l'Édit n°3.

3. Incapacité d'activer des impôts cédés à la Province notamment de l'impôt foncier, impôt sur les concessions minières et hydrocarbures pour ne citer que ceux-là qui doivent apporter les ressources propres à la Province pour son développement.

4. Absence criante des données statistiques, indicatrices de la mobilisation des recettes.

5. Absence manifeste de traces à la Direction Provinciale de la B.M.R des rapports financières, ni statistiques de Tshikapa ville, Tshikapa-Kamonia, Ilebo et d'autres. Ce comportement constitue la preuve d'incompétence d'organisation des finances de la Province avec comme corollaire, insuffisance des recettes dans la Province.

6. Incapacité de respecter l'Édit créant la B.M.R, unique régie financière, du moins pour son fonctionnement.

7. Incapacité manifeste de rétrocéder aux ETD le 40% de la rétrocession reçue par la Province du pouvoir central durant toute l'année 2011 et le 1er trimestre de 2012. Par ce fait, il y a violation du principe de répartition des recettes d'intérêt commun reconnues par la loi 08/020 en son article 115.

8. Dilapidation des ressources de la Province en effectuant des voyages à l'étranger, lesquels voyages qui n'ont aucun impact sur la vie de la population contribuable des impôts et taxes.

9. Violation des statuts des agents de carrières et fonctionnaires de l'État en distribuant les suspensions en cascade sans suivre la procédure administrative en la matière, c'est-à-dire, ouverture des dossiers disciplinaires.

10. Incapacité d'exécution du programme minimum remis par l'Assemblée Province pour 100 jours et l'exécution des projets d'investissement sur l'ensemble de la Province ainsi que l'invisibilité du programme de 5 chantiers prôné par le Chef de l'État du niveau Provincial.

11. Aucune politique rationnelle en matière d'approvisionnement de la population en eau et électricité…

Chers Collègues, il va de notre crédibilité vis-à-vis de nos électeurs, de saisir cette opportunité en nous démarquant de notre tolérance en prenant une décision courageuse et responsable, de déchoir cette équipe gouvernementale provinciale dans l'intérêt supérieur de notre peuple, ainsi nous aurons sauvé notre Province.

Faite à Kinshasa, le 02 juin 2012.

Sont signataires, les Honorables Députés provinciaux dont les noms suivent :

Kabuitu Lubadi, Kawino, Mbayi, Pongo, Isiya, Munayi, Monga, Kashala, Mutunda, Mutumbula, Djengo, Mukongo, Lutonga, Mudilele, Kasonga, Shamba, Tshiminyi, Mwipatayi, Tshikenda, Mandjwandjwa, Tafu, Kutshidi, Kwanga et Tshimbundu Gilbert.

**Annexe 6 : PROGRAMME D'ACTION DU GOUVERNEMENT PROVINCIAL DU KASAI OCCIDENTAL A COURT TERME : Deuxième Semestre 2011**

Après notre élection au poste de Gouverneur de Province, il est de notre obligation conformément à l'article 198 de la Constitution de présenter le plan d'action du Gouvernement devant l'Assemblée Provinciale. Et c'est dans ce cadre que je présente ce jour un plan à court terme des actions à mener par notre équipe gouvernementale pour le reste de l'exercice de 2011, soit les six mois qui restent pour l'année 2011.

Dans cette optique, que les actions à mener ont été regroupées en quatre volets :

1. La réhabilitation des routes de desserte agricole ainsi que la voirie urbaine dans les villes de Kananga et Tshikapa mais également l'entretien des routes déjà existantes ;

2. L'acheminement rapide des denrées agricoles dans la ville (maïs et manioc) en étant regardant sur la SNCC pour augmenter le flux de rotation des engins devant acheminer les marchandises dans la ville de Katanga.

3. L'eau et l'électricité doivent être rétablies sur la Vielle de Katanga et ce, après contact avec les autorités de ces entreprises pour identifier les besoins existants et voir dans quelle mesure rencontrer les autorités nationales de ces mêmes sociétés pour remédier aux problèmes.

4. La réhabilitation des écoles de tous territoires de Kasaï Occidental ainsi que l'équipement en médicaments des différents hôpitaux généraux de référence de la Province.

Au regard de ces valeurs, il a fallu nous référer aux prévisions budgétaires de l'année 2011 qui rencontrent de manière globale les objectifs à réaliser dans le domaine de construction et réhabilitation d'infrastructures ainsi que la mise en œuvre des actions à impact visible en prévision des échéances électorales de 2011. Il ressort ces prévisions que pour être pragmatique, d'autant plus que les ressources sont à rechercher, il faudra revoir les prévisions en fonction du temps qui reste soit 6 mois, pour l'année 2011.

De façon globale, les axes prioritaires peuvent se résumer comme décrit ci haut.

Au regard de la continuité des services publics, rappelons que le budget pour l'année 2011 a été voté par l'Assemblée Provinciale, de sorte qu'il faut nous référer à ce dernier mais comme nous sommes déjà au mois de mai, il s'avère impérieux de réactualiser ce budget pour les 6 mois de l'année qui restent afin d'avoir de chiffres objectifs ; c'est ainsi que le budget d'investissement se présentera comme suit :

- Construction, réfection, réhabilitation et construction d'ouvrages : 26.138.782.626,19 Francs Congolais

- Réfection et réparation des routes : 9.803.076. Francs Congolais;

- Réfection de la voirie urbaine : 1.095.787.017 Francs Congolais ;

- Réfection des routes de desserte agricole : 3.084.284.400 Francs Congolais:

- Constructions des bacs: 724.008.826,3 Francs Congelais ;

- Lutte antiérosive : 270.656.942.248, 8 Francs Congolais

- Achèvement du stade des jeunes : 265.599.141,3 Francs Congolais;

- Réhabilitation du stade Kanzala : 395.454.999,9 Francs Congolais ;

- Réhabilitation du Centre professionnel de Kananga : 49.999.999.9 Francs Congolais ;

- Réhabilitation de la station provinciale (RTNC) à Kananga: 75.000.000 Francs Congolais;

- Construction du barrage hydraulique de Katende : 1.563.999.999,9 francs Congolais

Au regard de ces chiffres déjà existants, il est impérieux d'amorcer des actions à impact visible tel l'inauguration de deux bacs déjà disponibles dans le territoire de DEKESE, faire le lobbying auprès des responsables des services de communication pour ériger des antennes dans les zones enclavées où il n'existe pas de réseau communicationnel.

Relancer et surveiller la BMR pour mieux maximiser et canaliser les recettes de l'État.

Les routes ci-après ont été ciblées :

- Route Dimbelenge /Cité Lubunga-Bakamba en réhabilitant le bac sur la rivière Lubi;

- Route BONDO-MUTOTO ; KAPINGA NGOMBE-TSHIBASHI ; TSHIBOTE-LOMBELO ;

- Jeter les ponts sur Muanzangoma et Lombelo ;

- Route pont Lulua-Mission Nguema;

- Route ILEBO-TSHIKAPA ;
- Doter le territoire de DEKESE de trois tronçonneuses pour dégager les arbres sur les routes ;
- Route Luebo-Mbulungu ;
- Route Luebo-Ndjoko Punda;
- Route Mweka-Bulape-Mbelo ;
- Route Mweka-Luebo ;
- Route Mweka -Bulangu – Kalombayi
- Jeter un pont sur la rivière Mulengeshi
- Entretenir les routes Tshikayi-Kamuandu-Dibatayi-Bitanda-Mfuamba-Tshimhulu;
- Route Luiza-Ngwema et. Luiza-Kamponde

Au niveau des écoles à réhabiliter. Celles-ci ont été ciblées

- École Diku Dietu à Kananga ;
- École Kabenga à Tshikapa ;
- École de Lubunga et Muesthi à Dimbelenge ;
- École primaire de Kabuluanda à Demba ;
- École primaire Bulengu à Kazumba ;
- Institut Banga à Ilebo ;
- Institut MAMANYA à Karuru/Ilebo ;
- École officielle de Dekese ;
- École officielle de Luebo/Bisanga ;

- Institut Technique agricole et vétérinaire de Bena-Longo et Institut Malu-Malu à Kakenge dans le Territoire de Mweka ;

- Institut d'études sociales de Demba (Chef-lieu).

- Institut Luiza I, dans le Territoire de Luiza.

Ce sont les propositions étudiées à impact visible pour le Gouverneur de Province.

Certes, la réalisation de ces actions exige les ressources propres de la Province. Pour la période allant du 1er janvier au 30 juin 2010 les recettes n'étaient que de l'ordre de 371.263.997,2 contre une prévision du 1er semestre estimé à 1.288.497.604,27, soit 28.81 % seulement.

Néanmoins, les remarques et les suggestions faites lors du débat budgétaire en juillet 2010, il y eut amélioration dont les détails sont à la reddition des comptes.

Avec la participation de tout le monde, nous comptons tripler ces recettes en activant certains actes générateurs qui n'étaient pas opérationnels pour arriver à réunir les ressources de nos dépenses prévues. Toutefois, les recettes exceptionnelles n'étant pas sûres, elles ont été écartées car nous n'étions pas là au moment où elles ont été identifiées.

Merci

**Annexe 7: Interventions en plénière sur le fonctionnement de l'Assemblée Provinciale du Kasaï Occidental (Janvier 2009)**

Honorable Dr. MIAKA :
Honorable Président,
Honorables membres du bureau
Honorables Députés et chers collègues

L'Assemblée Provinciale est l'une des institutions décentralisées par la Constitution de la RDC ; cette loi fondamentale en son exposé des motifs au point 3 de l'organisation et l'exercice du pouvoir donne les préoccupations majeures qui président à l'organisation des institutions, entre autres:

- Assurer le fonctionnement harmonieux des institutions de l'État ;
- Éviter les conflits;
- Garantir la bonne gouvernance; lutter contre l'impunité. etc.

- Je considère que le Bureau de l'Assemblée Provinciale constitue un seul corps et ce corps doit rester solidaire dans l'exercice de ses fonctions.

- L'article 6 du code de bonne conduite de l'agent public de l'État stipule ceci : *« Le sens de l'éthique professionnelle de l'agent public de l'État doit se témoigner notamment par le dévouement, la ponctualité, la rigueur, la responsabilité, l'honnêteté, l'intégrité, l'explicité, le civisme, la courtoisie, l'impartialité, la loyauté et le devoir de réserve dans ses relations aussi bien avec ses supérieurs, ses collègues et ses collaborateurs qu'avec le public ».*

- Or, le fonctionnement de notre Assemblée Provinciale se caractérise par les conflits délibérément entretenus par certains de nos membres. Leurs écrits, leurs déclarations, leur comportement au sein de l'Assemblée, en plénière comme en dehors de celle-ci, les injures constituent les preuves matérielles d'un comportement malsain.

- Tous ces actes vont au-delà des droits reconnus et constituent des fautes.

Il faudrait qu'à cette occasion, Honorable Président, Honorables membres du Bureau, Honorables Députés et chers collègues, nous nous regardions en face, réellement tout en faisant une véritable introspection pour corriger une fois pour toutes en appliquant les textes qui nous régissent à chacun de nos membres fautifs.
Je dis et je vous remercie.

- Honorable Djengo :

Merci Honorable Président pour m'avoir accordé la parole. Je m'étonne de la façon dont on a traité le dossier de la validation du mandat du 1^er^ suppliant de l'Honorable Muamba Tshishi. Aujourd'hui, on nous surprend avec la commission ad hoc alors que la commission P.A.J. existe. Qu'on fasse des choses de manière responsable. Nous ne sommes pas sommes au début de la législature. On ne se recherche après 4 ans.

- Honorable Président :

Honorable Djengo, est-ce que vous pouvez me montrer l'article du R.I. qui dit que c'est la commission P.A.J. ? On doit se respecter mutuellement Honorable Djengo. Le P.V. est lu en public C'est le Bureau qui décide de la commission qui doit s'occuper du dossier. Je rappelle que le dossier de la validation du mandat du suppléant MUTUNDA a été envoyé dans la commission ad hoc et non à la P.A.J. concernant le parti ; je laisse le dossier à l'Honorable Vice-présidente qui a géré le travail.

- Honorable Vice-présidente :

Le parti n'a pas écrit jusqu'à ce jour. Sinon TSHITENGE, Secrétaire générale de ce parti a dit que le Président est en Europe pour suivre les soins médicaux ; jusqu'à présent, il n'est pas de retour,

- Honorable président :

Même si le parti RCD/N n'a pas écrit, nous suivons notre démarche habituelle, Nous avons l'obligation de remplacer quelqu'un.

Note : La Vice-présidente dirige le débat suite à l'absence momentanée de l'Honorable Président.

- Honorable Vice-présidente :

Parole à l'Honorable François MADILA,

- Honorable MADILA :

Merci Honorable vice-présidente. J'appuie le collègue Djengo en ce qui concerne la procédure de validation du mandat qui existe dans la procédure du Bureau Provisoire. Il nous faut éviter les malentendus, À défaut de la commission P. A.J., la plénière qui est souveraine, examinerait le dossier, transparence oblige. Honorable Vice-présidente, lorsque le Président a ouvert la session en cours, il a dit que nous venons de passer 4 ans d'essai et erreur. Mais lorsqu'il est temps de faire les choses, on fait autre chose. Nous voudrions que les choses se passent correctement. Le remplacement auquel on doit assister tout à l'heure, se fait au moment où la Cour d'appel est saisie du dossier en annulation de la décision d'invalidation. Dans le cas contraire, nous allons en tirer des conséquences.

- Honorable Vice-présidente :

Il s'est passé 6 mois depuis que Mumua Tshishi a été invalidé. Où est-ce que vous étiez pour dire tout ce que vous dites aujourd'hui. L'honorable rapporteur veut ajouter quelque chose.

- Honorable KABEYA (Rapporteur) :

Conformément à ce que l'Honorable MADILA vient de dire, je m'en vais vous lire l'article 13 du RI (il s'exécute). Je voudrais vous dire que la Cour d'Appel nous a écrit pour dire que MUAMBA TSHISHI fui.

**Annexe 8 : Transmission édits pour promulgation**

Kananga, le 28/09/2010.

N° ASS•PROV/K.OCC/613/2010.

**À Son Excellence Monsieur**

**le Gouverneur de Province du Kasaï Occidental**

**À KANANGA**

**Objet: Transmission 5 Édits pour promulgation**

**Excellence Monsieur le Gouverneur,**

J'ai l'honneur de vous transmettre pour promulgation, en doubles exemplaires, 5 Édits votés par l'Assemblée Provinciale au cours de la Session Ordinaire de Juillet 2010.

Il s'agit de :

1) Édit n° 6/K.OCC/2010, portant régimes agricoles, forestier, minier et des investissements en Province du Kasaï Occidental ;

2) Édit n° 7/K.QCC/2010, portant établissement et répartition de la taxe de péage pour l'utilisation des routes, ponts et bacs sur toute l'étendue de la Province du Kasaï Occidental;

3) Édit n° 8/K.OCC/2010, portant principes fondamentaux relatifs à l'aménagement dans la Province du Kasai Occidental.

4) Édit n 9/K.OCC/2010, portant établissement et procédures de recouvrement des impôts, taxes provinciales et recettes de participation dans la Province du Kasaï Occidental.

5) Édit n° IOJK.OCC/2010, contenant le Budget de la Province du Kasai Occidental pour l'exercice 2011.

Je vous saurais gré de les promulguer dans le délai réglementaire et retourner un exemplaire original à l'Assemblée Provinciale.

Veuillez agréer, Excellence Monsieur le Gouverneur, l'expression de mes sentiments patriotiques.

Le Président de l'Assemblée Provinciale,

**Honorable Orner MIUMBU Sha-Kalau**

**Annexe 9 : Recueil des rapports de mission d'enquête (juillet 2010)**

1. Rapport de mission d'enquête parlementaire à Tshisola/ Bunkonde : page 1

2. Rapport de mission d'enquête parlementaire sur les incidents survenus dans le groupement de Bakwa Mushilu à Luandanda, page 43.

3. Rapport de mission d'enquête parlementaire sur les conflits aux limites du Kasaï Occidental et Kasaï-Oriental, page 82.

4. Rapport de mission d'enquête parlementaire dans le Secteur de Bavula sur les conflits entre le groupement Bayombo et Bakua Mdilu dans le Territoire de Kazumbu, page 125.

5. Rapport de mission d'enquête parlementaire effectué dans le secteur de Bushimaie dans le Territoire de Luiza, page 133.

**Annexe 10 : Contrôle parlementaire (Juillet 2010)**

**Question d'actualité adressée à Son Excellence Monsieur le Vice-ministre de la Province du Kasaï Occidental Hubert Mbingo M'vula.**

Excellence,

Aux termes de la loi qui met à la disposition des Députés Provinciaux les moyens de contrôle, je me réfère à l'article 39 de la loi N° 08/012 du 31 Juillet 2008 portant principes fondamentaux relatifs à la libre Administration des Provinces et l'article 176 du règlement intérieur de l'Assemblée Provinciale pour poser les quelques questions ci-dessous :

1. Le problème d'intérim s'est posé avec acuité cette fois dans notre Province à telle enseigne que la population a été épargnée par cette division. Votre intérim est celui automatique prévu par la loi ou celui vous donnez par le Ministre de l'Intérieur sur document à nous montrer, qui du reste ce dernier n'est pas prévu par la loi ?

2. Comment les honneurs militaires vous sont rendus par la Police Nationale Congolaise sirène de commandement utilisée par vous cependant ; que vous n'été pas titulaire du poste, et pourtant vous avez à plusieurs reprises assumé l'intérim du Gouverneur sans problème comme cette fois-ici ?

3. Pourquoi vous mettez à suspendre remplacer et révoquer certains Agents de l'État ça et là, alors que ce sont des grandes décisions reconnues au Territoire car pendant l'intérim on expédie les affaires courantes.

4. Où se trouve la drague de la Province ? qui la gère là om elle se trouve ? les recettes générées par cette dernière sont de quel ordre par mois et sont logées où ?

5. Par votre comportement, le Policier commis à votre garde a blessé avec baïonnette Monsieur Aimé TSHIBUABUA résident au n° 46, Avenue KABINDA à Ndesha en date du 11/02/2011, est-ce par votre ordre ou par sa propre initiative à l'arrivée à Kananga du Vice-ministre et Ministre de l'Intérieur ? La victime est en quel état aujourd'hui ?

Honorable Clovis ISIYA ISIYA

Député Provincial

**Annexe 11 : Programme de Développement de la Province de l'Équateur (extraits)**

MBANDAKA, le Avril 2007

(…)

10. la mise en route des dépenses *d'investissements rationnels* visera les secteurs prioritaires ci-après :

- La remise en état des voiries, des routes d'intérêt national, local et de desserte agricole. Il sera question de restaurer et de promouvoir le système de cantonnage manuel dans l'ensemble du territoire en vue de réhabiliter nos routes.

- La réhabilitation de certaines écoles publiques ainsi que leur équipement en mobiliers scolaires.

- Le renforcement des capacités et l'encadrement pédagogique des enseignants.

- L'acquisition des manuels scolaires de base pour les élèves.

- Le développement de l'enseignement technique et professionnel.

- Le lancement des programmes d'adduction d'eau.

- L'électrification de la Province. À ce sujet le barrage de Mobayi-Mbongo doit être exploité au maximum pour que la partie nord de la Province en bénéficie. Pour la partie sud, des financements seront recherchés pour le transport du courant d'INGA à partir de la ville de Bandundu.

- La construction des sièges des Assemblées provinciales ainsi que les sièges des exécutions de nos futures Provinces.

- L'acquisition des moyens de transport pour les autorités à tous les niveaux.

Dans le domaine de la santé, nous avons la conviction que l'amélioration de l'état de santé de la population constitue à la fois un objectif économique et social du développement et de réduction de la pauvreté. L'objectif poursuivi est d'assurer les soins de santé de qualité à notre population et combattre les grandes pandémies dont le VIH/SIDA, le paludisme, la trypanosomiase humaine africaine, l'onchocercose, la lèpre… Pour ce faire, hormis la réhabilitation des infrastructures et le renouvellement de certains équipements, un effort doit être fourni pour ouvrir les centrales d'approvisionnement en médicaments dans chaque district, la motivation et l'augmentation de la compétence du personnel ainsi que la vulgarisation des moyens de lutte contre le VIH/SIDA à travers la prévention.

**Annexe 12 : Enquête sur la gestion d'un gouverneur intérimaire de la province de l'Équateur (Mbandaka juillet 2013)**

## Totaux des montants des dépenses non justifiées.

### Tableau synthèse des montants retenus comme détournés

| N° | Libellé | Montant (CDF) | Montant (USD) | Observation |
|---|---|---|---|---|
| 1. | Écarts rétrocession & recette DGRPE | 1.921.019.951 | 28.528.85$ | Imputable à Monsieur BOFAYA |
| 2. | Observation d'ordre général | 474.492.500 | | Fonds indûment perçu par BOFAYA |
| 3. | Fonds non justifié des mois d'avril, mai & juin | 421.512.491 | | Imputable à : BOFAYA, BINDABA & AGBOKUMA |
| | TOTAL | 2.817.024.943 | 28.528.95 $ | |

Il ressort de la lecture de ce tableau synthèse que sur les 4.435.821.595 CDF et 28.528.85 $ reçus pendant la période allant du 20 mars au 30 *juin* 2013 par le Gouverneur intérimaire, Monsieur René-Sébastien BOFAYA, seuls 1.618.795.653 CDF ont effectivement servi aux dépenses de la Province (salaires, créances et autres dépenses de fonctionnement) et que 2.817.024.942 CDF ainsi que 28.528. 85$ seront volatilisés sans laisser des *traces* comptables, représentant respectivement 63.5 pourcent des fonds reçus en franc congolais et 100 pourcent des fonds reçus en dollars Américains.

**De la majoration des salaires et paiement des indemnités de sortie.**

**Majoration des salaires**

Une lecture attentive des observations d'ordre général révèle tout de suite que le Gouverneur intérimaire a procédé à deux reprises, à la révision à la hausse des traitements des Membres du Gouvernement.

Ces observations ressortent de l'analyse des pièces comptables mises à la disposition de la commission ainsi que des tableaux synthèses de la période considérée, signés par les Ministres Provinciaux des Finances et Budget, qui donnent le résultat que voici:

**Tableau récapitulatif**

| N° | Catégorie | Rémunération mois d'avril | Mois de mai | Mois de juin | Observation |
|---|---|---|---|---|---|
| 1. | Gouverneur | 7.796.250CDF | 7.796.250 | 9.800.000 | 1 fois revue à la hausse |
| 2. | Vice-Gouverneur | 5.942.812 CDF | 5.942.812 | 6.800.000 | 1 fois revue à la hausse |
| 3 | Ministres | 3.240.000 CDF | 3.600.000 | 5.647.000 | 2 fois revue à la hausse |
| 4. | Dir. de Cab. | 2.700.000 CDF | 2.700.000 | 2.700.000 | Intact |
| 5. | Dir. de Cab. Adj | 2.000.000 CDF | 2.250.000 | 2.250.000 | Aux 2 derniers mois |

Il faut préciser que cette majoration sélective des salaires n'a pas de soubassement budgétaire et a été faite suivant le bon vouloir de Monsieur BOFAYA Sébastien le Gouverneur intérimaire.

**11.1.7.2. Paiement indemnités de sortie**

La commission a eu des difficultés à affirmer si oui ou non le Gouvernement intérimaire a payé à ses membres leurs indemnités de sortie, car aucune pièce n'a été découverte à ce propos. Cependant, fort des informations sa possession, ainsi que des pièces et tableaux synthèses des dépenses obtenus aux services de comptabilité, la commission relève que les rubriques intitulées Gouvernorat provincial, sans autres détails, alors qu'elles figurent deux fois aux dépenses du mois de juin pour un montant respectivement de 222.000.000 CDF et 343.595.000 CDF, soit un total de 565.595.000 CDF, ont effectivement servi au paiement des Membres du Gouvernement sortant.

En outre, la commission fait observer que ce montant total est bien au-delà de celui qui devait couvrir ces indemnités, en considérant même le dernier barème de rémunération majoré qui devait se présenter de la manière suivante :

| N° | CATÉGORIE | INDEMNITÉS DE SORTIE (CDF) |
|---|---|---|
| 1. | Gouverneur | 9.800.000 x 6 mois<br>58.800.000 CDF |
| 2. | Vice-gouverneur | 6.800.000 x 6 mois x 10<br>Pers. = 70.800.000 CDF |
| 3. | Ministres provin. | 5.647.000 x 6 mois<br>10. pers. =338.820.000 CDF |
| 4 | Total | 438.420.000 CDF |

NB : ce tableau est destiné à démonter que les deux rubriques ci-dessus non détaillées pourraient couvrir effectivement les indemnités des membres du Gouvernement, si bien que le taux exact appliqué reste ignoré des membres de la commission par manque des données y relatives.

II.2. De la gestion des ressources humaines

La province dispose, pour sa gestion efficiente, de deux catégories de personnels à savoir : le personnel des cabinets politique et le personnel des services déconcentrés placés en province sous la coordination du Gouverneur de province

II.2.1. Personnel des cabinets politiques

La commission se doit d'avouer la maîtrise de la gestion de cette catégorie de personnel n'était pas possible à cause de l'indisponibilité des Ministres Provinciaux, qui pour la plupart était déjà retourné à Kinshasa ne laissant ni arrêtés de nominations des membres de leurs cabinets, ni tout autre document pouvant éclairer la lanterne de la commission à ce sujet.

De même, le cabinet du Gouverneur, qui du reste n'a pas été coopérant avec la commission, n'a jamais produit des données quant à ce.

Cependant, la commission note que, au regard des pièces comptables et tableaux synthèses des dépenses en sa possession, le Gouverneur intérimaire avait procédé à la mise en congé de plusieurs de leurs collaborateurs, ce avec rétention de salaire. Ceci apparaît dans l'observation de diminution sensible des enveloppes salariales des Membres des cabinets ministériels et plusieurs services du gouvernorat.

À titre d'exemple :

- Le Ministère de l'Agriculture est passé de 4.011.050 CDF (mois d'avril) à 2.928.650 (mois de juin) ;

- Les services des agents du Bâtiment Administratif sont passés de 20.395.750 CDF à 12.274.950 CDF (mois de juin).

II.2.2. PERSONNEL DES SERVICES DÉCONCENTRÉS ET DES ETD.

Comme pour le personnel des cabinets politiques, la commission a également éprouvé d'énormes difficultés d'accéder aux données relatives aux mouvements des responsables des Entités Territoriales Décentralisées. Il est difficile pour la commission de se prononcer là-dessus car elle estime que la désignation de la plupart de ces responsables des ETD avait été lacunaire, entachée d'irrégularités administratives depuis l'époque du Gouverneur déchu.

Cependant, la commission note tout de même le remplacement fait par le Gouverneur intérimaire BOFAYA des Administrateurs des Territoires de BASANKUSU et LUKOLELA.

II.3. DE LA GESTION DU CHARROI AUTOMOBILE

Il importe de noter à ce sujet qu'aucune donnée n'a été mise à la disposition de la commission, ni par le Ministère Provincial des Infrastructures et Travaux Publics dont le Ministère était absent de Mbandaka, ni par la Division Provinciale des TP dont le chef de Bureau chargé du charroi s'était borné à relater à la commission, comme un conte de faits, l'historique du charroi avec les différents déclassements qui ont eu lieu, sans produire cependant des pièces y afférentes.

Toutefois, il ressort de cet entretien que sept véhicules ci-après ont été déclassés dans une période du Gouverneur déchu et dont les bénéficiaires sont connus.

Il s'agit de :

- Un véhicule Hilux Toyota de la STFE : déclassé et acheté ;

- Deux Prado Toyota de la DGRPE : déclassés et achetés par le DG MOBOLAMA et DGA ISOKOLA ;

- Un véhicule Prado Toyota du BCDE : déclassé et acheté par le coordonnateur BCDE, Monsieur INGILA ;

- Un véhicule Prado Toyota du Gouvernorat (DIRAB) : déclassé et acheté par le DIRAB/PROGOU, Monsieur WAWADOU ;

- Un véhicule Nissan de Gouvernorat : déclassé et acheté par Monsieur BOSEKOTA ;

- Un véhicule Prado Toyota du Gouvernorat mis à la disposition de la Direction de Province : déclassé et acheté par Monsieur ADOULA, Directeur de Province

N.B : pour tous ces véhicules déclassés, les documents demeurent non disponibles à la commission.

## III. RECOMMANDATIONS

Au regard de toutes les irrégularités constatées à l'occasion de cette enquête parlementaire, la commission formule, au terme de sa mission combien délicate, les recommandations ci-après, conformément aux dispositions pertinentes des articles 167 et 169 du règlement intérieur de l'Assemblée Provinciale de l'Équateur.

1. La traduction en justice des personnes impliquées dans les détournements des derniers Publics. Il s'agit de :

- Monsieur René Sébastien BOFAYA, ancien Ministère Provincial de l'intérieur et Gouverneur intérimaire ;
- Monsieur Bruno BINDAMA, ancien Ministre Provincial des Finances ;
- Monsieur Joachin AGBOKUMA, ancien Ministre Provincial du Budget ;
- Monsieur Jean Maurice KUKU, ancien Ministre Provincial des Sports ;
- Monsieur Rocky BOKELA LIFOFI, ancien secrétaire particulier du Ministre Provincial de l'intérieur et Gouverneur intérimaire.

2. La confiscation, par la justice, des biens des personnes citées ci-haut pour le besoin de remboursement proportionnel des fonds détournés par chacun d'elle.

3. La demande d'ouverture d'une enquête judiciaire afin de remettre la Province dans ses droits.

4. Le paiement des salaires détournés des Agents non payés par Monsieur BOFAYA, sur fonds retirés des biens saisis ou vendus.

En outre, pour permettre le redécollage de notre chère Province qui a tant souffert et pour éviter que pareille mésaventure ne se reproduise, la commission recommande au nouvel Exécutif Provincial le respect strict de la chaîne des dépenses publiques.

## IV. CONCLUSIONS

C'est dans un contexte de tumulte politique, dû au comportement d'un Gouvernement qui considérait qu'il n'avait rien à perdre par ce qu'étant intérimaire, que s'est effectuée la mission de contrôle parlementaire sur la gestion de la Province pendant la période du 20 mars au 30 juin 2013.

Cette attitude irresponsable de certains Membres de ce Gouvernement, avec à la tête Monsieur BOFAYA, a été malheureusement soutenue par le Ministère National de l'Intérieur qui a fait obstruction à l'enquête parlementaire à travers ses messages pré rappelés et a mis la Province à genoux, une fois de plus, par une gestion calamiteuse de ses ressources financières.

Ainsi, la commission d'enquête parlementaire espère, au terme de sa mission, avoir atteint deux objectifs qu'elle s'était assignée, à savoir :

- L'établissement des responsabilités des uns et des autres dans la gabegie financière constatée dans la gestion de la Province au cours de cette période visée par le contrôle ;

- La participation à l'amélioration de la gestion de la Province par le nouvel Exécutif, à travers des leçons à tirer dans le présent rapport.

Ceux-ci traduisent la volonté, pour l'Assemblée Provinciale, de voir la Province reprendre le chemin de son développement et donc, de contribuer à l'amélioration des conditions de vie des populations dont elle constitue la représentation.

Pour ce faire, la commission estime enfin que seul le respect strict des recommandations contenues dans le présent rapport par l'Exécutif Provincial sera le nom de la rédemption pour faire de cette Province une entité ou l'espoir d'y vivre est permis.

LES MEMBRES DE LA COMMISSION D'ENQUÊTE PARLEMENTAIRE

CHARGE

Honorables Motebe Angalea (Président), Teto Tra Dangba (Vice-président), Ilonga Bofola (Rapporteur), Ekuka Thomas, Badjoko Léopold, Ganga Vongba, Mohande Akuma, Paka Motumbe, Siko Alves, Alenge Nangali (tous Membres) et Maîtres Lady Mokemba et Lambo Kabalango (Experts).

## Annexe 13 : Plan d'action du Gouvernement provincial du Maniema (2007-2011)

### Introduction

Créé par l'ordonnance n°88/031 du 20 juillet 1998, le Maniema est l'une des 3 Provinces issues du découpage territorial de l'ancienne Province du Kivu.

Sa subdivision administrative comprend : 7 Territoires, 3 Communes, 34 Secteurs et Chefferies, 6 quartiers, 317 Groupements et 2.208 Villages.

Enclavée, la Province du Maniema n'a aucune frontière avec les Pays voisins. Sa population est estimée à 1.802.913 habitants en 2004, sur une superficie de 132.250.

Province en état post-conflit. Le Maniema a subi toutes sortes d'affres de guerre de 1996 à 2003 ayant occasionné la destruction des infrastructures de base, les pillages, les consorts.

Tous ces faits déplorables ont déstabilisé les institutions administratives, politiques, socio-économiques et celles du secteur privé.

L'année 2007 est porteuse d'espoir pour la population du Maniema qui, après une longue transition, s'est engagé dans le processus démocratique pour rompre avec le fonctionnement structurel généralisé ayant comme corollaires, la pauvreté et la misère. Elle s'est ainsi choisi des Dirigeants appelés à lui apporter le bonheur.

Pour satisfaire à cette aspiration, le Gouvernement Provincial a élaboré le plan d'action de la Province destiné à amorcer de manière décisive, le développement du Maniema.

Ce programme s'est inspiré des grandes orientations définies pour l'ensemble du pays et formulées dans un discours d'investiture du Chef de l'État, Son Excellence Joseph KABILA KABANGE, du 06 décembre 2006. Celles-ci se ramènent aux 5 chantiers qui constituent les bases de la reconstruction du pays et sur lesquelles se fonde le programme du Gouvernement central.

À cet effet, le présent plan d'action comporte 4 options fondamentales, 4 domaines d'interventions ainsi que la projection du financement et des mécanismes de contrôle.

Pour relever le défi du développement intégral, générateur du bien-être social, le Gouvernement s'est fixé pour les 5 prochaines années, les options fondamentales ci-après :

- La bonne gouvernance, gage d'un État de droit, caractérisé par la transparence dans la gestion, la sécurisation juridique et judiciaire, ainsi que la restauration de l'autorité de l'État.

- La conformité au DSCRP d'une part, pour respecter la volonté des communautés de base dans l'action du développement et, d'autre part, pour prendre en compte les exigences de la communauté internationale.
- La réduction de la pauvreté en vue du mieux-être de la population.
- L'économie sociale de marché qui garantit la libre entreprise dans le respect des lois et place l'homme au centre de l'action gouvernementale.

En vue de traduire en actes ces options fondamentales, le Gouvernement a arrêté les domaines d'interventions suivants : infrastructures et services de base, relance de la production.

**Infrastructures et services de base**

En ce qui concerne les infrastructures et services de base, la situation de la province n'est pas du tout rose.

En effet, les routes et ponts ainsi que les infrastructures ferroviaires, fluviales et aéroportuaires accusent un état de dégradation très avancé. La vétusté des locomotives et des bateaux induit l'irrégularité du trafic tant fluvial que ferroviaire. Le fleuve et l'aéroport de Kindu ne sont pas balisés.

À propos des infrastructures énergétiques, il ressort que la Société nationale d'électricité ne dispose d'aucune centrale hydroélectrique propre à elle et ne couvre pas ensemble de la Province. Le vol des câbles s'installe, la COHDYRO et la SEP CONGO ne fonctionnent pas, tandis que la REGIDESO est quasi inopérationnelle.

La situation des infrastructures sociales et administratives n'est pas meilleure. Il n'existe pas ainsi de bâtiments propres aux établissements de l'Enseignement Supérieur et Universitaire de la Province : les édifices abritant les écoles et les services de l'Administration publique sont en nombre insuffisant et en état de délabrement. Il en est de même des infrastructures sanitaires.

Enfin, les installations sportives répondant aux normes olympiques n'existent pas, tandis que des cadres de loisirs et des manifestations culturelles font défaut.

Néanmoins des potentialités pour redresser la situation existent. Il en est notamment de la présence de l'OFIDA, de l'Office des Routes, de la SNCC, de la RVA, de la Direction des voies de desserte agricole et de l'OVD dans les secteurs de transport et communication.

Pour le maintien des routes en état de praticabilité, la population constitue une main-d'œuvre disponible en vue du cantonnage manuel.

Au sujet des infrastructures énergétiques, la présence de la SNEL, de la REGIDESO et de certaines ONG intervenant dans le domaine de l'eau, l'existence des centrales électriques privées fonctionnelles et non fonctionnelles, la présence des partenaires extérieurs ainsi que l'existence de nombreux grands cours d'eau constituent des motifs d'espoir.

Enfin, concernant les infrastructures sociales et administratives, la province peut compter sur le partenariat interne et externe ainsi que sur l'existence de quelques bâtiments réhabilités et/ou construits, sans oublier celle de quelques terrains sportifs non aménagés.

En rapport avec les infrastructures et services de base, le Gouvernement s'est assigné comme objectifs de :

- Faciliter la circulation des personnes et de leurs biens ;
- Favoriser les échanges commerciaux par la réhabilitation et/ou la construction des marchés provinciaux ;
- Faciliter l'accès à l'électricité et à l'eau potable ;
- Faciliter l'éducation à tous les enfants de la province et spécialement celle des filles ;
- Renforcer la couverture sanitaire de la province ;
- Promouvoir les activités culturelles, sportives et récréatives.

Pour matérialiser ces objectifs, le Gouvernement provincial a arrêté un certain nombre de stratégies et actions prioritaires. Ainsi, il s'engage à réaliser la réhabilitation des axes routiers prioritaires de la Province notamment (…)

La réfection de ces tronçons routiers prendra également en compte la réhabilitation des ponts dans toute la Province. Les tronçons routiers déjà entretenus par les organismes non Gouvernementaux sont retenus dans le plan d'action pour en assurer la maintenance.

Tout en accordant des facilités à ces organismes, le Gouvernement se charge d'orienter et de suivre leurs actions ainsi que celles des autres partenaires œuvrant dans le secteur des routes.

De même, le Gouvernement compte réaliser la restauration du système du cantonnage manuel qui crée en même temps les emplois et qui relèvera du budget des entités décentralisées, la réhabilitation de la voirie urbaine, l'instauration du péage route et la signature des contrats-programmes avec les administrateurs de Territoires sur la réhabilitation des routes desserte agricole.

Le transport urbain étant également une nécessité, le gouvernement s'emploiera à organiser ce secteur notamment par l'incitation à l'incitation de l'initiative privée.

Pour désenclaver la province du Maniema par les voies ferroviaire et fluviale, le Gouvernement soutient les efforts du pouvoir central pour la redynamisation de la SNCC et entend lutter pour obtenir de la Direction Générale de la SNCC trois locomotives ainsi que de nouvelles flottes fluviales affectées à Kindu. Bien plus, le Gouvernement encouragera l'initiative privée pour le trafic fluvial Kindu-Ubundu.

Par ailleurs, le Gouvernement projette d'assurer la distribution du courant électrique et de l'eau potable dans toutes les communes de la ville de Kindu et dans les grandes agglomérations de la province. Il compte également réaliser la construction des unités de distribution d'eau par voie gravitaire, l'aménagement des sources et le forage de puits avec pompes manuelles ainsi que la promotion de l'initiative privée dans le domaine de l'eau.

En outre, le Gouvernement provincial se propose de concrétiser la réhabilitation et/ou la construction des bâtiments pour les écoles, les établissements de l'ESU et l'administration publique.

Enfin, des efforts seront tournés pour la réhabilitation et/ou la construction des infrastructures sanitaires dans les 18 zones de santé de la Province.

Il en sera même des infrastructures culturelles, sportives et récréatives.

**Relance de la production**

La reprise de la production dans le secteur de l'agriculture, de l'élevage et de la pêche ainsi que dans les domaines miniers, environnemental et touristique s'impose…

(…)

La réouverture de services de l'OFIDA dans la province ainsi que la mobilisation des recettes douanières.

Par ailleurs, le gouvernement s'engage à poursuivre le contentieux sur le patrimoine hérité de l'ancien Kivu et ce avec le concours de l'Assemblée Provinciale.

La responsabilité d'exécution du présent programme est partagée entre le Gouvernement Central, le Gouvernement Provincial, les organisations de la Société Civile, les communautés de base et les partenaires extérieurs.

Quant à son pilotage, il est placé sous la haute autorité du Gouverneur, Chef du Gouvernement Provincial assisté par le Vice-Gouverneur.

Pour plus d'efficacité, des chronogrammes, des mécanismes de suivi et de contrôle ainsi que des indicateurs objectivement vérifiables sont prévus chaque stratégie et action par axe et par secteur d'intervention.

La réalisation de ce programme demande que tout le monde mette la main à la charrue. Cela rencontrerait les vœux de Chef d'Etat, Son Excellence Joseph KABILA KABANGE qui, non seulement a choisi les 5 chantiers qui sous-tendent note action, mais aussi rêve d'un Congo où chaque matin tout le monde va au travail.

## Annexe 14 : Instruction du Vice premier ministre, Ministre du Budget sur la répartition des recettes

J'ai l'avantage de vous rappeler que la répartition des recettes à caractère national doit se faire suivant les critères entre la province et les ETD, préétablir et ce, conformément aux dispositions des articles 218 et 22 de la loi n°11/011 du 13 juillet 2011 relatives aux finances publique.

Je vous prie d'agréer, Messieurs les Gouverneurs, l'expression de ma parfaite considération.

Prof. Daniel MUKOKO Samba

# TABLE DES MATIÈRES

# RÉPUBLIQUE DÉMOCRATIQUE DU CONGO
# AUX ÉDITIONS L'HARMATTAN

*Dernières parutions*

**LA LUTTE CONTRE LA NÉOCRIMINALITÉ PROCRÉATIQUE EN RÉPUBLIQUE DÉMOCRATIQUE DU CONGO**
**Esquisse de politique criminelle en bioéthique**
*Irénée Mvaka Ngumbu*
*Préface d'Evariste Likinda*
La néocriminalité procréatique se situe dans un ensemble des nouvelles formes de criminalités qui accompagnent ou que génèrent les technosciences. La procréatique permet à l'homme de réaliser son rêve d'être maître de l'homme en intervenant dans les secrets de la genèse de la vie en vue de l'orienter comme il veut. Mais cet homme technoscientifique aura-t-il toujours la maîtrise de sa maîtrise ?
*(Coll. Harmattan RDC, 466 p., 45 euros)*
*ISBN : 978-2-343-15354-4, EAN EBOOK : 9782140099359*

**LA DÉPRÉCIATION DU FRANC CONGOLAIS (2001-2018)**
**Effet d'hystérèse**
*Blaise Sary Ngoy*
Ce livre aborde la dépréciation à répétition du franc congolais, caractérisée par l'effet d'hystérèse. Il affirme qu'aucune politique monétaire ou budgétaire ne peut porter des fruits dans le contexte actuel, car la monnaie représente la santé de l'économie. Elle est malade. Tant que celle-ci souffre, la valeur de la monnaie reflète ces maux. L'auteur suggère de soigner le virus qui ronge cette économie. La stabilité de la monnaie ira de soi, dès lors que les réformes structurelles permettent l'équilibre de ses fondamentaux.
*(Coll. Études africaines, 240 p., 24,5 euros)*
*ISBN : 978-2-343-14982-0, EAN EBOOK : 9782140098482*

**BOMBE "N" : RICHESSES, MYSTÈRES ET OPPORTUNITÉS DU BASSIN DU CONGO**
**Plaidoyer de Denis Sassou N'Guesso pour la protection de la planète**
**La vision verte revue et approfondie**
*Michel Innocent Peya*
Cet ouvrage se consacre au bassin du Congo : ses richesses naturelles, ses mystères, les cadres juridiques et institutionnels nationaux, sous-régionaux et internationaux qui le protègent. Sa préservation et sa protection sur la durée sont une action de conscience, de volonté, d'engagement, de détermination, et des sacrifices pour l'intérêt de l'humanité. La nature ne peut se défendre seule, le bassin du Congo trouve parmi ses fils amoureux de la nature un porte-parole dans la personne du président de la République du Congo, Denis Sassou N'Guesso.
*(280 p., 28 euros)*
*ISBN : 978-2-343-15369-8, EAN EBOOK : 9782140095634*

**AGONIE ET FIN DE LA RÉPUBLIQUE DU CONGO-KINSHASA**
*Kayamba Tshitshi Ndouba*
*Préface d'Alain Lubamba wa Lubamba*
De la proclamation de l'Indépendance au coup d'Etat militaire de 1965, une crise de régime politique a secoué profondément le Congo-Kinshasa. Cet ouvrage entend en expliciter les soubassements à travers deux anagrammes : l'évolution institutionnelle de séparation des pouvoirs et les dynamiques de relation des différents acteurs de la crise politique congolaise.
*(Coll. Études africaines, 292 p., 30 euros)*
*ISBN : 978-2-343-14052-0, EAN EBOOK : 9782140097676*

**LES ANNÉES UNAZA (UNIVERSITÉ NATIONALE DU ZAÏRE) (TOME 2) Contribution à l'histoire de l'Université Africaine**

*Isidore Ndaywel E Nziem*

*Sous la direction de - Préface de Bogumil Jewsiewicki*

De 1971 à 1981, l'Université congolaise a connu, sous le signe de l'Université nationale du Zaïre, une expérience originale de regroupement en un seul ensemble des trois universités existantes. L'objectif de cette réforme a été le contrôle de ces établissements par un pouvoir qui faisait ses premières armes dans la dictature. Mais elle a aussi hâté l'africanisation du Corps enseignant. Cet ouvrage en deux volumes est un recueil de témoignages de ceux-là mêmes qui ont vécu ce processus, comme étudiants ou professeurs. Complétés par des documents originaux, ces récits restituent l'ensemble de l'histoire de l'Université au Congo.

*(Coll. La Région des Grands Lacs Africains, 222 p., 23,5 euros)*

*ISBN : 978-2-343-13478-9, EAN EBOOK : 9782140097133*

**LES ANNÉES UNAZA (UNIVERSITÉ NATIONALE DU ZAÏRE) (TOME 1) Contribution à l'histoire de l'Université Africaine**

*Isidore Ndaywel E Nziem*

*Sous la direction de - Préface de Bogumil Jewsiewicki*

De 1971 à 1981, l'Université congolaise a connu, sous le signe de l'Université nationale du Zaïre, une expérience originale de regroupement en un seul ensemble des trois universités existantes. L'objectif de cette réforme a été le contrôle de ces établissements par un pouvoir qui faisait ses premières armes dans la dictature. Mais elle a aussi hâté l'africanisation du Corps enseignant. Cet ouvrage en deux volumes est un recueil de témoignages de ceux-là mêmes qui ont vécu ce processus, comme étudiants ou professeurs. Complétés par des documents originaux, ces récits restituent l'ensemble de l'histoire de l'Université au Congo.

*(Coll. La Région des Grands Lacs Africains, 272 p., 28 euros)*

*ISBN : 978-2-343-12831-3, EAN EBOOK : 9782140097126*

**UNE MASCARADE DE JUSTICE EN RÉPUBLIQUE DÉMOCRATIQUE DU CONGO**

*Richard Isungu Kakoko*

En République démocratique du Congo, la justice n'en a que le nom : les responsables judiciaires, politiques et exécutifs s'y immiscent et interfèrent intempestivement pour influencer, orienter ou dicter les jugements et les arrêts. Dans cet ouvrage, après avoir relevé les maux qui rongent ou gangrènent la justice en République démocratique du Congo, l'auteur esquisse quelques voies ou pistes de solution pour redorer son blason, afin qu'elle revête sa plus belle robe, celle de l'équité et de l'égalité de tous devant la loi.

*(Coll. Études africaines, 172 p., 18 euros)*

*ISBN : 978-2-343-15122-9, EAN EBOOK : 9782140095757*

**PRÉMONTRÉS ET DOMINICAINS BELGES AU CONGO**

**Uele, 1898-1924**

*Richard Dane Lokando*

L'éveil missionnaire que vit la Belgique à la fin du XIXe siècle ne laisse pas indifférents les chanoines prémontrés belges. Sur demande du roi Léopold II et du Pape Léon XIII, l'abbaye de Tongerloo s'engage à prendre part à l'oeuvre civilisatrice du roi, en acceptant d'évangéliser le nord-est de l'État indépendant du Congo. Mais l'oeuvre se révèle bientôt plus compliquée que prévue. C'est alors que les Dominicains de la province belge flamande volent à leur secours permettant au catholicisme d'entamer le chemin de son développement dans le bassin de l'Uele.

*(Coll. Églises d'Afrique, 196 p., 20,5 euros)*

*ISBN : 978-2-343-14264-7, EAN EBOOK : 9782140095344*

## L'EMPLOI DES JEUNES EN RÉPUBLIQUE DÉMOCRATIQUE DU CONGO

*Antoine-Roger Bumba Monga Ngoy*

*Préface de Lye M. Yoka*

En RDC, la création d'emplois stagne, les inégalités persistent entre les milieux rural et urbain, le taux de chômage reste très élevé, surtout pour les jeunes. Où se situe la RD Congo en matière de création d'emplois nouveaux et durables ? Lla question de l'interaction entre l'université et la société, entre la formation des cadres et les structures du développement en RDC, doit interpeller le gouvernement afin de garantir la promotion de l'homme, première ressource de toute organisation économique et sociale, moteur du progrès et "espérance de consommation", sans qui la nation ne peut survivre.

*(252 p., 26 euros)*

*ISBN : 978-2-343-14424-5, EAN EBOOK : 9782140094521*

## LA LUTTE CONTRE LE BLANCHIMENT DE CAPITAUX ET LE FINANCEMENT DU TERRORISME

**En droit pénal congolais et en droit pénal comparé**

*Boniface Kabanda Matanda*

*Préface de Barnabé Ilunga Tshibangu*

Au fil des chapitres l'auteur aborde les moyens de lutte contre le blanchiment de capitaux et le financement du terrorisme. Le premier chapitre est consacré à l'approche comparative de l'organisation des polices administrative et judiciaire. Le deuxième traite du blanchiment de capitaux et le troisième est relatif au financement du terrorisme. Le quatrième chapitre analyse les systèmes de prévention et de détection. Le cinquième et dernier chapitre pose quant à lui la problématique de la lutte y afférente.

*(Coll. Harmattan RDC, 540 p., 40 euros)*

*ISBN : 978-2-343-14514-3, EAN EBOOK : 9782140092206*

## AUX PORTES DE L'ENFER

**Roman**

*Michel Mumaka Mabaya*

Ce roman suit quatre jeunes Congolais de la République démocratique du Congo jetés à la rue, qui fuient la misère et l'injustice sociale de leur pays, pourtant immensément riche, pour émigrer clandestinement en Europe, en passant par la Méditerranée. Après avoir rémunéré grassement les passeurs avec de l'argent volé, ils effectuent un voyage éreintant à travers le Niger et arrivent en Libye où ils sont vendus comme esclaves aux marchands de chair humaine.

*(Coll. Harmattan RDC, 154 p., 16,5 euros)*

*ISBN : 978-2-343-15095-6, EAN EBOOK : 9782140094859*

## LES DÉRIVES DE L'ETAT POSTCOLONIAL EN RÉPUBLIQUE DÉMOCRATIQUE DU CONGO

*Thomas Mawanzi Manzenza*

En analysant les structures sociales qui déterminent, par leurs particularités, les pratiques des acteurs politiques, cet ouvrage montre que les crises qui ont secoué la République démocratique du Congo font partie des stratégies politiques auxquelles recourent les autorités dirigeantes pour non seulement prolonger leur règne politique, mais aussi pour affaiblir l'Etat afin de le convertir en un instrument de prédation des ressources nationales.

*(Coll. Études africaines, 272 p., 27 euros)*

*ISBN : 978-2-343-14475-7, EAN EBOOK : 9782140094835*

## POLITIQUES AGRICOLES DURABLES EN RÉPUBLIQUE DU CONGO

**Diagnostic et perspectives**

*Parisse Akouango*

Le développement durable met au centre de la croissance et du développement la relation économique, sociale et environnementale. Et pourtant, les aides publiques au développement octroyées aux pays africains n'arrivent pas, dans leur majorité, aux bénéficiaires et, d'aides en aides, les mêmes erreurs se répètent. La réussite d'un projet agricole, élément décisif d'une politique agricole durable passe par une rigueur dans sa réflexion, sa construction et sa capacité à se remettre en cause.

*(Coll. Harmattan Congo-Brazzaville, 126 p., 14,5 euros)*

*ISBN : 978-2-343-14280-7, EAN EBOOK : 9782140094002*

## LES BAVIRA DU SUD-KIVU (RDC)

**Histoire, culture et renaissance d'un peuple bantou**

*Augustin Ramazani Bishwende, Di-Kuruba Dieudonné Muhinduka*

Les intellectuels Bavira se proposent de s'unir pour réécrire leur histoire et leur culture en vue de protéger leurs mémoires collectives singulières. Ils trouvent judicieux d'élaborer une anthropologie critique, bantoue vira, pour susciter l'espoir et soutenir la renaissance. Ils contribuent ainsi à la transmission intergénérationnelle savante de leur histoire et de leur culture pour dynamiser le développement durable de leur terroir, dans le contexte actuel de la décentralisation dans lequel l'Etat congolais veut s'investir.

*(Coll. Études africaines, 316 p., 32,5 euros)*

*ISBN : 978-2-343-14044-5, EAN EBOOK : 9782140092497*

## STRATÉGIES REBELLES ET AIDE INTERNATIONALE DANS L'AFRIQUE DES GRANDS LACS

**1981-2013**

*Agathe Plauchut*

*Préface de Scott Straus - Avant-propos de Jean-Charles Jauffret*

Les mouvements d'inspiration rebelles en Afrique (de la rébellion de type maoïste en 1981 en Ouganda à celle du M23 en 2013 en RDC) ont expérimenté de nouvelles tactiques. Les civils de plus en plus pris pour cibles permettent d'obtenir toujours plus de dividendes politiques et économiques de la guerre. Concentration de réfugiés, déplacement forcés des populations, viol comme arme de guerre et recrutement d'enfants, autant de tactiques qui ont permis de mettre en place des filières lucratives de ressources naturelles et l'accession à des postes de pouvoir.

*(Coll. Mondes en mouvement, 304 p., 31 euros)*

*ISBN : 978-2-343-13919-7, EAN EBOOK : 9782140091421*

## LES PÉCHÉS LITURGIQUES DANS LES CÉLÉBRATIONS EUCHARISTIQUES

*Roger Gaise*

*Préface de mgr Alain de Raemy*

Ce livre est un "vade-mecum" pour guider les célébrations eucharistiques selon le rite romain. L'auteur rappelle les requis du magistère, souvent oubliés par la pratique et les habitudes acquises. il rassemble une série de stigmatisations, d'attitudes et de comportements non conformes aux prescrits liturgiques. Ces interpellations ne peuvent laisser insensible aucun acteur liturgique, soucieux de célébrer dignement l'eucharistie.

*(Coll. Harmattan RDC, 132 p., 15 euros)*

*ISBN : 978-2-343-14919-6, EAN EBOOK : 9782140091940*

## ENTREPRISES PUBLIQUES EN RÉPUBLIQUE DÉMOCRATIQUE DU CONGO

**La nécessité d'un cadre de bonne gouvernance axée sur la responsabilisation et la performance**

*Jacques Kabeya I. Tenda*

Gangrénées par la mauvaise gestion, une faible productivité et des services de qualité médiocre, les entreprises publiques en République Démocratique du Congo sont incapables de produire la richesse souhaitée. Pour relever ce défi de la mal gouvernance, l'économiste financier, Jacques Kabeya Ilunga Tenda recommande la mise en place, par le Gouvernement, d'un cadre de bonne gouvernance de responsabilisation et de performance.

*(Coll. Études africaines, 216 p., 22 euros)*

*ISBN : 978-2-343-14993-6, EAN EBOOK : 9782140091964*

## Structures éditoriales du groupe L'Harmattan

**L'Harmattan Italie**
Via degli Artisti, 15
10124 Torino
harmattan.italia@gmail.com

**L'Harmattan Hongrie**
Kossuth l. u. 14-16.
1053 Budapest
harmattan@harmattan.hu

---

**L'Harmattan Sénégal**
10 VDN en face Mermoz
BP 45034 Dakar-Fann
senharmattan@gmail.com

**L'Harmattan Cameroun**
TSINGA/FECAFOOT
BP 11486 Yaoundé
inkoukam@gmail.com

**L'Harmattan Burkina Faso**
Achille Somé – tengnule@hotmail.fr

**L'Harmattan Guinée**
Almamya, rue KA 028 OKB Agency
BP 3470 Conakry
harmattanguinee@yahoo.fr

**L'Harmattan RDC**
185, avenue Nyangwe
Commune de Lingwala – Kinshasa
matangilamusadila@yahoo.fr

**L'Harmattan Congo**
67, boulevard Denis-Sassou-N'Guesso
BP 2874 Brazzaville
harmattan.congo@yahoo.fr

**L'Harmattan Mali**
Sirakoro-Meguetana V31
Bamako
syllaka@yahoo.fr

**L'Harmattan Togo**
Djidjole – Lomé
Maison Amela
face EPP BATOME
ddamela@aol.com

**L'Harmattan Côte d'Ivoire**
Résidence Karl – Cité des Arts
Abidjan-Cocody
03 BP 1588 Abidjan
espace_harmattan.ci@hotmail.fr

**L'Harmattan Algérie**
22, rue Moulay-Mohamed
31000 Oran
info2@harmattan-algerie.com

**L'Harmattan Maroc**
5, rue Ferrane-Kouicha, Talaâ-Elkbira
Chrableyine, Fès-Médine
30000 Fès
harmattan.maroc@gmail.com

---

## Nos librairies en France

**Librairie internationale**
16, rue des Écoles – 75005 Paris
librairie.internationale@harmattan.fr
01 40 46 79 11
www.librairieharmattan.com

**Librairie l'Espace Harmattan**
21 bis, rue des Écoles – 75005 Paris
librairie.espace@harmattan.fr
01 43 29 49 42

**Lib. sciences humaines & histoire**
21, rue des Écoles – 75005 Paris
librairie.sh@harmattan.fr
01 46 34 13 71
www.librairieharmattansh.com

**Lib. Méditerranée & Moyen-Orient**
7, rue des Carmes – 75005 Paris
librairie.mediterranee@harmattan.fr
01 43 29 71 15

**Librairie Le Lucernaire**
53, rue Notre-Dame-des-Champs – 75006 Paris
librairie@lucernaire.fr
01 42 22 67 13

Achevé d'imprimer par Corlet Numéric, Z.A. Charles Tellier, 14110 Condé-en-Normandie
N° d'Imprimeur : 152090 - Dépôt légal : octobre 2018 - *Imprimé en France*